U0964129

永远在路上

把党的伟大自我革命进行到底

任初轩◎编

人民日报出版社
北京

图书在版编目（CIP）数据

永远在路上 / 任初轩编. -- 北京 : 人民日报出版社, 2024.2
ISBN 978-7-5115-8215-7

Ⅰ. ①永… Ⅱ. ①任… Ⅲ. ①中国共产党—廉政建设 Ⅳ. ①D261.3

中国国家版本馆CIP数据核字(2024)第039835号

书　　名：永远在路上
　　　　　YONGYUAN ZAI LUSHANG
作　　者：任初轩

出 版 人：刘华新
策 划 人：欧阳辉
责任编辑：周海燕　孙　祺
装帧设计：元泰书装

出版发行：人民日报出版社
社　　址：北京金台西路2号
邮政编码：100733
发行热线：（010）65369509　65369512　65363531　65363528
邮购热线：（010）65369530　65363527
编辑热线：（010）65369518
网　　址：www.peopledailypress.com
经　　销：新华书店
印　　刷：大厂回族自治县彩虹印刷有限公司
法律顾问：北京科宇律师事务所　（010）83622312

开　　本：710mm×1000mm　1/16
字　　数：260千字
印　　张：19.25
版　　次：2024年3月第1版
印　　次：2024年10月第2次印刷

书　　号：ISBN 978-7-5115-8215-7
定　　价：58.00元

目　录

深入学习贯彻习近平总书记关于党的自我革命的重要思想 / 001

推动全面从严治党向纵深发展

——论学习贯彻习近平总书记二十届中央纪委三次全会重要讲话精神 / 004

坚决打赢反腐败斗争攻坚战持久战

——论学习贯彻习近平总书记二十届中央纪委三次全会重要讲话精神 / 007

打造一支让党中央放心、让人民群众满意的纪检监察铁军

——论学习贯彻习近平总书记二十届中央纪委三次全会重要讲话精神 / 010

总论

以习近平总书记关于党的自我革命的重要思想为指引

坚持一体推进不敢腐、不能腐、不想腐 / 014

学深悟透习近平总书记关于党的自我革命的重要思想 / 020

加强党的政治建设　推动全面从严治党向纵深发展 / 026

新时代深入推进全面从严治党的根本遵循 / 032

第一篇

以坚持党中央集中统一领导为根本保证

以坚持党中央集中统一领导为根本保证
——准确把握推进自我革命“九个以”的实践要求 / 045
坚持党的全面领导是历史和人民的选择 / 048
坚持加强党的全面领导和党中央集中统一领导 / 054
深入学习领会习近平总书记关于党的建设的重要思想 / 060

第二篇

以引领伟大社会革命为根本目的

以引领伟大社会革命为根本目的
——准确把握推进自我革命“九个以”的实践要求 / 073
牢牢把握以伟大自我革命引领伟大社会革命的重要要求 / 076
以伟大自我革命引领伟大社会革命的深刻依据 / 082
中国共产党具有自我革命的勇气和底气 / 091

第三篇
以习近平新时代中国特色社会主义思想为根本遵循

以习近平新时代中国特色社会主义思想为根本遵循
——准确把握推进自我革命“九个以”的实践要求 / 101
深刻领悟“两个确立”的决定性意义 / 104
深学细悟习近平新时代中国特色社会主义思想 / 110
习近平新时代中国特色社会主义思想的理论创新与时代价值 / 120

第四篇
以跳出历史周期率为战略目标

以跳出历史周期率为战略目标
——准确把握推进自我革命“九个以”的实践要求 / 133
中国共产党对跳出历史周期率的探索历程及启示 / 136
以自我革命破解历史周期率难题 / 143
永葆党的先进性和纯洁性 / 152

第五篇

以解决大党独有难题为主攻方向

以解决大党独有难题为主攻方向
——准确把握推进自我革命“九个以”的实践要求 / 163

以大党独有优势破解大党独有难题 / 166

深刻把握大党独有难题的内在意蕴 / 172

以辩证思维破解大党独有难题 / 181

第六篇

以健全全面从严治党体系为有效途径

以健全全面从严治党体系为有效途径
——准确把握推进自我革命“九个以”的实践要求 / 191

坚定不移推动健全全面从严治党体系 / 194

健全全面从严治党体系　推动解决大党独有难题 / 202

把依规治党当作管党治党基本方式 / 210

第七篇
以锻造坚强组织、建设过硬队伍为重要着力点

以锻造坚强组织、建设过硬队伍为重要着力点
——准确把握推进自我革命“九个以”的实践要求 / 225
把党锻造成一块攻无不克、战无不胜的坚硬钢铁 / 228
培养造就具备领导社会主义现代化能力的高素质干部队伍 / 236
中国共产党在革命性锻造中更加坚强有力 / 242

第八篇
以正风肃纪反腐为重要抓手

以正风肃纪反腐为重要抓手
——准确把握推进自我革命“九个以”的实践要求 / 253
反腐败是最彻底的自我革命 / 256
坚持持之以恒正风肃纪 / 261
在铲除腐败问题产生的土壤和条件上持续发力纵深推进 / 267

第九篇
以自我监督和人民监督相结合为强大动力

以自我监督和人民监督相结合为强大动力
——准确把握推进自我革命“九个以”的实践要求 / 281

自我革命与人民监督的辩证统一 / 284

健全党统一领导、全面覆盖、权威高效的监督体系 / 289

构建具有鲜明中国特色的党和国家监督体系 / 294

深入学习贯彻习近平总书记关于党的自我革命的重要思想

人民日报评论员

二十届中央纪委三次全会，是新征程上深入推进党的自我革命、全面从严治党的一次重要会议。习近平总书记在全会上发表重要讲话，从统筹中华民族伟大复兴战略全局和世界百年未有之大变局的高度，深刻总结新时代全面从严治党丰富实践经验和重要理论成果，深刻阐述党的自我革命的重要思想，对持续发力、纵深推进反腐败斗争作出战略部署，为新时代新征程深入推进全面从严治党、党风廉政建设和反腐败斗争提供了根本遵循。各级党组织和党员干部要深入学习贯彻会议精神，深刻领悟“两个确立”的决定性意义，增强“四个意识”、坚定“四个自信”、做到“两个维护”，切实把思想和行动统一到习近平总书记重要讲话精神和党中央决策部署上来，以永远在路上的坚韧和执着把党的自我革命进行到底。

学习贯彻中央纪委三次全会精神，最重要、最关键的是学深悟透习近平总书记关于党的自我革命的重要思想。党的十八大以来，习近平总书记以强烈历史主动精神、非凡理论勇气、卓越政治智慧、“我将无我、不负人民”的境界情怀，带领全党以前所未有的决心力度推进全面从严治党，创造性提出一系列具有原创性、标志性的新理念新思想新战略，形成习近平总书记关于党的自我革命的重要思想，指引百年大党开辟了自我革命的新境界。这是我们党坚持“两个结合”推进理论创新取得的新成果，是习近平新时代中国特色社会主义思想的新篇章，标志着我们党对马克思主义政党建设规律、共产党执政规律的认识达到新高度。这一重要思想深刻回答了我们党“为什么要自我革命”的重大问题，指明了确保全党永葆初心、担当使命的根本任务；深刻回答了我们党“为什么能自我革命”的重大问题，坚定了全党用好“第二个答案”、解决大党独有难题的信心决心；深刻回答了我们党“怎样推进自我革命”的重大问题，展现了党永葆生机活力、走好新的赶考之路的光明前景。要充分认识这一重要思想的重大意义，深刻领悟这一重要思想的精髓要义，坚持不懈在深化内化转化上下功夫，怀着深厚感情、怀着坚定信仰、怀着强烈使命深学细悟，汲取其中蕴含的坚定理想信念、加强党性锻炼、提升精神境界和道德水平等思想营养，自觉从中找理念、找思路、找方法、找举措，将学习成果转化为攻坚克难、干事创业的强大动力。

深入贯彻落实习近平总书记关于党的自我革命的重要思想，必须准确把握推进自我革命“九个以”的实践要求，不断深化对党的自我革命的规律性认识，把每条战线、每个环节的自我革命抓具体、抓深入。以坚持党中央集中统一领导为根本保证，始终在党中央领导下统一谋划、统一部署、统一推进，确保沿着正确方向前进。以引领伟大社会革命为根本目的，紧紧围绕以中国式现代化全面推进强国建设、民族复兴伟业，谋划和推进党的自我革命，使党的自我革命更好服从服务于党的中心任务。以习近平新时代中国特色社会主义思想为根本遵循，坚持不懈用党的创新理论武装全党，不断提高党的自我革命的坚定性、科学性、有效性。以跳出历史周期率为战略目标，及时清除侵蚀党的健康肌体的病毒，及时消除损害党的执政根基的各种隐患，不断巩固党的长期执政地位。以解决大党独有难题为主攻方向，紧紧围绕“六个如何始终”，标本兼治、综合施策、协同发力、锲而不舍、久久为功，在不断解决大党独有难题中彰显大党优势。以健全全面从严治党体系为有效途径，坚持内容上全涵盖、对象上全覆盖、责任上全链条、制度上全贯通，进一步形成依靠党的自身力量发现问题、纠正偏差、推动创新、实现执政能力整体性提升的良性循环。以锻造坚强组织、建设过硬队伍为重要着力点，推动各级党组织全面进步、全面过硬，使广大党员干部做到忠诚干净担当。以正风肃纪反腐为重要抓手，始终坚持严的基调、严的措施、严的氛围，以优良作风作引领、以严明纪律强保障，以反腐惩恶清障碍，推动党的自我革命环环相扣、层层递进，在革故鼎新、守正创新中实现自我扬弃、自身跨越。以自我监督和人民监督相结合为强大动力，切实把党内监督同国家机关监督、民主监督、司法监督、群众监督、舆论监督贯通起来，实现自律和他律良性互动、相得益彰，推动党的自我革命开创新局面。

新思想引领新实践，新征程呼唤新担当。纪检监察机关是推进党的自我革命的重要力量，肩负特殊政治责任和光荣使命任务。要坚持以习近平新时代中国特色社会主义思想为指导，深入学习贯彻习近平总书记关于党的自我革命的重要思想，坚决落实全面从严治党战略方针，认真履行党章和宪法赋予的职责，永葆忠诚干净担当、敢于善于斗争的铁军本色，推动健全全面从严治党体系，纵深推进正风肃纪反腐，纵深推进新征程纪检监察工作高质量发展，为以中国式现代化全面推进强国建设、民族复兴伟业提供坚强保障。

（《人民日报》2024 年 1 月 11 日第 1 版）

推动全面从严治党向纵深发展

——论学习贯彻习近平总书记二十届中央纪委三次全会重要讲话精神

人民日报评论员

“推动全面从严治党向纵深发展，推动党的二十大决策部署不折不扣贯彻落实，有力引领保障新征程开局起步。”在二十届中央纪委三次全会上，习近平总书记从党和国家事业发展全局出发，总结了全面从严治党的新进展、新成效，深刻阐述党的自我革命的重要思想，对持续发力、纵深推进反腐败斗争作出战略部署。习近平总书记的重要讲话高瞻远瞩、视野宏阔、思想深邃、内涵丰富，为新时代新征程深入推进全面从严治党、党风廉政建设和反腐败斗争提供了根本遵循。

2023 年是全面贯彻党的二十大精神的开局之年，也是三年新冠疫情防控转段后经济恢复发展的一年。以习近平同志为核心的党中央团结带领全党全国各族人民，顶住外部压力、克服内部困难，取得了来之不易、可圈可点的成绩，全面建设社会主义现代化国家迈出坚实步伐。党中央坚定不移推进党的自我革命，在全党深入开展学习贯彻习近平新时代中国特色社会主义思想主题教育，全面从严治党和反腐败斗争持续发力，良好政治生态不断巩固发展。一年来的实践再次证明，“两个确立”对于我们应对各种风险挑战、推进中国式现代化建设具有决定性意义；全面从严治党是新时代党的自我革命的伟大实践，是党永葆生机活力、走好新的赶考之路的必由之路。

治国必先治党，党兴才能国强。刀刃向内、刮骨疗毒，猛药祛疴、重典治乱，新时代以来，以习近平同志为核心的党中央把全面从严治党纳入“四个全面”战略布局，以前所未有的勇气和定力推进党风廉政建设和反腐败斗争，使党在革命性锻造中更加坚强有力、更加充满活力。过去一年来，从坚持不懈用党的创新理论凝心铸魂，在以学铸魂、以学增智、以学正风、以学促干方面取得实实在在的成效，到紧紧围绕党的中心任务，着力推进政治监督具体化、精准化、常态化；从严厉纠治文山会海、层层加码、过度留痕等问题，着力整治形式主义、官僚主义突出问题，到坚决清除党员、干部队伍中的害群之马，从严从实加强对党员、干部的管理监督，充分彰显了我们党把全面从严治党作为党的长期战略、永恒课题，把严的基调、严的措施、严的氛围长期坚持下去的坚定决心和坚强意志。

习近平总书记强调：“在新时代十年全面从严治党的实践和理论探索中，我们不断深化对党的自我革命的认识，积累了丰富实践经验，形成了一系列重要理论成果，系统回答了我们党为什么要自我革命、为什么能自我革命、怎样推进自我革命等重大问题。”新时代全面从严治党取得了历史性、开创性成就，产生了全方位、深层次影响，根本在于有习近平总书记领航掌舵、有习近平新时代中国特色社会主义思想科学指引。习近平总书记关于党的自我革命的重要思想，让我们找到了跳出治乱兴衰历史周期率的第二个答案，标志着我们党对马克思主义政党建设规律、共产党执政规律的认识达到新高度，指引百年大党开辟了自我革命的新境界。新征程上，深入学习领会、全面贯彻落实这一重要思想，不断清除一切损害党的先进性和纯洁性的有害因素，不断清除一切侵蚀党的健康肌体的病原体，我们就一定能够确保党不变质、不变色、不变味，确保党在新时代坚持和发展中国特色社会主义的历史进程中始终成为坚强领导核心。

以中国式现代化全面推进强国建设、民族复兴伟业，是新时代新征程党和国家的中心任务，是新时代最大的政治。办好中国的事情，关键在党、关键在全面从严治党。要把思想和行动统一到习近平总书记重要讲话精神和党中央决策部署上来，时刻保持解决大党独有难题的清醒和坚定，纵深推进全面从严治党、党的自我革命，牢牢把握“九个以”的实践要求，把党的自我革命的思路举措搞得更加严密，把每条战线、每个环节的自我革命抓具体、抓深入，把党建设得更加坚强有力。要准确把握新征程反腐败斗争总的要求和战略部署，下大气力铲除腐败滋生的土壤和条件，坚持一体推进不敢腐、不能腐、不想腐，精准发力、持续发力，坚决打赢反腐败斗争攻坚战持久战。

全面从严治党永远在路上，党的自我革命永远在路上。让我们更加紧密地团结在以习近平同志为核心的党中央周围，坚持以习近平新时代中国特色社会主义思想为指导，深入学习贯彻习近平总书记关于党的自我革命的重要思想，深刻领悟“两个确立”的决定性意义，增强“四个意识”、坚定“四个自信”、做到“两个维护”，以永远在路上的坚韧和执着，推动全面从严治党向纵深发展，把党的伟大自我革命进行到底，为以中国式现代化全面推进强国建设、民族复兴伟业提供坚强保障。

（《人民日报》2024 年 1 月 12 日第 1 版）

坚决打赢反腐败斗争攻坚战持久战

——论学习贯彻习近平总书记二十届中央纪委三次全会重要讲话精神

人民日报评论员

“新征程反腐败斗争，必须在铲除腐败问题产生的土壤和条件上持续发力、纵深推进。”习近平总书记在二十届中央纪委三次全会上发表重要讲话，深入阐释新征程反腐败斗争的总的要求，对持续发力、纵深推进反腐败斗争作出战略部署，强调“以永远在路上的坚韧和执着，精准发力、持续发力，坚决打赢反腐败斗争攻坚战持久战”。

腐败是危害党的生命力和战斗力的最大毒瘤，反腐败是最彻底的自我革命。党的十八大以来，以习近平同志为核心的党中央以“得罪千百人、不负十四亿”的政治担当，壮士断腕、刮骨疗毒的政治勇气，开展史无前例的反腐败斗争，经过新时代十年坚持不懈的强力反腐，反腐败斗争取得压倒性胜利并全面巩固。但形势依然严峻复杂，反腐败绝对不能回头、不能松懈、不能慈悲，必须永远吹冲锋号。我们要清醒认识反腐败斗争的新情况新动向，清醒认识腐败问题产生的土壤和条件，不断拓展反腐败斗争深度广度，对症下药、精准施治、多措并举，让反复发作的老问题逐渐减少，让新出现的问题难以蔓延，推动防范和治理腐败问题常态化、长效化。

坚决打赢反腐败斗争攻坚战持久战，必须加强党中央对反腐败工作的集中统一领导。这次中央纪委全会上，习近平总书记深刻阐述党的自我革命的重要思想，明确提出“九个以”的实践要求，其中排在第一位的就是“以坚持党中央集中统一领导为根本保证”。必须深刻认识到，坚持党中央集中统一领导是最高政治原则。只有在党中央集中统一领导下扎实有序推进，把坚持党的全面领导贯彻到管党治党全部工作之中，才能确保党牢牢把握反腐败斗争主动权，确保党的自我革命始终沿着正确方向前进。各级党委要切实强化对反腐败斗争全过程领导，坚决支持查办腐败案件，动真碰硬抓好问题整改。纪委监委作为专责机关，要更加主动担起责任，有力有效协助党委组织协调反腐败工作，整合反腐败全链条力量。各职能部门要坚持高效协同，自觉把党中央反腐败的决策部署转化为具体行动。

坚决打赢反腐败斗争攻坚战持久战，要牢牢把握新征程反腐败斗争的总的要求，坚持一体推进不敢腐、不能腐、不想腐，深化标本兼治、系统施治。要把思想和行动统一到习近平总书记重要讲话精神和党中央决策部署上来，持续保持惩治腐败高压态势，持续盯住“七个有之”问题，把严惩政商勾连的腐败作为攻坚战重中之重；要深化改革阻断腐败滋生蔓延，聚焦重点领域深化体制机制改革，强化对新型腐败和隐性腐败的快速处置；要进一步健全反腐败法规制度，健全加强对“一把手”和领导班子监督配套制度，加强重点法规制度执行情况监督检查；要加大对行贿行为惩治力度，严肃查处那些老是拉干部下水、危害一方的行贿人，加大对行贿所获不正当利益的追缴和纠正力度；要持之以恒净化政治生态，严明政治纪律和政治规矩，严肃党内政治生活，坚持不懈整治选人用人上的不正之风；要加强新时代廉洁文化建设，深入开展党性党风党纪教育，营造崇廉拒腐的良好风尚。

当今世界没有其他哪个政党、哪个国家能够像我们这样大规模、大力度、坚持不懈惩治腐败。高度自觉地以科学的态度、体系化的方式推进自我革命，这是我们党的显著优势，也是引领时代的制胜之道。更加紧密地团结在以习近平同志为核心的党中央周围，深入学习贯彻习近平总书记关于党的自我革命的重要思想，坚决铲除腐败问题产生的土壤和条件，坚决打赢反腐败斗争攻坚战持久战，确保党永远不变质、不变色、不变味，我们党就一定能在新征程上始终赢得保持同人民群众的血肉联系、人民衷心拥护的历史主动，赢得全党高度团结统一、走在时代前列、带领人民实现中华民族伟大复兴的历史主动。

（《人民日报》2024 年 1 月 13 日第 1 版）

打造一支让党中央放心、让人民群众满意的纪检监察铁军

——论学习贯彻习近平总书记二十届中央纪委三次全会重要讲话精神

人民日报评论员

“纪检监察机关是推进党的自我革命的重要力量，肩负特殊政治责任和光荣使命任务”。在二十届中央纪委三次全会上，习近平总书记对纪检监察干部队伍寄予殷切期望、提出明确要求，强调“努力做自我革命的表率、遵规守纪的标杆，打造一支让党中央放心、让人民群众满意的纪检监察铁军”。

党的二十大以来，在以习近平同志为核心的党中央坚强领导下，中央纪委国家监委和各级纪检监察机关牢记习近平总书记“新班子、新气象、新局面、新作为”的期望要求，以全面贯彻党的二十大精神为主线，以推动全党坚定拥护“两个确立”、坚决做到“两个维护”为使命责任，以推动解决大党独有难题、健全全面从严治党体系为目标方向，以开展学习贯彻习近平新时代中国特色社会主义思想主题教育和全国纪检监察干部队伍教育整顿为重点，深学习、实调研、抓落实，始终以严的基调、严的措施、严的氛围强化政治监督、正风肃纪

反腐，纪检监察工作高质量发展取得新进展新成效，为全面建设社会主义现代化国家提供有力保障。

以中国式现代化全面推进强国建设、民族复兴伟业，对纵深推进全面从严治党、党的自我革命提出了新的更高要求。习近平总书记关于党的自我革命的重要思想，是新时代新征程深入推进全面从严治党、党风廉政建设和反腐败斗争的根本遵循，为做好新征程纪检监察工作提供了强大思想武器和科学行动指南。当前，最关键就是要深入学习贯彻这一重要思想，怀着深厚感情、怀着坚定信仰、怀着强烈使命深学细悟，准确把握这一重要思想的精髓要义、实践要求，自觉贯彻到纪检监察工作全过程各方面。2024 年是中华人民共和国成立 75 周年，是实现“十四五”规划目标任务的关键一年。要坚决落实全面从严治党战略方针，坚持稳中求进工作总基调，忠诚履行党章和宪法赋予的职责，推动健全全面从严治党体系，纵深推进正风肃纪反腐，纵深推进新征程纪检监察工作高质量发展。

“必须始终做到绝对忠诚、绝对可靠、绝对纯洁”，这是习近平总书记着眼于纪检监察机关更好肩负政治责任和使命任务提出的明确要求。要深刻认识到，纪检监察机关是政治机关，首先必须政治过硬，忠诚是纪检监察机关与生俱来的政治基因。要巩固拓展教育整顿成果，进一步筑牢政治忠诚，任何时候任何情况下都要同党中央同心同德，把增强“四个意识”、坚定“四个自信”、做到“两个维护”转化成听党指挥、为党尽责的实际行动。纪检监察机关因党而生、为党而战，斗争是天然的品格、工作的常态。要坚持原则、勇于亮剑，敢斗善斗、担当尽责，坚定不移正风肃纪反腐，推动全面从严治党向纵深发展。打铁必须自身硬，自身硬首先要自身廉。要加强纪检监察干部队伍建设，常态化清除害群之马，坚决防治“灯下黑”，发扬彻底自我革命精神深化纪检监察机关自身建设，打造纪检监察铁军，真正做到让党中央放心、让人民群众满意。

全面从严治党永远在路上，党的自我革命永远在路上，纪检监察工作任重而道远。更加紧密地团结在以习近平同志为核心的党中央周围，勠力同心、忠诚履职，以一往无前的奋斗姿态、永不懈怠的精神状态推进新征程纪检监察工作高质量发展，以永远在路上的坚韧执着把党的自我革命进行到底，就一定能为以中国式现代化全面推进强国建设、民族复兴伟业提供坚强保障。

（《人民日报》2024 年 1 月 14 日第 1 版）

总论

以习近平总书记关于党的自我革命的重要思想为指引

坚持一体推进不敢腐、不能腐、不想腐

蔡志强

习近平总书记在二十届中央纪委三次全会上发表的重要讲话，总结了全面从严治党的新进展、新成效，明确提出推进党的自我革命“九个以”的实践要求，对持续发力、纵深推进反腐败斗争作出战略部署。习近平总书记在重要讲话中把“坚持一体推进不敢腐、不能腐、不想腐”列为新征程反腐败斗争总的要求的重要内容，充分表明一体推进不敢腐、不能腐、不想腐，不仅是反腐败斗争的基本方针，也是新时代全面从严治党的重要方略。全面从严治党永远在路上，党的自我革命永远在路上。新征程上，要深入学习贯彻习近平总书记重要讲话精神和习近平总书记关于党的自我革命的重要思想，以永远在路上的坚韧和执着，不断实现不敢腐、不能腐、不想腐一体推进，坚决打赢反腐败斗争攻坚战持久战。

坚持一体推进“三不腐”是习近平总书记关于党的自我革命的重要思想的伟大实践

党的十八大以来，我们党开展史无前例的反腐败斗争，坚持无禁区、全覆盖、零容忍，坚持一体推进“三不腐”。经过新时代坚持不懈的强力反腐，反腐败斗争取得压倒性胜利并全面巩固，成功走出一条中国特色反腐败之路。坚持一体推进“三不腐”来自于习近平总书记对反腐败斗争、全面从严治党一以贯之、与时俱进的深刻思考和不懈推动，是我们党推进全面从严治党和反腐败斗争实践的科学总结。

标本兼治是我们党管党治党的一贯要求。坚持一体推进“三不腐”，就是要做到让党员干部因敬畏而“不敢”、因制度而“不能”、因觉悟而“不想”。在十八届中央纪委二次全会上，习近平总书记提出“三不腐”体制机制建设要求：“把权力关进制度的笼子里，形成不敢腐的惩戒机制、不能腐的防范机制、不易腐的保障机制”。此后又进一步从顶层设计上思考谋划一体推进“三不腐”的有效举措、长久之策，推动正风肃纪反腐向纵深发展。在十九届中央纪委四次全会上，习近平总书记指出：“一体推进不敢腐、不能腐、不想腐，不仅是反腐败斗争的基本方针，也是新时代全面从严治党的重要方略。”在二十届中央纪委二次全会上，习近平总书记强调：“要把不敢腐、不能腐、不想腐有效贯通起来，三者同时发力、同向发力、综合发力，把不敢腐的震慑力、不能腐的约束力、不想腐的感召力结合起来。”在二十届中央纪委三次全会上，习近平总书记进一步强调：“围绕一体推进不敢腐、不能腐、不想腐等完善基础性法规制度”。新时代以来，在习近平总书记关于坚持一体推进“三不腐”重要论述科学指引下，我们不断巩固良好政治生态，开展了史无前例的反腐败斗争，消除了党、国家、军队内部存在的严重隐患。

坚持一体推进“三不腐”，要在党和国家事业发展的全局中把握其整体要求，坚持统筹联动、一体运行，增强总体效果。把不敢腐的强大震慑效能、不能腐的刚性制度约束、不想腐的思想教育优势融于一体，坚持三者同时发力、同向发力、综合发力，推动各项措施在政策取向上相互配合、在实施过程中相互促进、在工作成效上相得益彰。坚持一体推进“三不腐”是习近平总书记关于党的自我革命的重要思想的伟大实践，是习近平新时代中国特色社会主义思想的世界观和方法论的生动体现和科学运用，有力推动全面从严治党向纵深发展。

科学把握坚持一体推进“三不腐”的时代内涵和实践要求

坚持一体推进“三不腐”直指人类社会腐败治理和政党实现自我监督的政治难题，牢牢把握公权力运行的党性原则和监督要求，构建了系统完备、科学规范、执行有力的反腐败制度运行机制。

加强党对反腐败斗争的集中统一领导，牢牢掌握反腐败斗争的领导权、主动权。党委（党组）健全全面从严治党制度，发挥好主导作用，统筹推进各类监督力量整合、程序契合、工作融合，强化对反腐败斗争全过程领导。持续深化纪检监察体制改革，做实专责监督，搭建监督平台，织密监督网络，整合反腐败全链条力量，协助党委推动监督体系高效运转。严格落实民主集中制，按照集中统一领导、分工负责、权责一致原则，明确“一把手”和领导班子各自分管的事项、掌握的权力以及应负的责任。实现党委（党组）主体责任、书记第一责任人责任和纪委监委监督责任贯通联动、一体落实。

反腐败是最彻底的自我革命，要始终坚持严的基调、严的措施、严的氛围。始终坚持实事求是，确保依规依纪依法，做到坚定稳妥、精准惩治。坚持从政治上看腐败问题，敢于斗争，敢于胜利。持续盯住“七个有之”问题，把严惩政商勾连的腐败作为攻坚战重中之重，坚决打击以权力为依托的资本逐利行为，坚决防止各种利益集团、权势团体向政治领域渗透。深化整治金融、国企、能源、医药和基建工程等权力集中、资金密集、资源富集领域的腐败，清理风险隐患。严厉整治发生在群众身边的腐败和作风问题，以正风肃纪反腐的扎实成效赢得人民信赖和拥护。

突出思想建党与制度治党同向发力、党内监督与群众监督有机统一。把握标本兼治、系统施治原则，“惩前毖后、治病救人”方针和监督执纪“四种形态”，坚持教育挽救、惩戒激励并重，健全完善既从严监督约束又激励担当作为的政策策略。坚持纪在法前、纪严于法，推进纪法贯通、法法衔接，完善权力配置和运行制约机制，创新查办重大案件机制，加快新兴领域治理机制建设，完善系统治理制度等，以高效运行的机制保障“三不腐”一体推进。

运用治理的理念、系统的观念、辩证的思维管党治党。要不断提高战略思维、历史思维、辩证思维、系统思维、创新思维、法治思维、底线思维能力，通过系统管理、动态管理、闭环管理实现“三不腐”一体推进。

用“全周期管理”方式一体推进“三不腐”。把握增量和存量的关系，更加有力遏制增量，更加有效清除存量。把握好惩治与防范、治标与治本、阶段性与连续性的关系，形成上下贯通、左右衔接、内外联动的监督合力。把握反腐败斗争新动向，发挥好全面从严治党的独特优势，既猛药去疴、重典治乱，也正心修身、涵养文化；既夯实治本的基础，又用好治标的利器，下大力气铲除腐败滋生的土壤和条件，坚决打赢反腐败斗争攻坚战持久战。

深化坚持一体推进“三不腐”体制机制建设的实践路径

打赢反腐败斗争攻坚战持久战，要求我们始终坚持以习近平新时代中国特色社会主义思想为指导，深入学习贯彻习近平总书记关于党的自我革命的重要思想，对反腐败斗争的新情况新动向要有清醒认识，对腐败问题产生的土壤和条件要有清醒认识，以永远在路上的坚韧和执着，深化坚持一体推进“三不腐”体制机制建设。

坚定维护党中央集中统一领导，落实管党治党政治责任。加强反腐败协调机制建设，把党的领导贯穿一体推进“三不腐”全链条。要落实管党治党政治责任，坚定拥护“两个确立”，坚决做到“两个维护”，健全党的领导制度体系，完善党中央重大决策部署落实机制。要锚定党委主体责任和纪委监督专责，抓住“问责”要害，压实各级党委（党组）全面从严治党主体责任特别是“一把手”第一责任人责任，贯通落实相关职能部门监管职责，健全各负其责、统一协调的管党治党责任格局。

健全体制机制，把严的基调、严的措施、严的氛围长期坚持下去。要深化对反腐败斗争规律性认识，将“全面从严”的要求贯穿干部教育、使用、管理、监督全过程，贯穿权力运行和责任落实全过程。一是在不敢腐上持续加压，保持零容忍震慑不变、高压惩治力量常在，提升及时发现和处置腐败问题的能力。紧盯重点问题、重点领域、重点对象、新型腐败和隐性腐败，更加有力遏制腐败增量，更加有效清除腐败存量。二是在不能腐上深化拓展，加强重点领域监督机制改革和制度建设，健全风腐同查同治工作机制，既“由风查腐”又“由腐纠风”。立足健全全面从严治党体系，推动完善党内监督体系、基层监督体系、各类监督贯通协调机制，持续推进反腐败国家立法，与时俱进修改监察法，不断改善制度运行环境。三是在不想腐上巩固提升，更加注重正本清源、固本培元、纠树并举，以学习贯彻新修订的纪律处分条例为契机，在全党开展一次集中性纪律教育。弘扬伟大建党精神，加强新时代廉洁文化建设，推动形成廉荣贪耻的社会氛围，推动作风建设常态化长效化。

前移关口，确保“三不腐”同时同向综合发力。坚持一体推进“三不腐”既是政治要求、纪法要求，也是中国共产党人的党性要求。一要坚持严管和厚爱结合、激励和约束并重，健全培养选拔、从严教育管理监督年轻干部的常态化工作机制。坚持“三个区分开来”，完善激励党员干部敢于担当作为的干部考核评价机制、容错纠错机制和教育引导机制，形成奋进新征程、建功新时代的浓厚氛围和生动局面。二要发扬斗争精神，严明政治纪律和政治规矩，把严的要求贯彻到党规制定、党纪教育、执纪监督全过程，保持政治上、思想上、组织上、制度上对腐败的压倒性力量常在，有效应对腐败手段隐形变异翻新升级。三要开展深入细致的思想政治工作，立足国之大者，用理想信念强基固本，用党的创新理论武装全党，用优秀传统文化正心明德，补足精神之“钙”，铸牢思想之“魂”，筑牢思想道德防线。四要始终把中央八项规定作为铁规矩、硬杠杠，常态长效深化落实。要坚持党性党风党纪一起抓，把反“四风”与反腐败、反特权结合起来，常抓不懈、久久为功。持续放大坚持一体推进“三不腐”叠加效应、综合效能，进一步增强反腐败斗争的主动性、系统性、实效性，确保党永远不变质、不变色、不变味，始终成为中国特色社会主义事业的坚强领导核心。

（《人民日报》2024 年 1 月 24 日第 9 版）

学深悟透习近平总书记关于党的自我革命的重要思想

中央党校（国家行政学院）习近平新时代中国特色社会主义思想研究中心

党的十八大以来，习近平总书记带领全党以前所未有的决心力度推进全面从严治党，创造性提出一系列具有原创性、标志性的新理念新思想新战略，形成习近平总书记关于党的自我革命的重要思想。习近平总书记在二十届中央纪委三次全会上的重要讲话，深刻阐述党的自我革命的重要思想，科学回答我们党为什么要自我革命、为什么能自我革命、怎样推进自我革命等重大问题，明确提出“九个以”的实践要求。新时代新征程，深入推进党的自我革命，必须学深悟透习近平总书记关于党的自我革命的重要思想，深入把握这一重要思想的重大意义、回答的重大问题、提出的实践要求、蕴含的道理学理哲理，及时转化为具体政策、具体任务、具体措施。

深入把握习近平总书记关于党的自我革命的重要思想的重大意义

习近平总书记指出：“勇于自我革命，是我们党最鲜明的品格，也是我们党最大的优势。”正是因为具有勇于自我革命这一政治品格，我们党才能穿越百年风风雨雨，多次在危难之际重新奋起、失误之后拨乱反正，成为打不倒、压不垮的马克思主义政党。新时代以来，在以习近平同志为核心的党中央坚强领导下，全党时刻保持解决大党独有难题的清醒和坚定，把全面从严治党作为新时代党的建设的鲜明主题，坚持全面从严治党永远在路上、党的自我革命永远在路上，不断深化对党的自我革命的规律性认识，形成了习近平总书记关于党的自我革命的重要思想。

这一重要思想是我们党坚持把马克思主义基本原理同中国具体实际相结合、同中华优秀传统文化相结合推进理论创新取得的新成果，是习近平新时代中国特色社会主义思想的新篇章，标志着我们党对马克思主义政党建设规律、共产党执政规律的认识达到新高度。这一重要思想凝结了新时代全面从严治党丰富实践经验和重要理论成果，凝聚了全党高度共识，为新时代新征程深入推进全面从严治党、党风廉政建设和反腐败斗争提供了根本遵循，为做好新征程纪检监察工作提供了强大思想武器和科学行动指南。

深入把握习近平总书记关于党的自我革命的重要思想回答的重大问题

习近平总书记指出：“我们党作为世界上最大的马克思主义执政党，如何成功跳出治乱兴衰历史周期率、确保党永远不变质不变色不变味？这是摆在全党同志面前的一个战略性问题。”习近平总书记关于党的自我革命的重要思想，站在统筹中华民族伟大复兴战略全局和世界百年未有之大变局的高度，科学回答关于党的自我革命的三个重大问题。这一重要思想高瞻远瞩、视野宏阔、思想深邃、内涵丰富，充分彰显了我们党自我净化、自我完善、自我革新、自我提高的高度自觉。

这一重要思想科学回答了我们党“为什么要自我革命”的重大问题，指明了确保全党永葆初心、担当使命的根本任务。马克思、恩格斯在《共产党宣言》中庄严宣告：“过去的一切运动都是少数人的，或者为少数人谋利益的运动。无产阶级的运动是绝大多数人的，为绝大多数人谋利益的独立的运动。”我们党是用马克思主义武装起来的政党，始终把为中国人民谋幸福、为中华民族谋复兴作为自己的初心和使命，并一以贯之体现到党的全部奋斗之中。党的初心和使命是党的性质宗旨、理想信念、奋斗目标的集中体现，越是长期执政，越不能丢掉马克思主义政党的本色，越不能忘记党的初心使命，越不能丧失自我革命精神。

这一重要思想科学回答了我们党“为什么能自我革命”的重大问题，坚定了全党用好“第二个答案”、解决大党独有难题的信心决心。自我监督是世界性难题，是国家治理的哥德巴赫猜想。习近平总书记指出：“我们要通过行动回答‘窑洞之问’，练就中国共产党人自我净化的‘绝世武功’。”新时代以来，我们党坚定不移推进全面从严治党这一新时代党的自我革命的伟大实践，不断深化实践探索和理论思考，在毛泽东同志当年给出“让人民来监督政府”的第一个答案基础上，给出了第二个答案，这就是不断推进党的自我革命。今天，我们党自我净化、自我完善、自我革新、自我提高能力显著增强，开辟了百年大党自我革命的新境界，充分证明我们党完全有能力解决自身存在的问题。

这一重要思想科学回答了我们党“怎样推进自我革命”的重大问题，展现了党永葆生机活力、走好新的赶考之路的光明前景。党始终保持蓬勃生机和旺盛活力、走好全面建设社会主义现代化国家新的赶考之路，离不开全面从严治党这条必由之路，也离不开永远在路上的党的自我革命。习近平总书记对深入推进党的自我革命提出“九个以”的实践要求，为我们在新时代新征程上不断深化对党的自我革命的规律性认识，把党的自我革命的思路举措搞得更加严密，把每条战线、每个环节的自我革命抓具体、抓深入指明了前进方向，提供了根本遵循。

深入把握习近平总书记关于党的自我革命的重要思想提出的实践要求

习近平总书记提出的“九个以”的实践要求，是我们在深入推进党的自我革命实践中需要把握好的九个问题。学深悟透习近平总书记关于党的自我革命的重要思想，要坚持解放思想、实事求是、与时俱进、守正创新，将实践要求真正在实践中落细落实。

以坚持党中央集中统一领导为根本保证，要求我们深入推进党的自我革命，必须在党中央集中统一领导下统一谋划、统一部署、统一推进，确保党的自我革命始终保持正确前进方向。以引领伟大社会革命为根本目的，要求我们深入推进党的自我革命，必须紧紧围绕以中国式现代化全面推进强国建设、民族复兴伟业，使党的自我革命更好服从服务于党的中心任务。以习近平新时代中国特色社会主义思想为根本遵循，要求我们深入推进党的自我革命，必须坚持不懈用党的创新理论武装全党，不断提高党的自我革命的坚定性、科学性、有效性。以跳出历史周期率为战略目标，要求我们深入推进党的自我革命，必须及时清除侵蚀党的健康肌体的病毒，及时消除损害党的执政根基的各种隐患，不断巩固党的长期执政地位。以解决大党独有难题为主攻方向，要求我们深入推进党的自我革命，必须紧紧围绕“六个如何始终”，标本兼治、综合施策、协同发力、锲而不舍、久久为功，在不断解决大党独有难题中彰显大党优势。以健全全面从严治党体系为有效途径，要求我们深入推进党的自我革命，必须坚持内容上全涵盖、对象上全覆盖、责任上全链条、制度上全贯通，进一步形成依靠党的自身力量发现问题、纠正偏差、推动创新、实现执政能力整体性提升的良性循环。以锻造坚强组织、建设过硬队伍为重要着力点，要求我们深入推进党的自我革命，必须推动各级党组织全面进步、全面过硬，使广大党员干部做到忠诚干净担当。以正风肃纪反腐为重要抓手，要求我们深入推进党的自我革命，必须始终坚持严的基调、严的措施、严的氛围，以优良作风作引领、以严明纪律强保障、以反腐惩恶清障碍，推动党的自我革命环环相扣、层层递进，在革故鼎新、守正创新中实现自我扬弃、自身跨越。以自我监督和人民监督相结合为强大动力，要求我们深入推进党的自我革命，必须切实把党内监督同国家机关监督、民主监督、司法监督、群众监督、舆论监督贯通起来，实现自律和他律良性互动、相得益彰，推动党的自我革命开创新局面。

深入把握习近平总书记关于党的自我革命的重要思想蕴含的道理学理哲理

学习贯彻二十届中央纪委三次全会精神，最重要、最关键的是学深悟透习近平总书记关于党的自我革命的重要思想。这就要求我们深入把握这一重要思想蕴含的道理学理哲理，做到知其言更知其义、知其然更知其所以然，以永远在路上的坚韧执着把党的自我革命进行到底。

习近平总书记关于党的自我革命的重要思想是一个具有很强政治性、科学性、实践性的理论体系，深刻体现习近平新时代中国特色社会主义思想的世界观和方法论，坚持运用贯穿其中的立场观点方法。这一重要思想为构建中国化的马克思主义党建理论体系提供了指导思想、基本概念、基础理论，也为中共党史党建学和纪检监察学学科体系、学术体系、话语体系建设指明了前进方向，打牢了思想根基。深入把握习近平总书记关于党的自我革命的重要思想蕴含的道理学理哲理，需要持之以恒在学习领悟上下功夫、在精深研究上下功夫，深刻琢磨其体系性、学理性，搞清楚蕴含其中的理论渊源、发展脉络、问题导向、内在逻辑。

学习的目的全在于运用。掌握好运用好习近平总书记关于党的自我革命的重要思想这个强大武器，我们党一定能够不断清除思想之垢、行为之弊、肌体之毒，不断增强自我净化、自我完善、自我革新、自我提高能力，在有效应对长期执政面临的风险考验中不断开辟百年大党自我革命新境界，更好地引领和保障强国建设、民族复兴伟业。

（执笔：祝灵君）

（《人民日报》2024 年 1 月 31 日第 9 版）

加强党的政治建设
推动全面从严治党向纵深发展

张忠军

习近平总书记在二十届中央纪委三次全会上发表的重要讲话，为新时代新征程深入推进全面从严治党、党风廉政建设和反腐败斗争提供了根本遵循。习近平总书记指出："要持之以恒净化政治生态""严明政治纪律和政治规矩，严肃党内政治生活""促进政治生态山清水秀"。营造风清气正的政治生态是加强党的政治建设的基础性、经常性工作，需要浚其源、涵其林，养正气、固根本，锲而不舍、久久为功。新征程上，深入学习贯彻习近平总书记关于党的自我革命的重要思想，坚定拥护"两个确立"、坚决做到"两个维护"，要坚持党的政治建设的根本性地位，以党的政治建设为统领，推动全面从严治党向纵深发展。

坚持以党的政治建设为统领，
抓住了全面从严治党的根本性问题

办好中国的事情，关键在党，关键在坚持党要管党、全面从严治

党。党的十八大以来，以习近平同志为核心的党中央把全面从严治党作为新时代党的建设的鲜明主题，明确了政治建设在新时代党的建设中的战略定位，抓住了全面从严治党的根本性问题。

旗帜鲜明讲政治是我们党作为马克思主义政党的根本要求。习近平总书记指出：“马克思主义政党具有崇高政治理想、高尚政治追求、纯洁政治品质、严明政治纪律。如果马克思主义政党政治上的先进性丧失了，党的先进性和纯洁性就无从谈起。这就是我们把党的政治建设作为党的根本性建设的道理所在。”政治上的先进性，是马克思主义政党区别于其他政党的一个显著特征。加强党的政治建设，目的就是坚定政治信仰，强化政治领导，提高政治能力，净化政治生态，实现全党团结统一、行动一致。

政治上的主动是最有利的主动，政治上的被动是最危险的被动。习近平总书记强调：“全面从严治党首先要从政治上看”“政治问题要从政治上来解决”。不从政治上认识问题、解决问题，就会陷入头痛医头、脚痛医脚的被动局面，就无法从根本上解决问题。党的十八大以来，在全面从严治党实践中，我们深刻认识到，管党治党“宽松软”等问题，从根子上看就是政治上“宽松软”导致的，是一些党员领导干部在政治上犯糊涂，一些党组织对政治建设没有抓紧、没有抓实导致的。

加强党的政治建设是解决党内各种问题的治本之策。我们要把党的政治建设摆在首位，坚持以党的政治建设为统领，突出“两个维护”深化政治监督，从根本上解决党内存在的思想不纯、政治不纯、组织不纯、作风不纯等问题。要把严明党的政治纪律和政治规矩摆在突出位置，聚焦政治忠诚、政治安全、政治责任、政治立场、党内政治生活等，坚决纠正政治偏差，及时消除政治隐患，使我们党始终具有崇高政治理想、高尚政治追求、纯洁政治品质、严明政治纪律，永葆党的先进性和纯洁性。

加强党的政治建设有力推动全面从严治党向纵深发展

党的十八大以来，以习近平同志为核心的党中央，以党的政治建设统领党的建设各项工作，坚持和加强党的全面领导，严明政治纪律和政治规矩，持之以恒正风肃纪，开展史无前例的反腐败斗争，刹住了一些长期没有刹住的歪风，纠治了一些多年未除的顽瘴痼疾，消除了党、国家、军队内部存在的严重隐患，从根本上扭转了管党治党宽松软状况。经过艰苦努力，我们党成功开辟百年大党自我革命新境界，党在革命性锻造中更加坚强有力，在坚持和发展中国特色社会主义的历史进程中始终成为坚强领导核心。

保证全党服从中央，坚持党中央权威和集中统一领导。党的领导是中国特色社会主义最本质的特征，是中国特色社会主义制度的最大优势，坚持党的全面领导是坚持和发展中国特色社会主义的必由之路。通过加强党的政治建设，推动全党自觉在思想上政治上行动上同以习近平同志为核心的党中央保持高度一致，深刻领悟“两个确立”的决定性意义，增强“四个意识”、坚定“四个自信”、做到“两个维护”，确保党发挥总揽全局、协调各方的领导核心作用，实现全党团结统一、行动一致。

坚持不懈用习近平新时代中国特色社会主义思想凝心铸魂。全面从严治党，必须补足共产党人精神上的“钙”，铸牢思想之魂。我们发挥党的政治建设对党的思想建设的政治指南针作用，教育引导党员干部深入学习马克思主义基本理论，深刻把握习近平新时代中国特色社会主义思想的世界观和方法论，自觉运用贯穿其中的立场观点方法，将科学理论转化为坚定理想、锤炼党性和指导实践、推动工作的强大力量。教育引导党员干部筑牢忠诚干净担当的思想根基，坚守共产党人精神追求，自觉做共产主义远大理想和中国特色社会主义共同理想的坚定信仰者和忠实实践者。

完善党的自我革命制度规范体系。从严治党要靠思想教育，更要靠制度保障。我们党以党章为根本，以民主集中制为核心，不断完善党内法规制度体系，增强党内法规权威性和执行力，形成坚持真理、修正错误，发现问题、纠正偏差的机制。健全党统一领导、全面覆盖、权威高效的监督体系，完善权力监督制约机制，以党内监督为主导，促进各类监督贯通协调、形成合力，让权力在阳光下运行。着力推进政治监督具体化、精准化、常态化，坚决清除党员、干部队伍中的害群之马，从严从实加强对党员干部的管理监督，推动全面从严治党向纵深发展。

坚持以严的基调强化正风肃纪。作风问题本质上是党性问题，必须坚持党性党风党纪一起抓，推进作风建设常态化长效化。我们党全面加强党的纪律建设，使纪律真正成为带电的高压线，把坚决做到“两个维护”作为首要政治纪律。紧扣民心这个最大的政治，坚持党的群众路线，永葆共产党人的政治本色。弘扬党的光荣传统和优良作风，持续深化纠治“四风”，着力整治形式主义、官僚主义突出问题。

坚决打赢反腐败斗争攻坚战持久战。腐败是危害党的生命力和战斗力的最大毒瘤，反腐败是最彻底的自我革命，是一场输不起也决不能输的重大政治斗争。我们加强党对反腐败斗争的集中统一领导，持续保持惩治腐败高压态势，坚持一体推进不敢腐、不能腐、不想腐，深化标本兼治、系统施治，不断拓展反腐败斗争深度广度，对症下药、精准施治、多措并举，让反复发作的老问题逐渐减少，让新出现的问题难以蔓延，推动防范和治理腐败问题常态化、长效化。

为全面推进强国建设、民族复兴伟业提供坚强保障

新征程上，我们要坚定拥护“两个确立”、坚决做到“两个维护”，坚持以党的政治建设为统领，纵深推进全面从严治党、党的自我革命，为以中国式现代化全面推进强国建设、民族复兴伟业提供坚强保障。

坚持和加强党的全面领导。习近平总书记指出：“坚持和加强党的全面领导，关系党和国家前途命运，我们的全部事业都建立在这个基础之上，都根植于这个最本质特征和最大优势。”要健全坚持和加强党的全面领导的组织体系、制度体系、工作机制，把党的全面领导落实到改革发展稳定、内政外交国防、治党治国治军等各领域各方面各环节，切实把党的全面领导的制度优势转化为治理效能，推动全党为全面推进强国建设、民族复兴伟业而团结奋斗。

把准政治方向。习近平总书记指出：“政治方向是党生存发展第一位的问题，事关党的前途命运和事业兴衰成败。”加强党的政治建设，就要引导全党把智慧和力量凝聚到新时代坚持和发展中国特色社会主义伟大事业上来，凝聚到推进中国式现代化这个最大的政治上来，推动全党把坚持正确政治方向贯彻到谋划重大战略、制定重大政策、部署重大任务、推进重大工作的实践中去，经常对标对表，及时校准偏差，确保党和国家各项事业始终沿着正确政治方向前进。

坚定政治立场。政治立场事关党的政治建设根本。我们党始终坚定马克思主义立场，坚决站稳党性立场和人民立场。我们要把对党负责和对人民负责高度统一起来，坚持以党的旗帜为旗帜、以党的方向为方向、以党的意志为意志，始终做到在党言党、在党忧党、在党为党，任何时候都与党同心同德。要始终把人民放在心中最高位置，坚持以人民为中心的发展思想，把实现人民对美好生活的向往作为现代

化建设的出发点和落脚点，始终保持同人民群众的血肉联系，始终接受人民批评和监督，始终同人民同呼吸、共命运、心连心。

提高政治能力。习近平总书记指出：“在干部干好工作所需的各种能力中，政治能力是第一位的。”提高政治能力，就是要善于从政治上分析问题、解决问题。只有从政治上分析问题才能看清本质，只有从政治上解决问题才能抓住根本。要始终做政治上的明白人、老实人，始终保持高度的政治敏锐性，不断增强政治判断力、政治领悟力、政治执行力，把对党忠诚、为党分忧、为党尽职、为民造福作为根本政治担当，以奋发有为的精神状态和“时时放心不下”的责任担当，践行共产党人的初心和使命，在强国建设、民族复兴的奋斗征程上建功立业。

（《人民日报》2024 年 2 月 22 日第 9 版）

新时代深入推进全面从严治党的根本遵循

李　捷

二十届中央纪委三次全会是新征程上深入推进党的自我革命、全面从严治党的一次重要会议。这次全会最重大的成果，是深刻阐述习近平总书记关于党的自我革命的重要思想。会上，习近平总书记指出："在新时代十年全面从严治党的实践和理论探索中，我们不断深化对党的自我革命的认识，积累了丰富实践经验，形成了一系列重要理论成果，系统回答了我们党为什么要自我革命、为什么能自我革命、怎样推进自我革命等重大问题。"习近平总书记关于党的自我革命的重要思想，指引百年大党开辟了自我革命的新境界，是我们党坚持"两个结合"推进理论创新取得的新成果，是习近平新时代中国特色社会主义思想的新篇章，标志着我们党对马克思主义政党建设规律、共产党执政规律的认识达到新高度。

为什么要自我革命的科学解答

勇于自我革命，从严管党治党，是中国共产党最鲜明的品格。这不仅来源于历史自觉和理论自觉，更来源于强烈的使命担当和忧患意识。

加强党对一切工作的全面领导的根本保证。全面建设社会主义现代化国家、全面推进中华民族伟大复兴，关键在党。中国共产党领导，是中国特色社会主义最本质的特征。党的自我革命与伟大社会革命息息相关。“治国必先治党，党兴才能国强。”我们党要始终成为时代先锋、民族脊梁，始终成为马克思主义执政党，自身必须始终过硬。怎样才算过硬，就是要敢于进行自我革命，敢于刀刃向内，敢于刮骨疗伤，敢于壮士断腕，防止祸起萧墙。这就是为什么我们党要不断进行自我革命的根本意义所在。

解决大党独有难题的根本出路。党的二十大提出解决大党独有难题的重大课题。在二十届中央纪委二次全会上，习近平总书记概括其主要内容包括：如何始终不忘初心、牢记使命，如何始终统一思想、统一意志、统一行动，如何始终具备强大的执政能力和领导水平，如何始终保持干事创业精神状态，如何始终能够及时发现和解决自身存在的问题，如何始终保持风清气正的政治生态。解决好上述难题，是实现新时代新征程党的使命任务必须迈过的一道坎，是全面从严治党适应新形势新要求必须啃下的硬骨头。新时代全面从严治党的成功经验表明，解决大党独有难题的根本出路在于自我革命，这就决定了全面从严治党永远在路上，党的自我革命永远在路上。

跳出治乱兴衰历史周期率的成功之道。如何在毛泽东同志给出的第一个答案基础上继续探索跳出治乱兴衰历史周期率的成功之道，是习近平总书记在全面从严治党中始终思考的重大课题。党的十八大后不久，习近平总书记重温“两个务必”，就曾指出：“这里面，包含着对我国几千年历史治乱规律的深刻借鉴，包含着对我们党艰苦卓绝奋斗历程的深刻总结，包含着对胜利了的政党永葆先进性和纯洁性、对即将诞生的人民政权实现长治久安的深刻忧思，包含着对我们党坚持全心全意为人民服务根本宗旨的深刻认识”。党的十九大后，习近平总书记在向全党发出“推进党的建设新的伟大工程要一以贯之”号召时，系统回顾了古今中外治乱兴衰的历史经验，指出：“只要马克思主义执政党不出问题，社会主义国家就出不了大问题，我们就能够跳出‘其兴也勃焉，其亡也忽焉’的历史周期率。”建党百年之际通过的第三个历史决议，贯穿其中的一个重要内容，就是注重分析和总结党在百年奋斗历程中对自我革命的研究和把握。在党的十九届六中全会第二次全体会议上，习近平总书记提出：“我们党历史这么长、规模这么大、执政这么久，如何跳出治乱兴衰的历史周期率？毛泽东同志在延安的窑洞里给出了第一个答案，这就是‘只有让人民来监督政府，政府才不敢松懈’。经过百年奋斗特别是党的十八大以来新的实践，我们党又给出了第二个答案，这就是自我革命。”

不断推进全面从严治党的必然要求。新时代全面从严治党，面临的任务和挑战十分艰巨。党面临的执政考验、改革开放考验、市场经济考验、外部环境考验是长期的、复杂的，党面临的精神懈怠危险、能力不足危险、脱离群众危险、消极腐败危险是尖锐的、严峻的。这些考验与危险将长期存在。这两方面的现实决定了新时代党的建设新的伟大工程，既要固本培元，也要开拓创新，既要把住关键重点，也要形成整体态势，特别是要发挥彻底的自我革命精神。全面从严治党是新时代党的自我革命的伟大实践，开辟了百年大党自我革命的新境界。全面从严治党永远在路上，才能保证党的自我革命永远在路上。

为什么能自我革命的深刻揭示

勇于自我革命是中国共产党区别于其他政党的显著标志。为什么中国共产党能够做到自我革命？这里面蕴含着深刻的道理。

中国共产党的性质和初心使命，决定了中国共产党能够自我革命。

中国共产党始终代表最广大人民根本利益，与人民休戚与共、生死相依，没有任何自己特殊的利益，从来不代表任何利益集团、任何权势团体、任何特权阶层的利益，从诞生之日起就把为中国人民谋幸福、为中华民族谋复兴确立为自己的初心使命。不谋私利才能谋根本、谋大利，才能从党的性质和根本宗旨出发，从人民根本利益出发，检视自己；才能不掩饰缺点、不回避问题、不文过饰非，有缺点克服缺点，有问题解决问题，有错误承认并纠正错误；才能本着彻底的自我革命精神检视自身、常思己过，坚决同一切损害党的先进性和纯洁性的因素作斗争；才能摆脱一切利益集团、权势团体、特权阶层的“围猎”腐蚀，并向党内成为这些集团、团体、阶层同伙的人开刀，永葆党的生机活力。自我革命是从严治党、兴党强党的法宝，也是党和国家兴旺发达、长治久安的法宝。

中国共产党的理想信念，决定了中国共产党能够自我革命。马克思主义真理信仰，共产主义远大理想，中国特色社会主义共同理想，是中国共产党人的理想信念和政治灵魂，是中国共产党人经受任何考验的精神支柱。在新时代，坚定理想信念，最重要的就是要坚定中国特色社会主义道路自信、理论自信、制度自信、文化自信。中国共产党不是因利益而结成的政党，而是以共同理想信念而组织起来的马克思主义先进政党。建设坚强的马克思主义执政党，首先要从理想信念做起。历史和现实都告诫我们，全党理想信念坚定，党就拥有无比强大力量；全党理想信念淡薄，党就会成为乌合之众，风一吹就散。只有用坚定理想信念炼就“金刚不坏之身”，解决好世界观、人生观、价值观这个“总开关”问题，才能在大是大非面前旗帜鲜明，在风浪考验面前无所畏惧，在各种诱惑面前立场坚定，在关键时刻靠得住、信得过、能放心。在创建中国共产党历程中形成的伟大建党精神，是中国共产党的精神之源。以此为源头，又在百年奋斗中构建起中国共产党人的精神谱系，锤炼出鲜明的政治品格。这些都是推动党的自我革命的强大内生动力。

外靠发展人民民主、接受人民监督，内靠全面从严治党、推进自我革命，是中国共产党实行自我革命的两大动力。中国共产党根基在人民、血脉在人民、力量在人民。勇于自我革命和接受人民监督是内在一致的。中国共产党外靠发展人民民主、接受人民监督，内靠全面从严治党、推进自我革命，走出了一条确保党不变质、不变色、不变味的成功之道。特别是党的十八大以来，中国共产党带领人民在坚持和完善人民当家作主的人民代表大会制度基础上，创造性地发展全过程人民民主，形成了一整套发挥人大监督在党和国家监督体系中的重要作用，让人民监督权力，让权力在阳光下运行，用制度的笼子管住权力，用法治的缰绳驾驭权力的体制机制，使毛泽东同志当年给出“让人民来监督政府”的第一个答案在新时代更加丰富发展。与此同时，以习近平同志为核心的党中央把全面从严治党纳入“四个全面”战略布局，把党的领导制度体系和全面从严治党制度建设纳入国家治理体系和治理能力现代化之中，不断健全党和国家监督体系。新时代全面从严治党的成功经验表明，党内监督在党和国家各种监督形式中是最根本的、第一位的，同时还要形成党内监督与人民监督等其他各种监督的合力。

不断提升自我净化、自我完善、自我革新、自我提高能力，是中国共产党进行自我革命的独特优势。中国共产党之所以伟大，不在于不犯错误，而在于从不讳疾忌医，敢于直面问题，勇于自我革命。党的十八大以来，以习近平同志为核心的党中央以前所未有的勇气和定力全面从严治党，打了一套自我革命的“组合拳”，形成了一整套党自我净化、自我完善、自我革新、自我提高的制度规范体系。自我净化，就是要过滤杂质、清除毒素、割除毒瘤，教育引导全党坚定理想信念宗旨，自觉抵御各种腐朽思想侵蚀，提高政治免疫力，同时聚焦突出问题，自觉向体内病灶开刀，清除一切侵蚀党的健康肌体的病毒。自我完善，就是要修复肌体、健全机制、丰富功能，着眼于加强党的长期执政能力建设，着力补短板、强弱项，不断构建系统完备、科学规范、运行有效的制度体系，完善决策科学、执行坚决、监督有力的权力运行机制。自我革新，就是要与时俱进、自我超越，善于调动全党积极性、主动性、创造性，坚决破除一切不合时宜的思想观念和体制机制弊端，通过改革和制度创新压缩腐败现象生存空间和滋生土壤，营造风清气正的政治生态。自我提高，就是要有新本领、有新境界，永不僵化、永不停滞，在学习实践中砥砺品格、增长才干，全面增强执政本领，不断提升政治境界、思想境界、道德境界，永葆党的生机活力。由此形成了依靠党自身力量发现问题、纠正偏差、推动创新、实现执政能力整体性提升的良性循环。

怎样推进自我革命的根本遵循

习近平总书记关于党的自我革命的重要思想凝结了新时代全面从严治党丰富实践经验和重要理论成果，凝聚了全党高度共识，为新时代新征程深入推进全面从严治党、党风廉政建设和反腐败斗争提供了根本遵循，为怎样推进自我革命提供了强大思想武器和科学行动指南。这集中体现在推进自我革命“九个以”的实践要求上。

以坚持党中央集中统一领导为根本保证。自我革命必须以坚持党中央集中统一领导为根本保证，才能始终保持正确政治方向。党的十八大以来，全面从严治党之所以能够取得革命性重塑的成效，关键在于始终坚持把党的政治建设摆在首位，把维护党中央权威和集中统一领导作为最高政治原则，把党的领导落实到管党治党、治国理政各领域各方面各环节，严明政治纪律和政治规矩，强化政治监督、深化政治巡视，坚决防止和治理“七个有之”，坚决清除对党中央阳奉阴违的两面人、两面派，不断净化党内政治生态。

以引领伟大社会革命为根本目的。新时代中国特色社会主义是党领导人民进行伟大社会革命的成果，也是党领导人民进行伟大社会革命的继续。全面从严治党、自我革命的目的，从根本上说，是以伟大自我革命引领伟大社会革命，以伟大社会革命促进伟大自我革命，确保党在新时代坚持和发展中国特色社会主义的历史进程中始终成为坚强领导核心。我们要务必不忘初心、牢记使命，务必谦虚谨慎、艰苦奋斗，务必敢于斗争、善于斗争，坚定历史自信，增强历史主动，勇于把我们党领导人民长期进行的伟大社会革命继续推进下去，决不能因为胜利而骄傲，决不能因为成就而懈怠，决不能因为困难而退缩，努力使中国特色社会主义展现更加强大、更有说服力的真理力量。

以习近平新时代中国特色社会主义思想为根本遵循。坚持把思想建设作为党的基础性建设，淬炼自我革命锐利思想武器，是新时代全面从严治党的一条成功经验。习近平新时代中国特色社会主义思想是当代中国马克思主义、21 世纪马克思主义，是全党全国各族人民为实现中华民族伟大复兴而奋斗的行动指南，也是推进自我革命的根本遵循。要坚持不懈用习近平新时代中国特色社会主义思想凝心铸魂，更加深刻领悟“两个确立”的决定性意义，更加自觉增强“四个意识”、坚定“四个自信”、做到“两个维护”，始终在思想上政治上行动上同以习近平同志为核心的党中央保持高度一致，将自我革命进行到底。

以跳出历史周期率为战略目标。古今中外治乱兴衰的历史表明，功成名就时做到居安思危、保持创业初期那种励精图治的精神状态不容易，执掌政权后做到节俭内敛、敬终如始不容易，承平时期严以治吏、防腐戒奢不容易，重大变革关头顺乎潮流、顺应民心不容易。能否跳出历史周期率，成为对中国共产党的重大历史考验。进入新时代，以习近平同志为核心的党中央就推进反腐败斗争提出一系列新理念新思想新战略，把全面从严治党纳入“四个全面”战略布局，探索出依靠党的自我革命跳出历史周期率的有效途径。

以解决大党独有难题为主攻方向。中国共产党有自身的辉煌成就、光荣传统、巨大优势，也面临大党独有难题。要清醒地看到，在长期执政条件下，各种弱化党的先进性、损害党的纯洁性的因素无时不有，各种违背初心和使命、动摇党的根基的危险无处不在，如果不严加防范、及时整治，久而久之，必将积重难返，小问题就会变成大问题、小管涌就会沦为大塌方，甚至可能酿成全局性、颠覆性的灾难。要站在事关党长期执政、国家长治久安、人民幸福安康的高度，把全面从严治党作为党的长期战略、永恒课题，发扬彻底的自我革命精神，把党的伟大自我革命进行到底。

以健全全面从严治党体系为有效途径。构建全面从严治党体系是党的二十大提出的加强新时代党的建设的重大举措，是把党的自我革命进行到底的有效途径。全面从严治党体系是一个内涵丰富、功能完备、科学规范、运行高效的动态系统，需要坚持制度治党、依规治党，更加突出党的各方面建设有机衔接、联动集成、协同协调，更加突出体制机制的健全完善和法规制度的科学有效，更加突出运用治理的理念、系统的观念、辩证的思维管党治党建设党。为此，要坚持内容上全涵盖，对象上全覆盖，责任上全链条，制度上全贯通，把制度建设要求体现到全面从严治党全过程、各方面、各层级，用制度促进全面从严治党体系贯通、联动。

以锻造坚强组织、建设过硬队伍为重要着力点。党的力量来自组织。党的全面领导、全面从严治党要靠党的坚强组织体系和过硬队伍去实现。党的基层组织是确保党的路线方针政策和决策部署贯彻落实的基础。要以提升组织力为重点，突出政治功能，把基层党组织建设成为宣传党的主张、贯彻党的决定、领导基层治理、团结动员群众、推动改革发展的坚强战斗堡垒。推动自我革命，全面建设社会主义现代化国家，必须有一支政治过硬、适应新时代要求、具备领导现代化建设能力的干部队伍。要坚持党管干部原则，坚持德才兼备、以德为先、五湖四海、任人唯贤，把新时代好干部标准和新时代党的组织路线落到实处。

以正风肃纪反腐为重要抓手。正风肃纪、强力反腐，是自我革命的重要抓手。制定实施中央八项规定，是我们党在新时代的徙木立信之举，要常抓不懈、久久为功，直至真正化风成俗，以优良党风引领社风民风。坚持党性党风党纪一起抓，从思想上固本培元，提高党性觉悟，增强拒腐防变能力，涵养富贵不能淫、贫贱不能移、威武不能屈的浩然正气。新征程反腐败斗争，必须在铲除腐败问题产生的土壤和条件上持续发力、纵深推进，让反复发作的老问题逐渐减少，让新出现的问题难以蔓延，推动防范和治理腐败问题常态化、长效化。

以自我监督和人民监督相结合为强大动力。自我监督是世界性难题，是国家治理的“哥德巴赫猜想”。党的十八大以来全面从严治党的实践证明，我们党自我净化的机制是有效的，我们完全有能力解决自身存在的问题。进行自我革命，既要靠党，也要注重依靠人民，实现自我监督和人民监督相结合。要构建党统一指挥、全面覆盖、权威高效的监督体系，把党内监督同国家机关监督、民主监督、司法监督、群众监督、舆论监督贯通起来，形成发现问题、及时纠偏的有效机制，不断增强党自我净化、自我完善、自我革新、自我提高的能力。

以上这“九个以”的实践要求，既是在强国建设、民族复兴新征程上推进自我革命的重要思路和举措，也是深化对自我革命规律性认识的最新成果。我们要全面把握、全面贯彻，继续推进自我革命的实践探索和理论思考。

（《中国纪检监察报》2024年1月25日第5版）

第一篇

以坚持党中央集中统一领导为根本保证

以坚持党中央集中统一领导为根本保证

——牢牢把握“九个以”的实践要求深入推进党的自我革命

人民日报评论部

行进壮阔征程，成就千秋伟业，需要掌舵定向，需要底气支撑。回望不平凡的2023年，顶住外部压力、克服内部困难，中国经济回升向好，仍然是全球增长最大引擎。实践再次证明：“两个确立”对于我们应对各种风险挑战、推进中国式现代化建设具有决定性意义，以习近平同志为核心的党中央坚强有力领导是我们战胜一切困难和风险的根本保证。

党的领导是党和国家事业不断发展的“定海神针”。要治理好我们这个大党、治理好我们这个大国，保证党的团结和集中统一至关重要，维护党中央权威至关重要。在二十届中央纪委三次全会上，习近平总书记指出，“在深入推进党的自我革命实践中需要把握好九个问题”。习近平总书记全面系统深刻阐述的这“九个以”的实践要求，既有战略安排又有工作部署，既有认识论又有方法论，为在新征程上深入推进党的自我革命提供了强大思想武器、科学行动指南。“九个以”的实践要求中，“以坚持党中央集中统一领导为根本保证”排在第一位。

新征程上，我们要牢牢把握“九个以”的实践要求，把全面从严治党作为重大而严肃的政治任务，在党中央集中统一领导下扎实有序推进，把坚持党的全面领导贯彻到管党治党全部工作之中，确保党牢牢把握反腐败斗争主动权，以党的永不变质确保红色江山永不变色。

维护党中央集中统一领导，是一个成熟的马克思主义执政党的重大建党原则。从红军过草地时伙夫同志起床先问向南走还是向北走，到战争年代全党全军无条件执行“嘀嗒、嘀嗒”电波传达的党中央指令，习近平总书记讲述过的这两个故事，体现的都是维护党中央权威和集中统一领导。我们党是世界上最大的马克思主义政党，在拥有14亿多人口的大国长期执政，既有办大事、建伟业的巨大优势，也面临着治党治国的特殊难题。如果党中央不能实行坚强有力的集中统一领导，就会出现各自为政、自行其是的局面，那就什么事情也干不成。只有党中央有权威，才能把全党牢固凝聚起来，进而把全国各族人民紧密团结起来，形成万众一心、无坚不摧的磅礴力量。

在新时代全面从严治党的实践和理论探索中，以习近平同志为核心的党中央明确提出，党中央集中统一领导是党的领导的最高原则，加强和维护党中央集中统一领导是全党共同的政治责任，坚持党的领导首先要旗帜鲜明讲政治，保证全党服从中央。这一重要要求，既涵盖举旗定向的认识论，也提供管党治党的方法论，确保全党在政治立场、政治方向、政治原则、政治道路上同党中央保持高度一致，推动全党团结成“一块坚硬的钢铁”。以坚持党中央集中统一领导为根本保证，是百年大党开辟自我革命新境界的重要经验，体现了我们党对党的自我革命的规律性认识的不断深化。

山雄有脊，房固因梁。从锲而不舍贯彻落实中央八项规定精神，到以“十年磨一剑”的定力推进全面从严治党，再到以“得罪千百人，不负十四亿”的使命担当推进史无前例的反腐败斗争，党的十八大以来，全面从严治党之所以取得历史性、开创性成就，产生全方位、深层次影响，靠的正是以习近平同志为核心的党中央勇于自我革命的非凡理论勇气、卓越政治智慧、强烈使命担当、深厚人民情怀。实践深刻表明，以坚持党中央集中统一领导为根本保证，就能扎实推动全面从严治党和党的自我革命不断向纵深发展，厚植中国共产党之治、中国之治的独特优势。

自胜者强，越己者恒越。习近平总书记在党的二十大报告中强调："党的领导是全面的、系统的、整体的，必须全面、系统、整体加以落实。"维护党中央集中统一领导是具体的而不是抽象的，首先要落实到坚定维护党中央权威上，落实到增强"四个意识"、坚定"四个自信"、做到"两个维护"的实际行动上。各地区各部门要把坚决维护习近平总书记党中央的核心、全党的核心地位，坚决维护以习近平同志为核心的党中央权威和集中统一领导作为根本政治原则，把学习贯彻习近平新时代中国特色社会主义思想作为首要政治任务，把不折不扣贯彻落实党中央重大决策部署作为首要政治担当，推动党中央各项决策部署落地生根，把党的事业不断推向前进。

万里征程风正劲，千钧重任再扬帆。2024年是新中国成立75周年，推进中国式现代化建设任务艰巨、前景壮阔。让我们更加紧密地团结在以习近平同志为核心的党中央周围，强化政治自觉、思想自觉、行动自觉，把党的自我革命的思路举措搞得更加严密，把每条战线、每个环节的自我革命抓具体、抓深入，坚定信心、团结奋斗，坚定不移朝着强国建设、民族复兴的宏伟目标奋勇前进！

（《人民日报》2024年1月15日第5版）

以坚持党中央集中统一领导为根本保证

——准确把握推进自我革命“九个以”的实践要求

黄相怀

习近平总书记在二十届中央纪委三次全会上的重要讲话，深刻阐述党的自我革命的重要思想，明确提出推进自我革命“九个以”的实践要求，为新时代新征程深入推进全面从严治党、党风廉政建设和反腐败斗争提供了根本遵循。“九个以”的实践要求，既有宏观层面的目标任务、顶层设计，也有落细落实、重点突出的方式方法；既有认识论，也有方法论，反映了习近平总书记关于党的自我革命的重要思想的最新成果。其中，居于首位的是“以坚持党中央集中统一领导为根本保证”。我们要准确把握这一实践要求，坚决维护党中央权威和集中统一领导，自觉在思想上政治上行动上同以习近平同志为核心的党中央保持高度一致，为纵深推进全面从严治党、党的自我革命提供根本保证。

党的自我革命是自我净化、自我完善、自我革新、自我提高完整体系，是具有严密内在逻辑关系的系统工程。推进这个系统工程，无论是着力推进政治监督具体化、精准化、常态化，还是着力整治形式主义、官僚主义突出问题，无论是健全全面从严治党体系，还是在全党开展集中性纪律教育，都是党中央以坚定决心、顽强意志、空前力度推进全面从严治党的成果。事实证明，只有始终在党中央领导下统一谋划、统一部署、统一推进，才能确保自我革命沿着正确方向前进，使党在直面问题、克服不足中永葆青春活力而长盛不衰。新时代新征程，以中国式现代化全面推进强国建设、民族复兴伟业，对推进自我革命提出新的更高要求，更加需要在党中央集中统一领导下沿着正确方向推进各项工作。

习近平总书记指出："这么大一个党，处在执政地位、掌控执政资源，很容易在执政业绩光环的照耀下，出现忽略自身不足、忽视自身问题的现象，陷入'革别人命容易，革自己命难'的境地。"我们党突破"革别人命容易，革自己命难"的世界性难题，关键要靠党中央集中统一领导，充分发挥党总揽全局、协调各方的领导核心作用，使全党思想上更加统一、政治上更加团结、行动上更加一致，形成依靠党自身力量坚持真理、修正错误，发现问题、纠正偏差的强大合力。党的历史经验表明，党中央权威和集中统一领导坚持得好，管党治党就能严格有力，党的建设就能与社会同进步、同人民的期待相契合。前进道路上，我们要始终坚持党中央集中统一领导，从而更好凝聚全党共识、集中力量办大事，充分发挥党强大的政治领导力、思想引领力、群众组织力、社会号召力，把党的政治优势、组织优势、制度优势更好转化为腐败治理效能，为持续发力、纵深推进反腐败斗争提供保证。

维护党中央权威和集中统一领导是马克思主义政党的重大建党原则。坚决维护党中央权威和集中统一领导，最关键的是坚决维护习近平总书记党中央的核心、全党的核心地位。新时代以来，在以习近平同志为核心的党中央坚强领导下，我们党保持战略定力，持之以恒推进自我革命，消除了党、国家、军队内部存在的严重隐患，管党治党宽松软状况得到根本扭转。实践充分证明，“两个确立”是党和人民应对一切不确定性的最大确定性、最大底气、最大保证，对于我们应对各种风险挑战、推进中国式现代化建设具有决定性意义。推进自我革命，是刀刃向内、自剜腐肉，需要应对的风险和挑战、需要解决的矛盾和问题错综复杂。有习近平总书记作为党中央的核心、全党的核心领航掌舵，有习近平新时代中国特色社会主义思想科学指引，有全党全国各族人民团结一心、顽强奋斗，我们一定能够战胜一切困难挑战，以永远在路上的坚韧执着把党的自我革命进行到底。

（《人民日报》2024 年 1 月 25 日第 9 版）

坚持党的全面领导是历史和人民的选择

王均伟

党的十九届六中全会通过的《中共中央关于党的百年奋斗重大成就和历史经验的决议》(以下简称《决议》),以“十个明确”对习近平新时代中国特色社会主义思想的核心内容作了进一步的系统概括,将中国共产党领导置于“十个明确”的首位:明确中国特色社会主义最本质的特征是中国共产党领导,中国特色社会主义制度的最大优势是中国共产党领导,中国共产党是最高政治领导力量,全党必须增强“四个意识”、坚定“四个自信”、做到“两个维护”。这深刻揭示了党的领导是党和国家的根本所在、命脉所在,是全国各族人民的利益所系、命运所系,标志着我们党对马克思主义建党学说、对中国特色社会主义规律的认识达到了新的高度。

坚持党的全面领导是坚持和发展中国特色社会主义的必由之路

中国产生了共产党,这是开天辟地的大事变,揭开了中国历史的新篇章,揭开了中华民族伟大复兴进程的新篇章。中国共产党一经诞生,就把为中国人民谋幸福、为中华民族谋复兴确立为自己的初心使命。我们党团结带领人民经过28年浴血奋斗，彻底结束了旧中国半殖民地半封建社会的历史，彻底结束了极少数剥削者统治广大劳动人民的历史，彻底结束了旧中国一盘散沙的局面，彻底废除了列强强加给中国的不平等条约和帝国主义在中国的一切特权，为实现中华民族伟大复兴创造了根本社会条件。回顾这段奋斗历程，可以让我们深刻认识坚持党的领导的重大意义：大革命失败血的教训，使我们党认识到领导权的极端重要性；坚持党在抗日民族统一战线中的领导权，保证了党成为全民族抗战的中流砥柱……历史和实践都充分表明，当党的全面领导坚持得彻底时，党和人民事业就会顺利推进；当党的全面领导被削弱时，党和人民事业就会走弯路甚至遭受挫折。

习近平总书记强调："中国特色社会主义是党和人民历经千辛万苦、付出巨大代价取得的根本成就，是实现中华民族伟大复兴的正确道路。"中国特色社会主义承载着几代中国共产党人的理想和探索，寄托着无数仁人志士的夙愿和期盼，凝聚着亿万人民的奋斗和牺牲。新中国成立后，为了实现中华民族伟大复兴，中国共产党团结带领中国人民，自力更生、发愤图强，创造了社会主义革命和建设的伟大成就，为实现中华民族伟大复兴奠定了根本政治前提和制度基础。"文化大革命"结束后，在党和国家面临何去何从的重大历史关头，是党深刻总结新中国成立以来正反两方面经验，及时把握历史发展机遇推进改革开放；当我们在改革开放中面对前所未有的问题和挑战，是党科学回答了建设中国特色社会主义的一系列基本问题；面对时代的变化和不断推进的社会主义现代化事业，是党根据国内外形势的发展和社会主要矛盾的变化，从发展新要求和人民新愿望出发，提出各个阶段的奋斗目标；在社会主义面临巨大挑战的惊涛骇浪中，是党领导人民坚决排除各种干扰，从容应对关系我国改革发展稳定全局的一系列风险考验。正是因为始终坚持党的全面领导，中国大踏步赶上了时代。

党的十八大以来，中国特色社会主义进入新时代。以习近平同志为核心的党中央旗帜鲜明提出，党的领导是党和国家的根本所在、命脉所在，是全国各族人民的利益所系、命运所系，全党必须自觉在思想上政治上行动上同党中央保持高度一致，提高科学执政、民主执政、依法执政水平，提高把方向、谋大局、定政策、促改革的能力，确保充分发挥党总揽全局、协调各方的领导核心作用。经过持续努力，党中央权威和集中统一领导得到有力保证，党的领导制度体系不断完善，党的领导方式更加科学，全党思想上更加统一、政治上更加团结、行动上更加一致，党的政治领导力、思想引领力、群众组织力、社会号召力显著增强。新时代党和国家事业取得历史性成就、发生历史性变革，不仅充分彰显了中国特色社会主义的强大生机活力，也有力证明了坚持党的全面领导是事关党和国家前途命运的重大问题，是坚持和发展中国特色社会主义的必由之路。只要坚定不移坚持党的全面领导、维护党中央权威和集中统一领导，全党全国人民就会拥有团结奋斗的强大政治凝聚力和发展自信心，就能集聚起守正创新、共克时艰的强大力量。

坚持党的全面领导需要深刻领悟“两个确立”的决定性意义

党的历史表明，党和人民事业要兴旺发达，必须有一个坚强的领导集体，必须有一个全党高度拥戴的领导核心。长征途中的遵义会议，事实上确立了毛泽东同志在党中央和红军的领导地位，开始确立以毛泽东同志为主要代表的马克思主义正确路线在党中央的领导地位，开始形成以毛泽东同志为核心的党的第一代中央领导集体，开启了党独立自主解决中国革命实际问题新阶段，在最危急关头挽救了党、挽救了红军、挽救了中国革命。这在党的历史上是一个生死攸关的转折点。

党的六届七中全会通过的《关于若干历史问题的决议》，使全党对中国革命基本问题的认识达到一致，“全党已经空前一致地认识了毛泽东同志的路线的正确性，空前自觉地团结在毛泽东的旗帜下了”。确立核心，自觉拥护核心，是中国革命能够不断走向胜利的根本保证。百年来，每到紧要关头、每临严峻考验，党的领导核心都能带领全党力挽狂澜，推动党和人民事业破浪前行。

船重千钧，掌舵一人。《决议》指出：“党确立习近平同志党中央的核心、全党的核心地位，确立习近平新时代中国特色社会主义思想的指导地位，反映了全党全军全国各族人民共同心愿，对新时代党和国家事业发展、对推进中华民族伟大复兴历史进程具有决定性意义。”“两个确立”是党的十八大以来最重要的政治成果，体现了我们党深邃的历史智慧、高度的历史自觉和坚定的历史自信。

党的十八大以来，我们党确立习近平总书记党中央的核心、全党的核心地位，确立习近平新时代中国特色社会主义思想的指导地位，这是时代呼唤、历史选择、民心所向。习近平总书记是经过历史检验、实践考验、斗争历练的当之无愧的党的核心、人民领袖、军队统帅。习近平总书记对关系新时代党和国家事业发展的一系列重大理论和实践问题进行了深邃思考和科学判断，就新时代坚持和发展什么样的中国特色社会主义、怎样坚持和发展中国特色社会主义，建设什么样的社会主义现代化强国、怎样建设社会主义现代化强国，建设什么样的长期执政的马克思主义政党、怎样建设长期执政的马克思主义政党等重大时代课题，提出一系列原创性的治国理政新理念新思想新战略，是习近平新时代中国特色社会主义思想的主要创立者。习近平新时代中国特色社会主义思想是当代中国马克思主义、二十一世纪马克思主义，是中华文化和中国精神的时代精华，实现了马克思主义中国化时代化新的飞跃。在习近平新时代中国特色社会主义思想指引下，全党全军全国各族人民砥砺前行，全面建成小康社会目标如期实现，党和国家事业取得历史性成就、发生历史性变革，彰显了中国特色社会主义的强大生机活力，党心军心民心空前凝聚振奋，为实现中华民族伟大复兴提供了更为完善的制度保证、更为坚实的物质基础、更为主动的精神力量，中华民族迎来了从站起来、富起来到强起来的伟大飞跃。当前，面对世界百年变局和世纪疫情交织的复杂形势，我们更要深刻领悟“两个确立”的决定性意义，更要坚持党的全面领导。坚决维护习近平总书记的核心地位，始终忠诚核心、拥戴核心、维护核心、捍卫核心，全党就有定盘星，全国人民就有主心骨，中华“复兴”号巨轮就有掌舵者；确立习近平新时代中国特色社会主义思想的指导地位，我们党就能坚持正确前进方向，乘风破浪不迷航。我们要以高度政治自觉，深刻领悟“两个确立”的决定性意义，做到“两个维护”，确保全党进一步统一思想、统一意志、统一行动，步调一致向前进。

坚持和完善党的领导制度体系

党的领导是全面的、系统的、整体的。坚持党的全面领导，就要健全总揽全局、协调各方的党的领导制度体系，把党的领导落实到国家治理各领域各方面各环节。党的十八大以来，党的领导制度体系不断得到健全，党领导人大、政府、政协、监察机关、审判机关、检察机关、武装力量、人民团体、企事业单位、基层群众性自治组织、社会组织等制度确保了党的全面领导作用。党坚持民主集中制，建立健全党对重大工作的领导体制，强化党中央决策议事协调机构职能作用，完善推动党中央重大决策落实机制，严格执行向党中央请示报告制度，强化政治监督，深化政治巡视，查处违背党的路线方针政策、破坏党的集中统一领导问题，清除“两面人”，保证了全党在政治立场、政治方向、政治原则、政治道路上同以习近平同志为核心的党中央保持高度一致。

在新的历史起点上坚持党的全面领导，需要进一步坚持和完善党的领导制度体系。坚持和完善不忘初心、牢记使命的制度，把不忘初心、牢记使命作为加强党的建设的永恒课题和全体党员、干部的终身课题，形成长效机制。完善坚定维护党中央权威和集中统一领导的各项制度，从制度层面确保全党深刻领悟“两个确立”的决定性意义，增强“四个意识”、坚定“四个自信”、做到“两个维护”，自觉在思想上政治上行动上同以习近平同志为核心的党中央保持高度一致。健全为人民执政、靠人民执政各项制度，健全提高党的执政能力和领导水平制度，完善全面从严治党制度，确保党始终总揽全局、协调各方，始终成为中国特色社会主义事业坚强领导核心，将中国特色社会主义事业不断推向前进。

（《人民日报》2022 年 3 月 29 日第 9 版）

坚持加强党的全面领导和党中央集中统一领导

刘靖北

习近平总书记在省部级主要领导干部“学习习近平总书记重要讲话精神，迎接党的二十大”专题研讨班上发表的重要讲话，深刻阐述了过去5年工作和新时代10年的伟大变革。党的十九大以来的5年极不寻常、极不平凡，一个重要方面就是“我们坚持加强党的全面领导和党中央集中统一领导”。坚持加强党的全面领导和党中央集中统一领导，也是新时代10年伟大变革的重要内容和根本政治保证。党的十八大以来，以习近平同志为核心的党中央，立足我国发展新的历史方位，统筹中华民族伟大复兴战略全局和世界百年未有之大变局，围绕坚持加强党的全面领导和党中央集中统一领导，提出一系列原创性新理念新思想新战略、作出一系列重要制度安排、取得一系列重大实践成果，使全党思想上更加统一、政治上更加团结、行动上更加一致，党的政治领导力、思想引领力、群众组织力、社会号召力显著增强，为推动党和国家事业取得历史性成就、发生历史性变革提供了根本政治保证。

提出一系列原创性新理念新思想新战略

办好中国的事情，关键在党。党的十八大以来，习近平总书记围绕“建设什么样的长期执政的马克思主义政党、怎样建设长期执政的马克思主义政党”这一重大时代课题，提出一系列原创性新理念新思想新战略，为坚持加强党的全面领导和党中央集中统一领导提供了根本遵循。

习近平总书记关于坚持加强党的全面领导和党中央集中统一领导的重要论述，内容十分丰富。习近平总书记强调：“中国特色社会主义最本质的特征是中国共产党领导，中国特色社会主义制度的最大优势是中国共产党领导”；“中国共产党是国家最高政治领导力量”“中国最大的国情就是中国共产党的领导”；“党的领导制度是我国的根本领导制度”；“党的领导必须是全面的、系统的、整体的”“东西南北中，党政军民学，党是领导一切的”；“旗帜鲜明讲政治是我们党作为马克思主义政党的根本要求”，全党要“增强‘四个意识’、坚定‘四个自信’、做到‘两个维护’”；“加强党的长期执政能力建设”“提高党把方向、谋大局、定政策、促改革的能力和定力，确保党始终总揽全局、协调各方”；“不断改进和完善党的领导方式和执政方式”“不断提高党科学执政、民主执政、依法执政水平”；等等。习近平总书记关于坚持加强党的全面领导和党中央集中统一领导的一系列原创性新理念新思想新战略，把我们党对坚持党的领导的认识提高到了一个新的高度，开辟了马克思主义建党学说新境界。

作出一系列重要制度安排

制度是管根本、管长远的。党的十八大以来，在习近平总书记关于坚持加强党的全面领导和党中央集中统一领导重要论述科学指引下，我们党作出一系列重要制度安排，不断建立健全制度体系，为坚持加强党的全面领导和党中央集中统一领导提供了制度保障。

我们深刻领悟“两个确立”的决定性意义，坚定捍卫“两个确立”。党的十八届六中全会明确习近平同志为党中央的核心、全党的核心。党的十九大把习近平新时代中国特色社会主义思想确立为党的指导思想并写入党章，十三届全国人大一次会议对宪法作出相应修改。党的十九届六中全会通过的《中共中央关于党的百年奋斗重大成就和历史经验的决议》强调：“党确立习近平同志党中央的核心、全党的核心地位，确立习近平新时代中国特色社会主义思想的指导地位，反映了全党全军全国各族人民共同心愿，对新时代党和国家事业发展、对推进中华民族伟大复兴历史进程具有决定性意义。”这一重大论断，深刻揭示了“两个确立”是时代呼唤、历史选择、民心所向，意义重大、影响深远。我们坚持和完善党的领导制度体系，提高党科学执政、民主执政、依法执政水平，具体来看包括以下几个方面：完善落实“两个维护”的制度，把“两个维护”体现在各项制度规定中，贯彻到党和国家工作的全过程各方面，落实到各级党组织和广大党员的行动上；完善坚定维护党中央权威和集中统一领导的各项制度，中央政治局常委会每年专门听取全国人大常委会、国务院、全国政协、最高人民法院、最高人民检察院党组工作汇报和中央书记处工作报告，中央政治局全体同志每年向党中央和习近平总书记书面述职，这已经成为加强和维护党中央集中统一领导的重要制度安排；健全党中央对重大工作的领导体制，通过深化党和国家机构改革，进一步完善了党中央对重大工作的领导体制，形成了统一高效的领导体制，把党的全面领导贯彻落实到统筹推进“五位一体”总体布局、协调推进“四个全面”战略布局中，确保党中央对重大工作的领导；完善推动党中央重大决策落实机制，建立完善贯彻落实党中央决策部署的任务分工、督促检查、情况通报、监督问责等制度机制，通过建立定期就习近平总书记重要指示批示和党中央决策部署贯彻落实情况“回头看”和报告、通报制度等，确保党中央政令畅通、令行禁止；健全维护党的集中统一的组织制度，明确各级党组织、党员领导干部的职责定位，注重党的组织体系建设，切实把党的领导落实到基层，确保全党团结统一、行动一致；等等。

取得一系列重大实践成果

中国共产党所具有的无比坚强的领导力，是风雨来袭时中国人民最可靠的主心骨。党的十八大以来，以习近平同志为核心的党中央把坚持加强党的全面领导和党中央集中统一领导作为开创事业新局面的重中之重，在实践中扎实推进，取得了一系列重大实践成果。对此，可以从加强对党的自身建设的领导、加强党对新时代中国特色社会主义事业的领导两个方面来深入领会。

加强对党的自身建设的领导。主要体现在：确立和坚持全面从严治党的战略方针，提出新时代党的建设总要求和党的建设总体布局；把党的政治建设作为党的根本性建设，严肃党内政治生活，净化党内政治生态；把思想建设作为党的基础性建设，以坚定理想信念为根基，创新党内教育方式，全党在思想上更加统一；提出和贯彻新时代党的组织路线，建强党的组织体系，坚持新时代好干部标准，聚天下英才而用之，推动基层党组织全面过硬、全面进步；以制定和落实中央八项规定破题，持之以恒推进正风肃纪，推动党风政风为之一新；加强党内法规制度建设，形成比较完善的党内法规体系；加强党对反腐败工作的集中统一领导，推进纪检监察体制改革，推动反腐败斗争取得压倒性胜利并全面巩固，消除了党、国家、军队内部存在的严重隐患，党在革命性锻造中更加坚强。

加强党对新时代中国特色社会主义事业的领导。主要体现在：立足我国发展新的历史方位，牢牢把握新时代党面临的主要任务，统筹推进“五位一体”总体布局、协调推进“四个全面”战略布局，出台一系列重大方针政策，推出一系列重大举措，推进一系列重大工作，战胜一系列重大风险挑战，全面建成小康社会，实现第一个百年奋斗目标。对第二个百年奋斗目标进行战略谋划，提出“在全面建成小康社会的基础上，分两步走在本世纪中叶建成富强民主文明和谐美丽的社会主义现代化强国”的战略安排。具体来看，在领导经济建设上，加强党对经济工作的战略谋划和统一领导，完善党领导经济工作体制机制，加强全面深化改革的系统性、整体性、协同性，等等。在领导政治建设上，着眼于党长期执政和国家长治久安，党中央对坚持和完善中国特色社会主义制度、推进国家治理体系和治理能力现代化作出总体擘画，发展全过程人民民主，等等。在领导文化建设上，对意识形态领域许多方向性、战略性问题作出部署，确立和坚持马克思主义在意识形态领域指导地位的根本制度，健全意识形态工作责任制，牢牢掌握意识形态工作领导权，加强和改进党的新闻舆论工作，加强和改进党对文艺工作、哲学社会科学工作、高校思想政治工作的领导，坚持以社会主义核心价值观引领文化建设，等等。在领导社会建设上，健全党组织领导的自治、法治、德治相结合的城乡基层治理体系，建设共建共治共享的社会治理制度，促进社会公平正义，等等。在领导生态文明建设上，把生态文明建设纳入“五位一体”总体布局，推进生态文明体制机制改革，建立中央生态环境保护督察制度，深入打好污染防治攻坚战，推动生态环境保护发生历史性、转折性、全局性变化，等等。同时，在外交工作、国防和军队建设等方面，也不断加强党的全面领导。总之，新时代，坚持加强党的全面领导和党中央集中统一领导贯彻和体现到改革发展稳定、内政外交国防、治党治国治军各个领域各个方面。

党的十八大以来，党中央权威和集中统一领导得到有力保证，党的领导制度体系不断完善，党的领导方式更加科学，确保党始终总揽全局、协调各方，为党和国家各项事业取得历史性成就、发生历史性变革提供了根本政治保证。新时代新征程，我们要更加紧密地团结在以习近平同志为核心的党中央周围，深刻领悟“两个确立”的决定性意义，不断增强“四个意识”、坚定“四个自信”、做到“两个维护”，踔厉奋发、勇毅前行、团结奋斗，奋力谱写全面建设社会主义现代化国家崭新篇章。

（《人民日报》2022 年 8 月 3 日第 11 版）

深入学习领会习近平总书记关于党的建设的重要思想

李智勇

全面建设社会主义现代化国家，全面推进中华民族伟大复兴，关键在党，关键在人。在全国组织工作会议召开之际，习近平总书记对党的建设和组织工作作出重要指示："要坚持以新时代中国特色社会主义思想为指导，全面贯彻党的二十大精神，深刻领会党中央关于党的建设的重要思想"。全国组织工作会议从十三个方面对习近平总书记关于党的建设的重要思想作了系统阐述。我们要坚持以习近平新时代中国特色社会主义思想为指导，深入学习贯彻习近平总书记关于党的建设的重要思想，确保党在新时代坚持和发展中国特色社会主义的历史进程中始终成为坚强领导核心。

充分认识习近平总书记关于党的建设的重要思想的重大意义

伟大的时代孕育伟大的思想，伟大的思想引领伟大的时代。习近平总书记关于党的建设的重要思想，深刻回答管党治党、兴党强党时代答卷，深刻总结世界社会主义运动经验教训，是应中华民族伟大复兴时代要求而生的重大理论创新成果。这一重要思想展现出了强大的真理力量和实践伟力，指引我们党在革命性锻造中更加坚强有力，推动党和国家事业取得历史性成就、发生历史性变革。

为丰富和发展马克思主义建党学说作出重大原创性贡献。党的十八大以来，习近平总书记围绕建设什么样的长期执政的马克思主义政党、怎样建设长期执政的马克思主义政党的重大时代课题，提出全面从严治党战略方针、坚持和加强党的全面领导、以党的自我革命引领社会革命、新时代党的建设总要求、新时代党的组织路线等一系列原创性的新理念新思想新战略，讲出了经典作家没有讲过的新话，回答了前人没有回答过的课题，形成了习近平总书记关于党的建设的重要思想。这一重要思想，深刻阐明党的建设的根本原则、科学布局、价值追求、重点任务，继承和发展马克思列宁主义、毛泽东思想、邓小平理论、“三个代表”重要思想、科学发展观中的党建理论，极大丰富和发展了马克思主义建党学说，谱写了马克思主义建党学说发展的新篇章，标志着我们党对马克思主义执政党建设规律的认识达到了新高度。

科学指引百年大党开辟自我革命新境界。党的十八大以来，以习近平同志为核心的党中央以前所未有的勇气和定力深入推进全面从严治党。在习近平新时代中国特色社会主义思想特别是习近平总书记关于党的建设的重要思想科学指引下，我们党从制定和落实中央八项规定破题，提出和落实新时代党的建设总要求，以党的政治建设统领党的建设各项工作，坚持思想建党和制度治党同向发力，提出和坚持新时代党的组织路线，以正风肃纪激浊扬清，以“打虎”“拍蝇”“猎狐”惩治腐败，严明政治纪律和政治规矩，持续开展党内集中教育，刹住了一些长期没有刹住的歪风，纠治了一些多年未除的顽瘴痼疾，从根本上扭转了管党治党宽松软状况。经过艰苦努力，党的自我净化、自我完善、自我革新、自我提高能力显著增强，全面从严治党取得了历史性、开创性成就，产生了全方位、深层次影响，开辟了百年大党自我革命新境界。

对世界政党发展产生深远影响。习近平总书记关于党的建设的重要思想指引中国共产党之治开创新局面、推动中国之治形成新气象，我们党和国家呈现出“风景这边独好”的发展态势，创造了世界政党史上管党治党、兴党强党的成功经验。这一重要思想，以高度历史自觉为世界范围内的马克思主义政党建设和科学社会主义运动注入强大理论信心、必胜决心，为人类对更好社会制度、政治制度的探索提供了中国方案。在世界百年未有之大变局背景下，这一重要思想被越来越多的外国政党和政治组织学习借鉴，成为中国共产党国际影响力、感召力、引领力的重要来源。国际社会掀起“向东看、学中国”的热潮。世界观察中国的视角从重点关注建设成就，拓展到重点关注这些成就取得的政治原因和“制度秘诀”。

深入把握习近平总书记关于党的建设的重要思想的丰富内涵

习近平总书记关于党的建设的重要思想是一个科学系统、逻辑严密、有机统一的整体，涵盖党的建设方方面面，内涵十分丰富。全国组织工作会议以“十三个坚持”系统阐述了这一重要思想，我们要以此为遵循，深入把握这一重要思想的丰富内涵。

坚持和加强党的全面领导。习近平总书记指出：“中国特色社会主义最本质的特征是中国共产党领导，中国特色社会主义制度的最大优势是中国共产党领导，中国共产党是最高政治领导力量，坚持党中央集中统一领导是最高政治原则”“党的领导是全面的、系统的、整体的，必须全面、系统、整体加以落实。健全总揽全局、协调各方的党的领导制度体系，完善党中央重大决策部署落实机制”。这深刻揭示了党的领导与中国特色社会主义的内在统一性，阐明了坚持和加强党的全面领导、加强党的建设、全面从严治党的逻辑关系。

坚持以党的自我革命引领社会革命。习近平总书记指出，党的自我革命是“跳出治乱兴衰历史周期率的第二个答案”“完善党的自我革命制度规范体系”“要以伟大自我革命引领伟大社会革命，以伟大社会革命促进伟大自我革命”“全面推进党的自我净化、自我完善、自我革新、自我提高”。这鲜明宣示了建设长期执政的马克思主义政党的有效路径。

坚持以党的政治建设统领党的建设各项工作。习近平总书记指出：“党的政治建设决定党的建设方向和效果”“党的政治建设是党的根本性建设”“把党的政治建设摆在首位”“以党的政治建设统领党的建设各项工作”“提高各级党组织和党员干部政治判断力、政治领悟力、政治执行力”“增强党内政治生活政治性、时代性、原则性、战斗性，用好批评和自我批评武器，持续净化党内政治生态”。这清晰阐明了新时代党的建设的根本性问题和关键举措。

坚持江山就是人民、人民就是江山。习近平总书记指出：“江山就是人民、人民就是江山，打江山、守江山，守的是人民的心”“把人民对美好生活的向往作为奋斗目标”“坚持一切为了人民、一切依靠人民”“站稳人民立场、把握人民愿望、尊重人民创造、集中人民智慧”“始终同人民同呼吸、共命运、心连心”。这深刻回答了“我是谁、为了谁、依靠谁”的根本问题。

坚持思想建党、理论强党。习近平总书记指出：“思想建设是党的基础性建设”“注重思想建党、理论强党，是我们党的鲜明特色和光荣传统”“坚持不懈用新时代中国特色社会主义思想凝心铸魂”“弘扬伟大建党精神”“加强理想信念教育，引导全党牢记党的宗旨”。这科学揭示了我们党历经挫折不断奋起、历经磨难淬火成钢的制胜密码。

坚持严密党的组织体系。习近平总书记提出新时代党的组织路线，并指出："党的力量来自组织。党的全面领导、党的全部工作要靠党的坚强组织体系去实现""以组织体系建设为重点""增强党组织政治功能和组织功能""不断严密上下贯通、执行有力的组织体系"。这深刻揭示了党的建设和党的力量的坚实依托。

坚持造就忠诚干净担当的高素质干部队伍。习近平总书记指出："好干部要做到信念坚定、为民服务、勤政务实、敢于担当、清正廉洁""坚持新时代好干部标准，着力培养忠诚干净担当的高素质干部队伍""要通过加强思想淬炼、政治历练、实践锻炼、专业训练，推动广大干部严格按照制度履行职责、行使权力、开展工作""坚持把政治标准放在首位，做深做实干部政治素质考察，突出把好政治关、廉洁关"。这明确了新时代怎样才是好干部、怎样成为好干部、怎样选用好干部的基本原则，明确了造就高素质干部队伍的根本标准和重要原则。

坚持聚天下英才而用之。习近平总书记指出："人才是第一资源""国家发展靠人才，民族振兴靠人才""坚持党对人才工作的全面领导""全面贯彻新时代人才工作新理念新战略新举措""深入实施新时代人才强国战略，全方位培养、引进、用好人才，加快建设世界重要人才中心和创新高地""深化人才发展体制机制改革，真心爱才、悉心育才、倾心引才、精心用才，求贤若渴，不拘一格，把各方面优秀人才集聚到党和人民事业中来"。这明确了做好人才工作的根本保证，深刻回答了为什么建设人才强国、什么是人才强国、怎样建设人才强国的重要理论和实践问题。

坚持持之以恒正风肃纪。习近平总书记指出："党风问题关系执政党的生死存亡""作风问题本质上是党性问题""作风建设永远在路上，必须常抓不懈”“加强纪律建设是全面从严治党的治本之策”“坚持党性党风党纪一起抓”“督促领导干部特别是高级干部严于律己、严负其责、严管所辖”“把党的纪律刻印在全体党员特别是党员领导干部的心上”。这确立了新形势下作风建设和纪律建设的目标思路。

坚持一体推进不敢腐、不能腐、不想腐。习近平总书记指出：“反腐败是最彻底的自我革命”“反腐败斗争就一刻不能停，必须永远吹冲锋号”“要把不敢腐、不能腐、不想腐有效贯通起来，三者同时发力、同向发力、综合发力”“坚决防止领导干部成为利益集团和权势团体的代言人、代理人”。这展现了党中央对全面从严治党一以贯之、与时俱进、标本兼治的战略考量。

坚持完善党和国家监督体系。习近平总书记指出：“构建党统一指挥、全面覆盖、权威高效的监督体系，把党内监督同国家机关监督、民主监督、司法监督、群众监督、舆论监督贯通起来”“健全党统一领导、全面覆盖、权威高效的监督体系，完善权力监督制约机制，以党内监督为主导，促进各类监督贯通协调”。这开创了中国特色社会主义权力监督制约的一条新路。

坚持制度治党、依规治党。习近平总书记指出：“加强党内法规制度建设是全面从严治党的长远之策、根本之策”；健全全面从严治党体系，“需要我们坚持制度治党、依规治党，更加突出党的各方面建设有机衔接、联动集成、协同协调，更加突出体制机制的健全完善和法规制度的科学有效，更加突出运用治理的理念、系统的观念、辩证的思维管党治党建设党”。这深刻阐明了新时代党的建设的根本性、全局性、稳定性、长期性保障。

坚持落实全面从严治党政治责任。习近平总书记指出：“全面从严治党是各级党组织的职责所在”“各级党组织要担负起全面从严治党主体责任”“必须增强管党治党意识、落实管党治党责任”“把抓好党建作为最大的政绩”。这深刻揭示了全面从严治党的关键所在，使得管党治党千头万绪的工作有了强有力的抓手。

把习近平总书记关于党的建设的重要思想学习领会好、贯彻落实好

在强国建设、民族复兴的新征程上，要把党建设成为始终走在时代前列、人民衷心拥护、勇于自我革命、经得起各种风浪考验、朝气蓬勃的马克思主义执政党，必须坚持以习近平新时代中国特色社会主义思想特别是习近平总书记关于党的建设的重要思想为指导，确保全面从严治党永远在路上、党的自我革命永远在路上，深入推进新时代党的建设新的伟大工程。

全面深入学习。要深入开展学习贯彻习近平新时代中国特色社会主义思想主题教育，把深入学习贯彻习近平总书记关于党的建设的重要思想作为广大党员干部理论学习的重要内容。及时跟进学习习近平总书记关于党的建设的最新重要讲话和重要指示批示精神，坚持读原著、学原文、悟原理，坚持学思用贯通、知信行统一。通过持之以恒的全面深入学习，推动广大党员干部更加深刻领悟“两个确立”的决定性意义，进一步增强“四个意识”、坚定“四个自信”、做到“两个维护”。

深化研究阐释。要坚持“两个结合”，在深化对马克思主义这个魂脉、中华优秀传统文化这个根脉的研究基础上，讲清楚“十三个坚持”的理论渊源、发展脉络、立论依据、内在逻辑，推进对习近平总书记关于党的建设的重要思想的体系化、学理化研究阐释。坚持理论联系实际，结合新时代党的建设伟大实践，深化对全面从严治党的研究，在理论上拓展新视野、作出新概括，提炼出标识性概念、原创性

观点，积极推进党的建设学科体系、学术体系、话语体系建设和创新。

推动贯彻落实。把习近平总书记关于党的建设的重要思想贯彻落实到党的建设各领域全过程，特别要以当前正在做的事情为中心，用这一重要思想指导实际工作。全国党建研究会要加强前瞻性思考、全局性谋划，发挥好高端智库作用，整合资源、激发活力，形成研究宣传阐释习近平总书记关于党的建设的重要思想的强大合力。各级党建研究机构和广大党建研究工作者要结合本地区本单位实际，找准结合点，围绕党的建设工作中的热点难点问题深入研究，为推动实践基础上的党建理论创新贡献智慧和力量。

（《人民日报》2023 年 7 月 25 日第 9 版）

第二篇

以引领伟大社会革命为根本目的

以引领伟大社会革命为根本目的

——牢牢把握“九个以”的实践要求深入推进党的自我革命

人民日报评论部

2023年年终岁尾，中共中央政治局召开学习贯彻习近平新时代中国特色社会主义思想主题教育专题民主生活会。习近平总书记指出“团结奋斗是党领导人民创造历史伟业的必由之路”，要求“始终把人民放在心中最高位置，站稳人民立场，厚植为民情怀”，强调“带头落实管党治党政治责任，抓好分管领域和主政地方的党风廉政建设”。以习近平同志为核心的党中央以上率下持续推进党的自我革命，以伟大自我革命引领伟大社会革命，不断为以中国式现代化全面推进强国建设、民族复兴伟业凝聚信心和力量。

勇于自我革命是我们党区别于其他政党的显著标志，是党跳出治乱兴衰历史周期率、历经百年沧桑更加充满活力的成功秘诀。在二十届中央纪委三次全会上，习近平总书记明确提出“九个以”的实践要求，其中之一是“以引领伟大社会革命为根本目的”。这一重要要求，揭示了我们党将以永远在路上的坚定和执着，把全面从严治党这场伟大自我革命进行到底；彰显了我们党“永远保持马克思主义执政党本色，永远走在时代前列，永远做中国人民和中华民族的主心骨”的政治本色。新征程上，我们必须继续发扬彻底的革命精神，勇于进行自我革命，把党建设得更加坚强有力，努力把新时代坚持和发展中国特色社会主义这场伟大社会革命进行好。

自我革命和社会革命有机统一、互促共进。党的自我革命是党领导的社会革命的必要前提和重要保障，党领导的社会革命是党的自我革命的价值追求和目标指向。回望百年党史，我们党之所以能饱经磨难而生生不息、风华正茂，关键在于始终坚持党要管党、全面从严治党不放松，在推动社会革命的同时进行彻底的自我革命，以党的自我革命来推动党领导人民进行的伟大社会革命。全面从严治党，是新时代党的自我革命的伟大实践，也是新时代党治国理政的一个鲜明特征。党在革命性锻造中更加坚强有力，焕发出新的强大生机活力，为党和国家事业发展提供了坚强政治保证。伟大社会革命锻造和成就伟大的党，伟大自我革命保障和推动伟大的事业，这是党百年来不断从胜利走向新的胜利的宝贵经验，也是党把握历史发展规律、奋斗新征程的重要遵循。

当好“窑洞之问”的答卷人，于“新的赶考之路”上考出好成绩，是时代所需，是人民呼唤。新时代坚持以伟大自我革命引领伟大社会革命，具有重要战略和全局作用。我们党领导人民进行伟大社会革命，涵盖领域的广泛性、触及利益格局调整的深刻性、涉及矛盾和问题的尖锐性、突破体制机制障碍的艰巨性、进行伟大斗争形势的复杂性，都是前所未有的。打最硬的铁，须是真正铁打的人。勇于自我革命，是我们党最鲜明的品格，也是我们党最大的优势。中国共产党的伟大不在于不犯错误，而在于从不讳疾忌医，敢于直面问题，勇于自我革命，具有极强的自我修复能力。作为世界上最大的马克思主义执政党，我们党要始终赢得人民拥护、巩固长期执政地位，必须时刻保持解决大党独有难题的清醒和坚定。

党和人民事业发展到什么阶段，全面从严治党就要跟进到什么阶段。习近平总书记深刻指出，“同向社会主义现代化强国进军的伟大社会革命相比，党的自身建设上还存在一些不匹配、不适应的地方”。特别是，党风廉政上的一些问题具有反复性和顽固性，稍不注意就会反弹回潮、前功尽弃；反腐败和腐败的较量还在激烈进行，并呈现出一些新的阶段性特征。只要存在腐败问题产生的土壤和条件，腐败现象就不会根除。以引领伟大社会革命为根本目的，有助于激励全党增强正视问题的自觉和刀刃向内的勇气，勇敢面对“四大考验”，坚决战胜“四种危险”，不断提高党的“硬度”“纯度”和“刚性”“韧性”，毫不动摇把党建设得更加坚强有力。

时代向前，考卷常新。“我们党历经百年、成就辉煌，党内党外、国内国外赞扬声很多。越是这样越要发扬自我革命精神，千万不能在一片喝彩声中迷失自我。”2021年11月11日，在党的第三个历史决议通过之际，习近平总书记这样告诫全党。牢记党的初心和使命，坚定不移推进全面从严治党，做到管党有方、治党有力、建党有效，把党锻造成一块攻无不克、战无不胜的坚硬钢铁，没有任何困难能够阻挡中华民族前进的步伐。

（《人民日报》2024年1月17日第5版）

以引领伟大社会革命为根本目的

——准确把握推进自我革命“九个以”的实践要求

高长武

勇于自我革命是中国共产党区别于其他政党的显著标志，领导社会革命是马克思主义政党的重要使命。实践证明，中国共产党能够带领人民进行伟大的社会革命，也能够进行伟大的自我革命。习近平总书记在二十届中央纪委三次全会上发表重要讲话，明确提出深入推进党的自我革命“九个以”的实践要求，其中第二个是“以引领伟大社会革命为根本目的”。这一实践要求深刻揭示了党的自我革命和伟大社会革命之间相辅相成、相互促进的辩证关系，充分体现了推进自我革命的目的所在、方向所指。我们要深入学习贯彻习近平总书记关于党的自我革命的重要思想，牢牢把握这一实践要求，站在进行伟大社会革命的高度推动党的自我革命、全面从严治党向纵深发展。

我们党一经成立就鲜明提出：“党的根本政治目的是实行社会革命”。马克思主义认为，社会革命以生产力和生产关系的矛盾运动为基础和动力，随着生产力的解放和发展而深入推进，不仅仅是一种破除旧的政治上层建筑的社会运动，更是一种新的社会建设运动。推进自我革命必须以引领伟大社会革命为根本目的，这是由我们党的性质宗旨和初心使命决定的。我们党是中国工人阶级的先锋队，同时是中国人民和中华民族的先锋队，全心全意为人民服务是党的根本宗旨，必须以最广大人民根本利益为我们一切工作的根本出发点和落脚点。党的初心和使命，就是为中国人民谋幸福、为中华民族谋复兴。我们党要牢记初心使命、践行根本宗旨，就必须科学把握并准确运用生产力与生产关系的矛盾运动规律，通过实行社会革命来解决矛盾、推动历史前进、实现人自由而全面的发展。历史和现实都告诉我们，一场社会革命要取得最终胜利，往往需要一个漫长的历史过程。要在这个过程中确保党始终成为领导力量，有资格、有能力团结带领人民进行伟大社会革命，就一刻也不能停止自我革命。新时代中国特色社会主义是我们党领导人民进行伟大社会革命的成果，也是我们党领导人民进行伟大社会革命的继续，必须一以贯之进行下去。这就要求我们不断进行自我革命，坚持真理、修正错误，把党建设得更加坚强有力，更好引领伟大社会革命。

党领导人民进行伟大社会革命的历史，也是一部推进党的自我革命的历史。回顾党的百余年奋斗历程不难发现，党的自我革命不是孤立发生、单独进行的，而是服从服务于党领导的伟大社会革命；党的自我革命取得重大进展，往往能推动伟大社会革命发生历史性飞跃。从八七会议、古田会议到遵义会议，从延安整风运动到党的十一届三中全会，再到新时代全面从严治党，我们党始终与时俱进、砥砺前行，充分发挥党的自我革命对伟大社会革命的引领作用，促进伟大社会革命不断从胜利走向新的胜利。可以说，自我革命和社会革命有机统一、互促共进，构成我们党百余年奋斗历程的一条重要脉络。

新时代新征程，我们党领导人民进行伟大社会革命，涵盖领域的广泛性、触及利益格局调整的深刻性、涉及矛盾和问题的尖锐性、突破体制机制障碍的艰巨性、进行伟大斗争形势的复杂性，都是前所未有的。同时，党面临的“四大考验”“四种危险”将长期存在，影响党的先进性、弱化党的纯洁性的各种因素仍具有很强的危险性和破坏性。我们要从党的百余年奋斗史中汲取智慧和力量，坚持把“两个革命”紧密联系起来，以党的自我革命引领和推动党领导人民进行的伟大社会革命；以引领伟大社会革命为根本目的，紧紧围绕以中国式现代化全面推进强国建设、民族复兴伟业，谋划和推进党的自我革命，使党的自我革命更好服从服务于党的中心任务，确保党始终成为时代先锋、民族脊梁、人民的主心骨。

（《人民日报》2024 年 1 月 30 日第 9 版）

牢牢把握以伟大自我革命引领伟大社会革命的重要要求

刘炳香

习近平总书记在参加党的二十大广西代表团讨论时强调，学习贯彻党的二十大精神要做到“五个牢牢把握”，其中之一就是“牢牢把握以伟大自我革命引领伟大社会革命的重要要求”。我们必须“时刻警惕我们这个百年大党会不会变得老态龙钟、疾病缠身”，常怀远虑、居安思危，以党的自我革命永远在路上的政治自觉，深入推进新时代党的建设新的伟大工程，以伟大自我革命引领伟大社会革命。

一

中国共产党的百年历史，是一部团结带领人民推进社会革命的历史。党一经成立即明确提出“党的根本政治目的是实行社会革命”“渐次达到一个共产主义的社会”。社会革命是改造社会的重大变革。人类社会始终围绕着生产力与生产关系、经济基础与上层建筑之间的矛盾运动而不断发展。社会革命最深刻的根源是生产关系不适应生产力的发展。

中国共产党成立之初，面临着进行民族革命和民主革命的双重任务。由于旧的政治统治保护着旧的生产关系，阻碍生产力发展，以政治革命建立新的政权，才能为确立新的生产关系、解放生产力提供前提条件和政治保证。我们党领导人民经过28年艰苦斗争，推翻帝国主义、封建主义、官僚资本主义三座大山，实现民族独立和人民解放，完成了新民主主义革命，为变革落后的社会制度开辟了道路。

党在全国范围内执政后，领导人民不断推进经济社会领域的深刻变革，实现生产资料的社会主义改造，完成社会主义革命，建立起新的社会制度。社会革命不仅表现为破除旧的上层建筑的政治革命，而且表现为经济社会领域的深刻变革，是建设一个新世界。党的八大宣告了社会主义革命的基本完成和社会主义制度的基本确立。这实现了社会经济形态的更替，确保人民真正当家作主，使人民群众的主动创造性得到充分发挥，大大促进了社会生产力的发展。

在改革开放和社会主义现代化建设新时期，党主动改革不适应生产力发展要求的生产关系以及不适应经济基础的上层建筑，改变一切不适应生产力发展的管理方式、活动方式和思想方式，进一步解放生产力、发展生产力。邓小平同志指出，“革命是解放生产力，改革也是解放生产力”“改革是中国的第二次革命”。改革开放促进了社会主义制度的自我完善，成功开创和发展了中国特色社会主义，极大解放和发展了社会生产力，推进了中华民族从站起来到富起来的伟大飞跃。

新时代坚持和发展中国特色社会主义是一场伟大社会革命，必须一以贯之进行下去，不断革除社会发展的体制机制弊病。在统揽“四个伟大”、统筹推进“五位一体”总体布局、协调推进“四个全面”战略布局进程中，以习近平同志为核心的党中央坚持以自我革命引领社会革命，促进生产力和社会各方面协调发展，坚持和完善中国特色社会主义制度，推进国家治理体系和治理能力现代化。

习近平总书记指出，“新时代中国特色社会主义是我们党领导人民进行伟大社会革命的成果，也是我们党领导人民进行伟大社会革命的继续”。执政 70 多年来，党在治国理政过程中，不断顺应人民群众新期待新要求，大力推进社会革命，发展生产力，提高国家综合国力，增进人民福祉。在全面建设社会主义现代化国家新征程上，中国共产党作为这场伟大社会革命的领导力量，洞察社会现实、把握主要矛盾，坚定不移把新时代坚持和发展中国特色社会主义这场伟大社会革命更好向前推进。

二

习近平总书记指出，“要把新时代坚持和发展中国特色社会主义这场伟大社会革命进行好，我们党必须勇于进行自我革命，把党建设得更加坚强有力”。实现第二个百年奋斗目标，党必须有效应对国内国际各种风险与挑战，推动社会革命，其关键在于通过自我革命解决好自身各种问题，做到打铁自身硬。可以说，党的自我革命程度决定社会革命的成效和深度。

党的百年奋斗史也是一部自我革命史。一百多年来，我们党由小到大，由弱到强，不断发展壮大，领导人民取得一个又一个伟大成就、战胜一个又一个艰难险阻，历经千锤百炼仍朝气蓬勃，得到人民群众支持和拥护，原因就在于党敢于直面自身存在的问题，勇于自我革命，始终保持先进性和纯洁性，不断增强创造力、凝聚力、战斗力，永葆马克思主义政党本色。简言之，勇于自我革命，使党真正做到了历经沧桑而初心不改、本色不变，成就辉煌仍励精图治、防腐戒奢，重大关头能力挽狂澜、顺应民心。

以党的自我革命引领社会革命是新时代推动社会发展进步的强大

动力。回望过去，我们党以伟大自我革命推进伟大社会革命，创造了非凡成就。展望未来，在新征程上，党领导人民进行伟大社会革命，涵盖领域的广泛性、触及利益格局调整的深刻性、涉及矛盾和问题的尖锐性、突破体制机制障碍的艰巨性、进行伟大斗争形势的复杂性，前所未有；党面临的执政考验、改革开放考验、市场经济考验、外部环境考验严峻复杂，精神懈怠危险、能力不足危险、脱离群众危险、消极腐败危险将长期存在，影响党的先进性、纯洁性的因素客观存在，这都要求我们党形成以伟大自我革命引领伟大社会革命的高度自觉，保持承认并改正错误的勇气，自觉拿起手术刀革除自身病症，一刻不放松地解决自身存在的问题，建设一个坚强有力、充满生机活力的马克思主义执政党，以过硬的政治领导力、思想引领力、群众组织力、社会号召力，带领人民继续进行伟大社会革命、创造新的历史伟业。

自我革命是跳出历史周期率的成功路径。一百多年来，党外靠发展人民民主、接受人民监督，内靠全面从严治党、推进自我革命，勇于坚持真理、修正错误，勇于刀刃向内、刮骨疗毒，保证了党长盛不衰、不断发展壮大，使党在进取中突破、于挫折中奋起、从总结中提升。党的十八大以来，全面从严治党取得了历史性、开创性成就，产生了全方位、深层次影响，把党的建设新的伟大工程推进到新阶段，给出自我革命这一我们党跳出历史周期率的第二个答案。在新征程上，我们党要巩固长期执政地位、始终赢得人民衷心拥护，必须永葆“赶考”的清醒和坚定，以自我革命精神解决大党独有难题，不断清除一切损害党的先进性和纯洁性的因素，清除一切侵蚀党的肌体的病毒，跳出“其兴也勃焉，其亡也忽焉”的治乱兴衰周期率，确保党永远不变质、不变色、不变味。

党的自我革命引领社会革命全部实践，也贯穿社会革命整个过程。社会革命的新任务新挑战对党的自我革命提出新要求。党的十八大以来，以习近平同志为核心的党中央坚持党要管党、全面从严治党，以伟大自我革命引领伟大社会革命，取得显著成效，昭示了中华民族伟大复兴的光明未来。

三

在新时代，全面从严治党是党的自我革命的伟大实践，开辟了百年大党自我革命的新境界。全面从严治党是党永葆生机活力、走好新的赶考之路的必然选择，这是党在长期实践中得出的规律性认识。习近平总书记对此作了总结，并指明了新时代新征程上通过全面从严治党推进党的自我革命的方法与路径，即必须坚持以党的政治建设为统领，坚守自我革命根本政治方向；必须坚持把思想建设作为党的基础性建设，淬炼自我革命锐利思想武器；必须坚决落实中央八项规定精神、以严明纪律整饬作风，丰富自我革命有效途径；必须坚持以雷霆之势反腐惩恶，打好自我革命攻坚战、持久战；必须坚持增强党组织政治功能和组织力凝聚力，锻造敢于善于斗争、勇于自我革命的干部队伍；必须坚持构建自我净化、自我完善、自我革新、自我提高的制度规范体系，为推进伟大自我革命提供制度保障。

反腐败是最彻底的自我革命。党的十八大以来，我们党坚持不敢腐、不能腐、不想腐一体推进，以零容忍态度反腐惩恶，更加有力遏制增量，更加有效清除存量，反腐败斗争取得压倒性胜利并全面巩固，但还远未到大功告成的时候。必须永远吹响冲锋号，以彻底自我革命精神，坚决打赢这场决不能输也输不起的重大政治斗争。要健全党统一领导、全面覆盖、权威高效的监督体系，完善权力监督制约机制，以党内监督为主导，促进各类监督贯通协调。更好发挥政治巡视利剑作用，增强对“一把手”和领导班子的监督实效；抓住领导干部这个

“关键少数”，把严的要求贯彻到党规制定、党纪教育、执纪监督全过程，既让铁纪“长牙”、发威，又让干部醒悟、知止，把权力管住管好。时刻保持反腐败斗争永远在路上的坚韧和执着，把严的基调、严的措施、严的氛围坚持下去，把新时代党的自我革命进行到底。在反腐败斗争中，要不断深化标本兼治，推进反腐败国家立法，加强新时代廉洁文化建设，站在勇于自我革命、保持党的先进性和纯洁性的高度，把加强廉洁文化建设作为一体推进不敢腐、不能腐、不想腐的基础性工程抓紧抓实抓好。使严厉惩治、规范权力、教育引导紧密结合、协调联动，推动理想信念教育常态化制度化，筑牢信仰之基、补足精神之钙，着眼永葆初心使命，为自我革命提供内生动力。

坚持不懈增强党的自我革命勇气与底气。习近平总书记指出：“不谋私利才能谋根本、谋大利，才能从党的性质和根本宗旨出发，从人民根本利益出发，检视自己；才能不掩饰缺点、不回避问题、不文过饰非，有缺点克服缺点，有问题解决问题，有错误承认并纠正错误。”这是党自我革命的勇气之源、底气所在。坚持和发展中国特色社会主义这场伟大社会革命，必然要求进一步全面深化改革，必然涉及深刻的利益格局调整，因而要做好权力监督与制约的制度设计，防止少数人公器私用，防止领导干部成为利益集团和权势团体的代言人、代理人，坚决治理政商勾连破坏政治生态和经济发展环境、阻碍社会革命有效推进问题。一百多年来，我们党为人民的利益坚持好的，为人民的利益改正错的。过去，党能藉此一次次在危难之际重新奋起、失误之后拨乱反正，打不倒、压不垮；今后，也能藉此而不讳疾忌医，积极开展批评和自我批评，敢于直面问题，勇于自我革命，始终朝气蓬勃，领导人民踔厉奋发、勇毅前行。

（《光明日报》2022 年 12 月 23 日第 11 版）

以伟大自我革命引领伟大社会革命的深刻依据

陈　理

深入推进全面从严治党，以伟大自我革命引领伟大社会革命，是习近平新时代中国特色社会主义思想的重要内容。党的十八大以来，习近平总书记坚持把马克思主义基本原理同中国具体实际相结合、同中华优秀传统文化相结合，深刻把握两个革命的辩证统一关系，科学回答了以伟大自我革命引领伟大社会革命一系列重大理论和实践问题，以全新的视野深化了我们党对共产党执政规律、社会主义建设规律、人类社会发展规律的认识，为深入推进党的建设新的伟大工程，把我们党建设成为中国特色社会主义事业的坚强领导核心，指明了方向，提供了根本遵循。

马克思主义经典作家关于两个革命关系的科学论述

在进行社会革命的同时不断推进自我革命，是马克思主义政党区别于其他政党的先进品格。在马克思主义建党学说中，尽管没有明确使用自我革命这个词汇，但蕴含着深刻的自我革命的思想内容，科学论述了无产阶级政党与社会革命的内在关系，是以伟大自我革命引领伟大社会革命的重要理论来源。

马克思主义是指引伟大社会革命的科学理论。马克思主义深刻揭示了人类社会发展规律，为人民指明了实现自由和解放的道路。马克思、恩格斯在《共产党宣言》中全面阐述了科学社会主义原理，公开宣示马克思主义政党的先进品格、政治立场、崇高理想和革命纲领，强调“共产党人的最近目的是和其他一切无产阶级政党的最近目的一样的：使无产阶级形成为阶级，推翻资产阶级的统治，由无产阶级夺取政权”。马克思主义诞生以来，极大地推进了人类文明进程，在深刻改变世界的同时，也深刻改变了中国。

马克思主义是指引伟大自我革命的科学理论。马克思主义建党学说中有丰富的自我革命的思想内容，强调无产阶级政党必须始终富有自我革命精神，保持党的先进性、纯洁性，才能引领革命运动最终实现党的奋斗目标。一是从马克思主义基本原理看，两个革命有其客观必然性。马克思主义认为，辩证法不崇拜任何东西，按其本质来说，它是批判的和革命的。马克思从生产力和生产关系、经济基础和上层建筑的矛盾运动中深刻揭示了社会革命发生的必然性，又深刻揭示了无产阶级政党自我革命精神与之的一致性。二是从无产阶级政党的历史使命看，马克思、恩格斯不仅科学阐明了资本主义的内在矛盾，揭示了社会主义代替资本主义的历史必然性，还进一步深刻阐明了无产阶级在其中的历史使命。三是从无产阶级政党的实践看，无产阶级总是不断通过总结和改进自身存在的不足，把党建设得更加坚强有力，引领社会主义运动向前发展的。在马克思主义看来，无产阶级政党从来不隐瞒自己的政治主张，制定一个原则性纲领，就是在全世界面前树立起可供人们用来衡量党的运动水平的里程碑。马克思指出：“无产阶级革命，例如十九世纪的革命，则经常自我批判，往往在前进中停下脚步，返回到仿佛已经完成的事情上去，以便重新开始把这些事情再做一遍；它十分无情地嘲笑自己的初次行动的不彻底性、弱点和拙劣。”并且把这种做法上升为两个革命的一条重要经验和重要规律。恩格斯指出：“伟大的阶级，正如伟大的民族一样，无论从哪方面学习都不如从自己所犯错误的后果中学习来得快。”四是从无产阶级政党的性质宗旨看，无产阶级政党这种彻底自我革命精神，从根本上说，是由无产阶级政党的性质宗旨决定的。《共产党宣言》指出：“过去的一切运动都是少数人的，或者为少数人谋利益的运动。无产阶级的运动是绝大多数人的，为绝大多数人谋利益的独立的运动。”这是马克思主义政党敢于刀刃向内、勇于进行自我革命的根本原因。

列宁进一步丰富发展了马克思主义建党学说，突出强调勇于自我革命，开展批评与自我批评对于加强党的建设的极端重要性。列宁指出：“不用说，自我批评对于任何一个富有活力、朝气蓬勃的政党来说都是绝对必要的”“不怕承认自己的错误，不怕三番五次地作出努力来改正错误，这样，我们就会登上山顶”。通过总结巴黎公社和俄国工人运动屡遭失败的经验教训，列宁领导的俄国布尔什维克党不断发展壮大，领导俄国十月革命取得了胜利，使社会主义从理论变为现实，打破了资本主义一统天下的世界格局，极大鼓舞了各国人民实现自由和解放的斗争，有力促进了社会主义运动在全球的发展。

中国共产党百年奋斗历史经验的深刻总结

习近平总书记指出，我们党继承和发展马克思主义建党学说，形成了关于党的自我革命的丰富思想成果。这些成果体现在坚定理想信念，加强党性修养，从严管党治党，不断纯洁党的思想、纯洁党的组织、纯洁党的作风、纯洁党的肌体等许多方面。这是我们党坚持把马克思主义基本原理同中国具体实际相结合、同中华优秀传统文化相结合，对马克思主义建党学说的进一步丰富发展，有力地推动了中国革命、建设、改革事业的发展。

勇于自我革命，从严管党治党，是中国共产党最鲜明的品格。我们党自成立伊始，就始终重视加强自身建设，充满着彻底的自我革命精神。党的一大党纲明确宣示推翻资本家阶级的政权，消灭资本家私有制的社会革命目标的同时，还明确提出中国共产党彻底断绝同黄色知识分子阶层及其他类似党派的一切联系。党的二大制定的首部《中国共产党章程》进一步明确规定凡党员言论行动有违背本党宣言章程及大会各执行委员会之议决案、经中央执行委员会命令其停止出席留党察看期满而不改悟、泄漏本党秘密等六种情况之一的必须坚决开除。

坚持自我革命是中国共产党百年奋斗的一条重要历史经验。党的百年奋斗告诉我们，党的伟大不在于不犯错误，而在于从不讳疾忌医，积极开展批评和自我批评，敢于直面问题，勇于自我革命。我们党历经百年沧桑更加充满活力，其奥秘就在于始终坚持真理、修正错误。毛泽东当年起草《古田会议决议》时，详细分析了红军党内的政治思想状况，提出必须纠正八种主要错误思想，并有针对性地提出党的思想建设的原则和措施。延安整风以反对主观主义以整顿学风、反对宗派主义以整顿党风、反对党八股以整顿文风为主要内容，采取“惩前毖后，治病救人”即“团结—批评—团结”的方针，通过开展党内集中教育，破除党内将马克思主义教条化、将苏共经验和共产国际指示神圣化的错误倾向，树立了实事求是、理论联系实际、批评与自我批评的优良作风，为我们党加强自身建设创造了宝贵经验。

在党的百年奋斗中，每到历史发展的重要关头，我们党总是通过加强自身建设来引领党和人民事业的发展。比如，党的十一届三中全会实现党和国家工作中心战略转移，开启了改革开放和社会主义现代化建设新时期之后，为了进一步全面系统清理“文化大革命”带来的党内思想、作风、组织上严重不纯和纪律松弛等突出问题，党中央用 3 年时间，对全党开展以统一思想、整顿作风、加强纪律、纯洁组织为基本内容的全面整顿，比较好地解决了十年内乱造成的管党治党方面存在的突出问题。这对确保党的十一届三中全会路线方针政策贯彻落实，顺利推进改革开放和现代化建设事业，发挥了重要作用。

在党的百年奋斗中，我们党创造性地把党的自我革命作为一项系统工程来推进，成为我们党领导人民进行伟大社会革命的重要法宝。毛泽东把党的建设同统一战线、武装斗争一起并称为中国共产党在中国革命中战胜敌人的三个主要的法宝，把党的建设称之为“伟大的工程”。这是毛泽东对于夺取中国革命的胜利与建设一个全国范围的、广大群众性的、思想上政治上组织上完全巩固的布尔什维克化的中国共产党内在关系的深刻把握。毛泽东指出：“为要领导革命运动更好地发展，更快地完成，就必须从思想上组织上认真地整顿一番。而为要从组织上整顿，首先需要在思想上整顿，需要展开一个无产阶级对非无产阶级的思想斗争。”在改革开放和社会主义现代化建设新时期，我们党根据形势任务的发展，又进一步提出“党的建设新的伟大工程”，强调治国必先治党，治党务必从严，体现了我们党对两个革命关系认识的进一步深化。

党的十八大以来全面从严治党的成功实践

办好中国的事情，关键在党，关键在坚持党要管党、全面从严治党。党的十八大以来，以习近平同志为核心的党中央，科学把握两个革命的辩证统一关系，把全面从严治党紧紧抓在手上，以钉钉子精神坚持不懈把管党治党引向深入，打出一套自我革命的“组合拳”，不断清除一切侵蚀党的健康肌体的病毒，刹住了一些长期没有刹住的歪风，纠治了一些多年未除的顽瘴痼疾，全面从严治党的政治引领和政治保障作用充分发挥，党的自我净化、自我完善、自我革新、自我提高能力显著增强，管党治党宽松软状况得到根本扭转，反腐败斗争取得压倒性胜利并全面巩固，党在革命性锻造中更加坚强有力、更加充满活力，为新时代党和国家事业取得历史性成就、发生历史性变革提供了坚强政治保证。

深化两个革命辩证统一关系的认识，明确提出以伟大自我革命引领伟大社会革命的重大命题。党的二十大报告关于以党的自我革命引领社会革命的重大论断，深刻揭示了两个革命辩证统一关系的真谛。在习近平新时代中国特色社会主义思想中，有许多关于两个革命的重要论述。比如，“十个明确”中的第一个明确，深刻阐明了中国共产党与中国特色社会主义的内在关系，强调中国特色社会主义最本质的特征是中国共产党领导，中国特色社会主义制度的最大优势是中国共产党领导，中国共产党是最高政治领导力量。第十个明确强调落实管党治党政治责任，以伟大自我革命引领伟大社会革命。再比如，把全面从严治党纳入“四个全面”战略布局，强调统揽伟大斗争、伟大工程、伟大事业、伟大梦想，起决定性作用的是党的建设新的伟大工程。这些新理念新思想新战略，深化了我们党对中国特色社会主义建设规律、党的建设规律的认识，为新时代更加自觉推进全面从严治党、以伟大自我革命引领伟大社会革命，提供了根本遵循。

深刻总结新时代全面从严治党的新鲜经验。党的十八大以来，以习近平同志为核心的党中央，深入推进全面从严治党，提出和落实新时代党的建设总要求，以党的政治建设统领党的建设各项工作，坚持思想建党和制度治党同向发力，党在革命性锻造中更加坚强，积累了许多新鲜经验。习近平总书记在十九届中央纪委六次全会上总结的新时代全面从严治党六条宝贵经验中，居于统领地位的一条是必须坚持以党的政治建设为统领，坚守自我革命根本政治方向。最后一条是必须坚持构建自我净化、自我完善、自我革新、自我提高的制度规范体系，为推进伟大自我革命提供制度保障。党的十八大以来，我们党总结运用党的百年奋斗历史经验，深入推进管党治党实践创新、理论创新、制度创新，对建设什么样的长期执政的马克思主义政党、怎样建设长期执政的马克思主义政党的规律性认识达到新的高度，深刻揭示了新时代十年伟大变革的成功奥秘。

深化全面从严治党的规律性认识，探索跳出历史周期率的成功路径。党的百年奋斗以及世界上一些社会主义国家和政党演变的教训告诉我们，马克思主义政党夺取政权不容易，巩固政权更不容易。能不能跳出“其兴也勃焉，其亡也忽焉”的历史周期率，很重要的一个方面在于有没有彻底的自我革命精神，敢不敢于刀刃向内解决自身存在的问题。在毛泽东当年给出第一个答案的基础上，经过百年奋斗特别是党的十八大以来新的实践，我们党又给出了第二个答案，这就是自我革命。这些重要成果，深刻揭示了我们这个百年大党永葆青春活力、始终朝气蓬勃、走在时代前列、团结带领人民创造一系列伟大成就的根本原因，深化了对党的建设规律的认识，必须倍加珍惜，毫不动摇坚持，与时俱进发展。

新时代新征程以中国式现代化全面推进中华民族伟大复兴的客观要求

胜利实现第一个百年奋斗目标、全面建成小康社会后，我们党团结带领人民又踏上了实现第二个百年奋斗目标、全面建设社会主义现代化国家新征程。党的二十大报告明确提出，从现在起，中国共产党的中心任务就是团结带领全国各族人民全面建成社会主义现代化强国、实现第二个百年奋斗目标，以中国式现代化全面推进中华民族伟大复兴。并强调全面建设社会主义现代化国家、全面推进中华民族伟大复兴，关键在党。

从世界百年变局带来的国内外形势深刻复杂变化看。当今世界正经历百年未有之大变局，世纪疫情与之叠加，进一步加剧了各种不稳定性不确定性，世界进入新的动荡变革期，人类社会发展面临前所未有的挑战，我国发展也面临更多逆风逆水的外部环境。与此同时，我国发展正处在中华民族伟大复兴的关键时期，改革发展处在攻坚克难、闯关夺隘的重要阶段，继续发展具有多方面优势和条件，但还面临不少困难和问题。我们要以中国式现代化全面推进中华民族伟大复兴，必须发扬斗争精神，继续进行具有许多新的历史特点的伟大斗争。

从国内艰巨繁重的改革发展稳定任务看。要把我们这个拥有 14 亿多人口的发展中大国建设成为富强民主文明和谐美丽的社会主义现代化强国，是人类历史上前所未有的壮举，必须通过开展伟大斗争有效应对重大挑战、抵御重大风险、克服重大阻力、解决重大矛盾。实践证明，越是形势复杂，越是任务艰巨，越是要坚持和加强党的全面领导，把党建设得更加坚强有力。习近平总书记指出，中国特色社会主义最本质的特征就是坚持中国共产党的领导，中国的事情要办好首先中国共产党的事情要办好。

从党的自身建设情况看。我们党现在已发展成为一个拥有 9800 多万名党员、500 多万个基层组织的百年大党。习近平总书记指出，大就要有大的样子，同时大也有大的难处。把这么大的一个党管好很不容易，把这么大的一个党建设成为坚强的马克思主义执政党更不容易。党的十八大以来，全面从严治党取得了历史性成就，解决了党内许多突出问题，但这只是一个良好开端，还远未到大功告成的时候。新时代新征程上，党面临的“四大考验”是长期而复杂的，面临的“四种危险”是尖锐而严峻的。我们必须始终牢记，党的自我革命永远在路上，必须把全面从严治党作为党的长期战略、永恒课题，永远吹冲锋号。

新时代新征程世情国情党情的深刻复杂变化，要求全党必须时刻保持解决大党独有难题的清醒和坚定。早在新中国成立前夕，毛泽东就告诫全党，夺取全国胜利，这只是万里长征走完了第一步。中国的革命是伟大的，但革命以后的路程更长，工作更伟大，更艰苦，并提出“两个务必”的重要思想。今天，党和人民事业的发展也同样来到这样一个重要的历史关头。党的二十大既对新时代新征程全面建设社会主义现代化国家制定了大政方针，又对坚定不移全面从严治党，深入推进新时代党的建设新的伟大工程从七个方面作出战略部署，强调全面从严治党是党永葆生机活力、走好新的赶考之路的必由之路。我们要把思想和行动统一到党的二十大精神上来，牢记“三个务必”，重整行装再出发，坚持使命引领，坚持问题导向，保持战略定力，推动全面从严治党向纵深发展，把党建设成为始终走在时代前列、人民衷心拥护、勇于自我革命、经得起各种风浪考验、朝气蓬勃的马克思主义执政党，更好担负起领导人民以中国式现代化全面推进中华民族伟大复兴的历史责任。

（《中国纪检监察报》2023 年 11 月 9 日第 5 版）

中国共产党具有自我革命的勇气和底气

冯新舟

勇于自我革命是中国共产党百年奋斗中形成的鲜明政治品格。习近平总书记在二十届中央纪委三次全会上全面总结全面从严治党新进展、新成效，将关于如何跳出治乱兴衰历史周期率、如何确保我们党不变质不变色不变味等重大战略命题的深入思考以及对自我革命的规律性认识，凝结为关于党的自我革命的重要思想加以系统阐释，科学回答了我们党为什么要自我革命、为什么能自我革命、怎样推进自我革命等重大问题，提出继续深入推进自我革命“九个以”的实践要求，为新时代新征程坚持自我革命、持之以恒纵深推进全面从严治党提供了科学指引。深入理解我们党为什么能自我革命，对于贯彻落实习近平总书记关于党的自我革命的重要思想、坚定用好跳出历史周期率的“第二个答案”解决大党独有难题，具有重要的理论意义和现实意义。

革命的、批判的马克思主义为党的自我革命提供思想武器

革命的、批判的理论塑造政党的革命属性，为政党的自我革命提

供内在自觉。马克思主义坚持唯物辩证法，认为事物总是在“肯定—否定—否定之否定”的矛盾运动中披沙拣金、去伪存真，实现螺旋式进化发展，本质上是革命的、批判的理论。马克思主义的革命性和批判性赋予马克思主义政党自我批判、自我革命的鲜明品格。马克思、恩格斯指出，“任何工人政党，只有在内部斗争中才能发展起来。”列宁指出，“公开承认错误，揭露犯错误的原因，分析产生错误的环境，仔细讨论改正错误的方法——这才是一个郑重的党的标志。”马克思主义政党通过对自身进行最坚决、最彻底的革命，砥砺品格、锤炼本领，以更好担负历史使命。

中国共产党是由马克思主义武装起来的政党，天然具有自我革命的高度自觉。我们党继承和发展马克思主义关于无产阶级通过革命打破旧的国家机器、旧的社会制度、旧的社会关系以建立新世界，夺取政权后需要继续推动从经济基础到上层建筑的全面变革、从根本上改造生产关系以实现生产力伟大飞跃的社会革命观，推动变革社会物质基础的革命性实践，同时批判包括自身在内存在的一切不合时宜的思想观念，消除体制机制弊端，突破利益固化的藩篱。

我们党高度重视自我革命对于推进社会革命的重要引领作用。习近平总书记深刻指出，“实践充分证明，中国共产党能够带领人民进行伟大的社会革命，也能够进行伟大的自我革命。”党的十八大以来，我们党充分发挥全面从严治党的引领保障作用，按照社会革命形势发展和人民期盼审视自己，刀刃向内自我净化、自我完善、自我革新、自我提高，不断严密党自我革命的思路举措，在刮骨疗毒、去腐生肌、祛邪扶正的革命性锻造中，淬炼先进纯洁、坚强有力的马克思主义执政党。

中华优秀传统文化为党的自我革命提供文化滋养

中国共产党是在中华优秀传统文化浸润中成长起来的政党。习近平总书记指出，“对历史文化特别是先人传承下来的价值理念和道德规范，要坚持古为今用、推陈出新。”中华优秀传统文化中革故鼎新、自省改过、居安思危等智慧精华蕴含着自我革命的思想基因，为党的自我革命提供了宝贵的文化滋养。

党的自我革命蕴含着在革故鼎新中完善提高自身的内在逻辑。革故鼎新是中华民族创新求变、昂扬向上、赓续发展的重要精神品质。“天地革而四时成”“苟日新，日日新，又日新”“穷则变，变则通，通则久”等蕴含的理念，要求吐故纳新、推陈出新、兴利除弊，不能因循守旧、抱残守缺。党的自我革命，是以发展变革的思维革除阻碍自身发展的消极因素，破字当头改错纠偏，与时俱进革新创新，展现出在革故鼎新、守正创新中不断完善提高自身，进而实现跨越式发展的内在逻辑。

党的自我革命蕴含着自省改过的精神自觉。“吾日三省吾身”“不远之复，以修身也”等自省克己以及“予其惩，而毖后患”“故不贵于无过，而贵于能改过”等勇于改过、不可贰过的思想自觉，融入党的血液，转化为不断自省、闻过则喜以及时发现自身问题、迁善改过以克服自身缺陷的行动自觉，使我们党常修为政之德、常思贪欲之害、常怀律己之心，敢于向党内顽瘴痼疾开刀，勇于纠正偏差、改正错误。

党的自我革命蕴含着居安思危的忧患意识。居安思危、常怀远虑、防患未然是中华民族的优良传统。中华优秀传统文化中“思则有备，有备无患”“生于忧患，死于安乐”等理念，将忧患意识深植于党的灵魂深处，使我们党牢记“三个务必”，做到夕惕若厉，自觉坚守底线、未雨绸缪、防患未然，以“君子检身，常若有过”的态度检视自身，及时发现修正错误，避免养痈为患、积重难返、宿弊难清，不断提高免疫力以抵御各种风险考验。

初心使命为党的自我革命提供不竭动力

为中国人民谋幸福、为中华民族谋复兴是我们党的初心使命。笃定践行初心使命，意味着进行最透彻的社会革命和最彻底的自我革命，尤其是要求党用自我革命的实际行动来坚守初心、彰显政治品格、践行使命宗旨。

践行初心使命要求坚持人民至上，厚植了党自我革命的底气。习近平总书记强调，人民立场是中国共产党的根本政治立场，是马克思主义政党区别于其他政党的显著标志。践行初心使命为人民谋幸福的首要要求，就是坚持人民至上，把人民利益放在第一位，把人民群众拥护不拥护、高兴不高兴、赞成不赞成作为衡量一切工作的最高标准，依靠人民推进党的事业。坚持人民至上，是党推进自我革命的最大底气。我们党除了国家、民族、人民的利益，没有任何自己的特殊利益。正是由于不谋自身私利，党才能谋根本、谋大利，才能从人民根本利益出发，以彻底唯物主义精神检视自己，直面问题，坚持对的、发扬好的，克服缺点、改正错误，才能摆脱一切利益集团、权势团体、特权阶层的“围猎”腐蚀，并向党内被这些集团、团体、阶层所裹挟的人开刀，清除自身存在的一切弱化党的先进性纯洁性、有悖于人民利益实现的消极因素。同时，人民是党推进自我革命的最有力支撑。我们党汇聚人民改天换地的伟大力量，实现人民监督与自我监督的协同发力，依靠人民及时发现解决自身严重隐患，将人民作为最终评判者评价自我革命成效。

践行初心使命为党的自我革命提供动力源泉。初心使命为我们党正确处理举什么旗、走什么路的大是大非问题提供了政治保障，要求将初心使命作为辨别前进方向、选择发展道路的“基点”，不断对照检视增强“四个意识”、坚定“四个自信”、做到“两个维护”的觉悟境界和行动效果，及时纠偏，不犯少犯错误，避免犯颠覆性错误，确保党的事业方向不偏；初心使命催生党的使命意识，要求以完成历史使命的强烈担当始终坚持真理，革除积弊，抛弃过去行之有效现在却不合时宜的经验方法，不断锤炼自身提升执政能力和领导水平，以有效领导和推进党的事业。新征程上，党以中国式现代化全面推进中华民族伟大复兴，对自我革命提出更高要求，党只有时刻保持解决大党独有难题的清醒坚定，以更加彻底的自我革命精神审视自己、净化自己、完善自己、提高自己，才能敢于善于胜利，始终成为中国特色社会主义事业的坚强领导核心。

百年奋斗历史实践为党的自我革命提供宝贵经验

我们党历经百年沧桑更加充满活力，其奥秘就在于始终坚持真理、修正错误。党的伟大不在于不犯错误，而在于从不讳疾忌医，积极开展批评和自我批评，敢于直面问题，勇于自我革命。

我们党经历过多次错误，但每次都是依靠自身纠正了错误。党在大革命失败后纠正陈独秀右倾机会主义错误，万里长征中及时转变政治路线和军事路线实现了自我挽救，土地革命战争时期纠正“左”倾盲动冒险错误，延安时期纠正主观主义、宗派主义、党八股的错误风气，新中国成立初期通过整风整党和“三反”运动解决党在思想、组织、作风等方面存在的突出问题，党的十一届三中全会纠正“文化大革命”的错误实现具有深远历史意义的伟大转折，社会主义现代化建设过程中始终把党风廉政建设和反腐败斗争放在突出位置等。

党的十八大以来，以习近平同志为核心的党中央带领全党以全面从严治党的伟大实践开辟自我革命新境界。党将政治建设摆在首位，强化政治监督，严查“七个有之”等违反政治纪律政治规矩的问题，推动全党做到“两个维护”；加强作风建设，坚持党性党风党纪一起抓，持之以恒落实中央八项规定精神，纠治“四风”问题与树新风并举，营造社会良好风尚；加强纪律建设，完善纪律规范体系，强化监督执纪问责，开展纪律教育，打造“铁的纪律”“自觉的纪律”；深入推进反腐败斗争，坚持严的基调猛药去疴、重典治乱，“打虎”“拍蝇”“猎狐”，推动反腐败斗争取得压倒性胜利并全面巩固；加强制度建设，深化纪检监察体制改革，健全党内法规体系，完善党和国家监督体系，构建起完善的自我革命制度规范体系。

新征程上，以习近平同志为核心的党中央从百年奋斗历史中汲取智慧营养，将在管党治党历史实践中不断深化的对执政党建设规律、党的自我革命规律的认识以及党的治理经验和丰硕理论成果，尤其是新时代全面从严治党的新理念新思想新战略凝结为习近平总书记关于党的自我革命的重要思想，为在新的历史起点推进全面从严治党、党风廉政建设和反腐败斗争提供了重要遵循。我们要深入学习贯彻习近平总书记关于党的自我革命的重要思想，以永远在路上的决心和勇气纵深推进全面从严治党、党的自我革命，为以中国式现代化全面推进强国建设、民族复兴伟业提供坚强保障。

（《中国纪检监察》2024 年第 4 期）

第三篇

以习近平新时代中国特色社会主义思想为根本遵循

以习近平新时代中国特色社会主义思想为根本遵循

——牢牢把握“九个以”的实践要求深入推进党的自我革命

人民日报评论部

“这是深入推进全面从严治党、以党的自我革命引领社会革命的必然要求。”当前，学习贯彻习近平新时代中国特色社会主义思想主题教育正在全党深入开展。这次主题教育推动广大党员、干部在以学铸魂、以学增智、以学正风、以学促干上下功夫见实效，促进了全党思想上的统一、政治上的团结、行动上的一致，成为新时代深化党的自我革命、推动全面从严治党向纵深发展的生动实践。

思想之光照亮奋进之路。习近平总书记在二十届中央纪委三次全会上发表重要讲话，深刻总结全面从严治党的新进展、新成效，深刻阐述党的自我革命的重要思想，明确提出“九个以”的实践要求，为新时代新征程深入推进全面从严治党、党风廉政建设和反腐败斗争指明了方向。深入推进新时代党的自我革命、全面从严治党，必须以习近平新时代中国特色社会主义思想为根本遵循，切实把思想和行动统一到习近平总书记重要讲话精神和党中央决策部署上来，着力增强全面从严治党的政治自觉、思想自觉、行动自觉，以永远在路上的坚韧执着把党的自我革命进行到底。

伟大实践展现思想伟力。新时代以来，我们经历了对党和人民事业具有重大现实意义和深远历史意义的三件大事，这是中国共产党和中国人民团结奋斗赢得的历史性胜利，是彪炳中华民族发展史册的历史性胜利，也是对世界具有深远影响的历史性胜利。环视世界，没有任何一个政党能像中国共产党如此严肃认真地对待自身建设，如此高度自觉地以科学的态度、体系化的方式推进自我革命。在新时代伟大变革中，习近平新时代中国特色社会主义思想展现出了强大的真理力量和实践伟力，指引中国共产党之治开创新局面、推动中国之治形成新气象，成为引领党的伟大自我革命、推动伟大社会革命的行动指南。坚持不懈用习近平新时代中国特色社会主义思想凝心铸魂，淬炼自我革命锐利思想武器，使全党始终保持统一的思想、坚定的意志、协调的行动、强大的战斗力，才能确保党领导的伟大社会革命始终沿着正确方向前进。

我们党作为世界上最大的马克思主义执政党，如何成功跳出治乱兴衰历史周期率、确保党永远不变质不变色不变味？这是摆在全党同志面前的一个战略性问题。以习近平同志为核心的党中央以前所未有的勇气和定力推进全面从严治党，探索出依靠党的自我革命跳出历史周期率的成功路径。习近平总书记关于党的自我革命的重要思想，凝结了新时代全面从严治党丰富实践经验和重要理论成果，科学回答我们党为什么要自我革命、为什么能自我革命、怎样推进自我革命等重大问题。百年大党开辟自我革命新境界，有力印证了“强大的政党是在自我革命中锻造出来的”，生动注解着“全面从严治党是党永葆生机活力、走好新的赶考之路的必由之路”。

理论创新每前进一步，理论武装就要跟进一步。现在，党团结带领中国人民奋进在实现第二个百年奋斗目标新的赶考之路上。面对新征程上的新挑战新考验，我们必须以习近平新时代中国特色社会主义思想为指导，坚持不懈加强理论武装，坚定不移推进全面从严治党，使百年大党在自我革命中不断焕发蓬勃生机，始终成为中国人民最可靠、最坚强的主心骨。党的创新理论是推动工作、解决问题的“金钥匙”。学习贯彻二十届中央纪委三次全会精神，最重要、最关键的是学深悟透习近平总书记关于党的自我革命的重要思想，并将其转化为坚定理想、锤炼党性和指导实践、推动工作的强大力量，把党的自我革命的思路举措搞得更加严密，把每条战线、每个环节的自我革命抓具体、抓深入。

思想越有力，行动越坚决。因为“共产党是为人民服务的党”，所以无惧人民监督；因为“我们党没有任何自己特殊的利益”，所以敢于自我革命。跳出历史周期率的两个答案，闪耀着马克思主义的思想光辉，指引我们把握历史主动、紧跟时代步伐、不断开创事业发展新局面。以习近平新时代中国特色社会主义思想为根本遵循，扎实推动全面从严治党向纵深发展，饱经沧桑而初心不改、铸就辉煌仍勇于自我革命的中国共产党，必将在坚持和发展中国特色社会主义的历史进程中始终成为坚强领导核心。

（《人民日报》2024 年 1 月 19 日第 5 版）

以习近平新时代中国特色社会主义思想为根本遵循

——准确把握推进自我革命“九个以”的实践要求

王治东

思想是时代的航标，理论是行动的先导。在二十届中央纪委三次全会上，习近平总书记科学回答了我们党为什么要自我革命、为什么能自我革命、怎样推进自我革命等重大问题，明确提出推进自我革命“九个以”的实践要求，标志着我们党对马克思主义政党建设规律、共产党执政规律的认识达到新高度。“九个以”的实践要求明确了推进自我革命要以习近平新时代中国特色社会主义思想为根本遵循，为我们着力增强全面从严治党的政治自觉、思想自觉、行动自觉，以永远在路上的坚韧执着把党的自我革命进行到底提供了科学指引。新时代全面从严治党取得了历史性、开创性成就，产生了全方位、深层次影响，根本在于有习近平总书记领航掌舵、有习近平新时代中国特色社会主义思想科学指引。新时代新征程，我们要牢牢把握这一实践要求，不断提高党的自我革命的坚定性、科学性、有效性。

在伟大自我革命历程中，习近平新时代中国特色社会主义思想展现出强大的真理力量和实践伟力。这一重要思想立足世情国情党情的深刻变化，围绕建设什么样的长期执政的马克思主义政党、怎样建设长期执政的马克思主义政党这一重大时代课题，提出以正视问题的勇气和刀刃向内的自觉不断推进党的自我革命，是我们党自我净化、自我完善、自我革新、自我提高的强大思想武器和科学行动指南。党的十八大以来，在习近平新时代中国特色社会主义思想科学指引下，我们以刀刃向内、刮骨疗毒、去腐生肌的自我革命精神推进全面从严治党，开展史无前例的反腐败斗争，坚持无禁区、全覆盖、零容忍，一体推进不敢腐、不能腐、不想腐，“打虎”“拍蝇”“猎狐”多管齐下，反腐败斗争取得压倒性胜利并全面巩固，管党治党宽松软状况得到根本扭转，风清气正的党内政治生态不断形成和发展。党在革命性锻造中更加坚强有力、更加充满活力，开辟了百年大党自我革命的新境界。

坚持以习近平新时代中国特色社会主义思想为根本遵循，我们党探索出一条长期执政条件下依靠自我革命解决自身问题、跳出历史周期率的成功道路，赢得了保持同人民群众的血肉联系、人民衷心拥护的历史主动，赢得了全党高度团结统一、走在时代前列、带领人民实现中华民族伟大复兴的历史主动。新时代新征程，深入推进党的自我革命、坚决打赢反腐败斗争攻坚战持久战，必须坚持思想建党、理论强党，始终坚持以习近平新时代中国特色社会主义思想为根本遵循，深刻领悟“两个确立”的决定性意义，增强“四个意识”、坚定“四个自信”、做到“两个维护”，筑牢信仰之基、补足精神之钙、把稳思想之舵，切实将我们党的鲜明理论优势转化为推动全面从严治党向纵深发展的强大力量，及时清除侵蚀党的健康肌体的病毒，及时消除损害党的执政根基的各种隐患，使百年大党在自我革命中不断焕发蓬勃生机，始终成为中国人民最可靠、最坚强的主心骨。

党的十八大以来，习近平总书记创造性提出一系列具有原创性、标志性的新理念新思想新战略，形成习近平总书记关于党的自我革命的重要思想。这是我们党坚持“两个结合”推进理论创新取得的新成果，是习近平新时代中国特色社会主义思想的新篇章。我们要深入学习贯彻习近平总书记关于党的自我革命的重要思想，自觉从中找理念、找思路、找方法、找举措，努力把党的自我革命的思路举措搞得更加严密，把每条战线、每个环节的自我革命抓具体、抓深入，以锐意进取的精气神、脚踏实地的真行动将全面从严治党这场伟大自我革命进行到底。

（《人民日报》2024 年 1 月 31 日第 9 版）

深刻领悟“两个确立”的决定性意义

李君如

党确立习近平同志党中央的核心、全党的核心地位，确立习近平新时代中国特色社会主义思想的指导地位，反映了全党全军全国各族人民共同心愿，对新时代党和国家事业发展、对推进中华民族伟大复兴历史进程具有决定性意义。当前，全面学习、全面把握、全面落实党的二十大精神，一步一个脚印把党的二十大作出的重大决策部署付诸行动、见之于成效，必须深刻领悟“两个确立”的决定性意义。

新时代十年伟大变革的决定性因素

党的十八大以来，以习近平同志为核心的党中央团结带领全党全国各族人民攻克了许多长期没有解决的难题，办成了许多事关长远的大事要事，推动党和国家事业取得历史性成就、发生历史性变革。新时代十年的伟大变革，在党史、新中国史、改革开放史、社会主义发展史、中华民族发展史上具有里程碑意义。党的二十大通过的《中国共产党第二十次全国代表大会关于十九届中央委员会报告的决议》（以下简称《决议》）提出：“新时代十年的伟大变革，是在以习近平同志为核心的党中央坚强领导下、在习近平新时代中国特色社会主义思想指引下全党全国各族人民团结奋斗取得的。”“两个确立”是党在新时代取得的重大政治成果，是推动党和国家事业取得历史性成就、发生历史性变革的决定性因素。

新时代十年是创造一个又一个人间奇迹的十年。经济实力实现历史性跃升，经济总量稳居世界第二位，制造业规模、外汇储备稳居世界第一，一些关键核心技术实现突破，战略性新兴产业发展壮大……细数这十年，我们党紧紧依靠人民，稳经济、促发展，战贫困、建小康，控疫情、抗大灾，应变局、化危机，攻克了一个个看似不可攻克的难关险阻，创造了一个个令人刮目相看的人间奇迹，党和国家事业取得历史性成就、发生历史性变革，推动我国迈上全面建设社会主义现代化国家新征程。一个又一个人间奇迹的创造，根本在于有习近平总书记作为党中央的核心、全党的核心掌舵领航，在于有习近平新时代中国特色社会主义思想科学指引。

新时代十年是经受住一个又一个严峻挑战的十年。习近平总书记指出：“10 年来，我们遭遇的风险挑战风高浪急，有时甚至是惊涛骇浪，各种风险挑战接踵而至，其复杂性严峻性前所未有。我们坚定信心、迎难而上，一仗接着一仗打。”党的十八大以来，在以习近平同志为核心的党中央坚强领导下、在习近平新时代中国特色社会主义思想科学指引下，我们经受住了来自政治、经济、意识形态、自然界等方面的风险挑战考验。比如，经过坚决斗争，管党治党宽松软状况得到根本扭转，反腐败斗争取得压倒性胜利并全面巩固，消除了党、国家、军队内部存在的严重隐患；面对风高浪急的国际环境和艰巨繁重的国内改革发展稳定任务，我国经济发展平衡性、协调性、可持续性明显增强，我国经济迈上更高质量、更有效率、更加公平、更可持续、更为安全的发展之路；着力解决意识形态领域党的领导弱化问题，意识形态领域形势发生全局性、根本性转变；有力应对地震、洪水、干旱、山火等一系列重大自然灾害；开展抗击疫情人民战争、总体战、阻击战，统筹疫情防控和经济社会发展取得重大积极成果；等等。这一仗接一仗的胜利，无一不是在习近平总书记亲自领导、亲自部署、亲自指挥下取得的，无一不是在习近平新时代中国特色社会主义思想指引下统一思想、凝聚力量取得的。

全党全军全国各族人民的共同心愿

历史告诉我们，民心是最大的政治，决定事业兴衰成败。之所以说“两个确立”是新时代十年伟大变革的决定性因素，归根到底是因为“两个确立”反映了全党全军全国各族人民共同心愿，由此汇聚起推动新时代党和国家事业发展、推进中华民族伟大复兴历史进程的磅礴力量。

一个国家、一个政党，领导核心至关重要。在革命早期，党的事业屡遭挫折甚至面临失败危险，重要原因就在于没有形成一个成熟的党中央。遵义会议事实上确立了毛泽东同志在党中央和红军的领导地位，开始确立以毛泽东同志为主要代表的马克思主义正确路线在党中央的领导地位，开始形成以毛泽东同志为核心的党的第一代中央领导集体。从此，中国革命事业转危为安，不断从胜利走向胜利。邓小平同志指出：“任何一个领导集体都要有一个核心，没有核心的领导是靠不住的。”改革开放以来的实践告诉我们，坚持党中央集中统一领导，坚持党的民主集中制，必须要有党中央的核心、全党的核心，否则就会出现党的领导弱化、虚化、淡化、边缘化等问题。党的十八大以来，中国特色社会主义进入新时代。习近平总书记以马克思主义政治家、思想家、战略家的非凡理论勇气、卓越政治智慧、强烈使命担当，应时代之变迁、立时代之潮流、发时代之先声，作出一系列重大科学判断，成为指引全党全国各族人民前进方向的领路人。在党的十八届六中全会文件征求意见过程中，地方和部门以及军队都希望这次全会明确习近平总书记为党中央的核心、全党的核心。在党的十八届六中全会上，中央委员会同志一致赞成正式提出“以习近平同志为核心的党中央”，一致认为党的十八大以来的实践充分证明，习近平总书记作为党中央的核心、全党的核心是众望所归，当之无愧、名副其实；一致表示明确习近平总书记的核心地位，反映了全党的共同意志，反映了全党全军全国各族人民的共同心愿。党的十九大把习近平总书记党中央的核心、全党的核心地位写入党章。确立习近平总书记党中央的核心、全党的核心地位，是历史和人民的共同选择、郑重选择、必然选择，是党和国家之幸、人民之幸、中华民族之幸。

人民群众的实践是改造世界的根本力量，但如果没有正确的指导思想，实践活动就可能迷失方向。当今世界正经历百年未有之大变局，我国正处于实现中华民族伟大复兴的关键时期，坚持和发展中国特色社会主义理论和实践提出了大量亟待解决的新问题。以习近平同志为主要代表的中国共产党人，坚持把马克思主义基本原理同中国具体实际相结合、同中华优秀传统文化相结合，紧密结合新的时代条件和实践要求，科学回答新时代坚持和发展什么样的中国特色社会主义、怎样坚持和发展中国特色社会主义，建设什么样的社会主义现代化强国、怎样建设社会主义现代化强国，建设什么样的长期执政的马克思主义政党、怎样建设长期执政的马克思主义政党等重大时代课题，创立了习近平新时代中国特色社会主义思想。党的十八大以来的实践证明，习近平新时代中国特色社会主义思想是当代中国马克思主义、二十一世纪马克思主义，是中华文化和中国精神的时代精华，是党和人民实践经验和集体智慧的结晶，是全党全国人民为实现中华民族伟大复兴而奋斗的行动指南，必须长期坚持并不断发展。因此，党的十九大把习近平新时代中国特色社会主义思想写入党章并确立为党的行动指南。实践已经证明并将继续证明，有习近平新时代中国特色社会主义思想的科学指引，新时代党和国家事业就能不断发展，中华民族伟大复兴历史进程就能全面推进。

新时代新征程最紧要的任务

党的二十大是在全党全国各族人民迈上全面建设社会主义现代化国家新征程、向第二个百年奋斗目标进军的关键时刻召开的一次十分重要的大会。《决议》指出：“新时代新征程上把中国特色社会主义事业推向前进，最紧要的是深刻领悟‘两个确立’的决定性意义，增强‘四个意识’、坚定‘四个自信’、做到‘两个维护’，自觉在思想上政治上行动上同以习近平同志为核心的党中央保持高度一致。”新时代新征程，坚持和发展中国特色社会主义，全面建设社会主义现代化国家，必须更加自觉地抓好这一最紧要的任务。

全面建设社会主义现代化国家，是一项伟大而艰巨的事业，前途光明，任重道远。当前，世界百年未有之大变局加速演进，世纪疫情影响深远，世界进入新的动荡变革期。我国发展进入战略机遇和风险挑战并存、不确定难预料因素增多的时期，各种“黑天鹅”“灰犀牛”事件随时可能发生。如同大海航行要有敢于和善于迎风破浪前进的舵手，要有全天候的罗盘指南一样，面对新征程上难以避免的风高浪急甚至惊涛骇浪，我们更要深刻领悟“两个确立”的决定性意义，坚决做到“两个维护”。

新时代新征程要坚决维护习近平总书记党中央的核心、全党的核心地位。广大党员干部要不断增强维护习近平总书记党中央的核心、全党的核心地位的思想自觉、政治自觉、行动自觉，真正做到情感上衷心爱戴核心、思想上高度认同核心、政治上坚决维护核心、组织上自觉服从核心、行动上紧紧跟随核心。要坚持和加强党中央集中统一领导，完善党中央重大决策部署落实机制，确保全党在政治立场、政治方向、政治原则、政治道路上同以习近平同志为核心的党中央保持高度一致，在党的旗帜下团结成“一块坚硬的钢铁”，步调一致向前进。

新时代新征程要全面贯彻习近平新时代中国特色社会主义思想。要坚持以习近平新时代中国特色社会主义思想指导我国社会主义现代化建设和党的建设新的伟大工程。要坚持不懈用习近平新时代中国特色社会主义思想凝心铸魂，坚持学思用贯通、知信行统一，把握好习近平新时代中国特色社会主义思想的世界观和方法论，坚持好、运用好贯穿其中的立场观点方法，切实将其转化为坚定理想、锤炼党性和指导实践、推动工作的强大力量。

（《人民日报》2023年2月7日第9版）

深学细悟习近平新时代中国特色社会主义思想

田培炎

马克思主义是实践的理论，是用来改造世界、改变世界的。它源于实践、指导实践，并随着实践的发展而不断发展，其内容和表现形式都具有强烈的时代气息、鲜明的实践色彩、明确的现实指向。恩格斯指出："历史从哪里开始，思想进程也应当从哪里开始，而思想进程的进一步发展不过是历史过程在抽象的、理论上前后一贯的形式上的反映；这种反映是经过修正的，然而是按照现实的历史过程本身的规律修正的，这时，每一个要素可以在它完全成熟而具有典型性的发展点上加以考察。"只有坚持理论与实践相结合、逻辑与历史相统一，才能把握马克思主义的真谛。习近平新时代中国特色社会主义思想是顺应时代发展要求、实践发展需要、人民群众愿望创立的，并且是在指导新时代波澜壮阔的创造性实践中不断丰富和发展的。当我们与历史和实践同行，就能更好把握习近平新时代中国特色社会主义思想的科学体系、核心要义、实践要求。这里，从习近平新时代中国特色社会主义思想创立和发展的着力点，提供深学细悟这一重要思想的八个视角。

（一）察大势。时代大势展示着历史发展的新趋势，汇聚着社会变革的新信息，蕴含着复杂多变的新机遇新挑战，体现着社会发展必然性与偶然性、变与不变的辩证法。唯有正确判断形势，深刻认识国内国际形势发展变化中的时与势、危与机、有利与不利，才能为科学决策、政策调整提供充分依据。党的十八大以来，习近平总书记以宏阔的战略思维，深刻分析国内外大势，形成一系列重大论断。

就国内大势而言，习近平总书记提出“中国特色社会主义进入新时代，我国社会主要矛盾已经转化为人民日益增长的美好生活需要和不平衡不充分的发展之间的矛盾”；强调我国仍处于重要战略机遇期，“但机遇和挑战都有新的发展变化”“机遇更具有战略性、可塑性，挑战更具有复杂性、全局性，挑战前所未有，应对好了，机遇也就前所未有”；作出我国进入新发展阶段的新论断，提出社会主义初级阶段“是一个动态、积极有为、始终洋溢着蓬勃生机活力的过程，是一个阶梯式递进、不断发展进步、日益接近质的飞跃的量的积累和发展变化的过程”，新发展阶段“就是社会主义初级阶段中的一个阶段，同时是其中经过几十年积累、站到了新的起点上的一个阶段”；指出“实现中华民族伟大复兴进入了不可逆转的历史进程”“我国发展具备了更为坚实的物质基础、更为完善的制度保证、更为主动的精神力量”。就国际大势而言，习近平总书记提出世界正处于大发展大变革大调整时期，正经历百年未有之大变局，进入新的动荡变革期。世界多极化加速推进，“西强东弱”短期内不会改变，但“东升西降”的趋势不可阻挡。经济全球化是时代潮流和历史大势，但同时逆全球化思潮抬头，单边主义、保护主义明显上升。新一轮科技革命和产业变革深入发展，正处在实现重大突破的历史关口。

这些重要论断，为我们观察时代、把握时代、引领时代，统筹中华民族伟大复兴战略全局和世界百年未有之大变局，积极识变应变求变，在危机中育新机、于变局中开新局提供了科学指引。

（二）擘未来。马克思主义政党的性质和宗旨，决定了其能够超越其他政党的党派偏私，有效避免政策前后不一、左右摇摆，为既定目标接续奋斗，实现远大理想和阶段性目标相统一。马克思主义政党所拥有的独特理论优势，决定了其能够依据科学理论深刻认识人类社会发展规律，科学预见未来，明确奋斗目标，制定达至目标的行动纲领，不断增强工作的前瞻性、预见性、指导性，防止和避免盲目性、随意性、片面性。党的十八大以来，以习近平同志为核心的党中央，根据时代发展新要求、人民美好生活新期待，科学擘画党和国家事业发展的宏伟蓝图，提出一系列战略目标、战略布局、战略部署、战略举措。

党的十八大以来，习近平总书记先后提出“两个一百年”奋斗目标，作出分两个阶段实现第二个百年奋斗目标的战略安排，并明确新时代新征程党的中心任务是“团结带领全国各族人民全面建成社会主义现代化强国、实现第二个百年奋斗目标，以中国式现代化全面推进中华民族伟大复兴”。围绕这些目标，习近平总书记提出统揽伟大斗争、伟大工程、伟大事业、伟大梦想，统筹推进“五位一体”总体布局，协调推进“四个全面”战略布局；提出实施科教兴国战略、人才强国战略、创新驱动发展战略、乡村振兴战略、区域协调发展战略、可持续发展战略、军民融合发展战略等重大战略，还分别提出建设制造强国、科技强国、质量强国、航天强国、网络强国、交通强国、海洋强国、贸易强国、体育强国、文化强国、教育强国、人才强国、农业强国等强国目标。此外，习近平总书记对经济社会发展各领域也分别提出具体的目标要求，形成一个总分结合、覆盖全面、内容丰富的目标体系。

这些目标要求，为我们党团结带领全国各族人民踔厉奋发、勇毅前行、开创事业发展新局面提供了根本遵循。

（三）增自信。人民是历史的主人。马克思主义政党从事的事业是人民群众自己的事业，只有充分激发人民主人翁精神，鼓起人民群众创造美好未来的信心和勇气，汇聚蕴藏在人民之中的无穷智慧，形成全体人民团结奋进的磅礴力量，才能不断创造历史伟业。党的十八大以来，以习近平同志为核心的党中央，坚持人民主体地位，尊重人民首创精神，唤起全体中华儿女的自信心、自豪感，不断增强全党全国各族人民对中国特色社会主义的道路自信、理论自信、制度自信、文化自信，提出了一系列新思想新观点新论断。

针对一个时期一些干部群众对中国特色社会主义信心不足，对中华优秀传统文化、党的光辉历史知之不多、了解不深，自觉不自觉地将西方发展模式、政治制度等奉为圭臬，以此来评判我国现实等问题，习近平总书记明确指出："当今世界，要说哪个政党、哪个国家、哪个民族能够自信的话，那中国共产党、中华人民共和国、中华民族是最有理由自信的！"强调中国特色社会主义道路"是中国共产党带领中国人民历经千辛万苦、付出巨大代价开辟出来的，是被实践证明了的符合中国国情、适合时代发展要求的正确道路"；"拥有马克思主义科学理论指导是我们党坚定信仰信念、把握历史主动的根本所在"，置身于新中国成立以来特别是改革开放以来历史巨变之中的中国人更有资格、更有能力为发展马克思主义作出中国的原创性贡献；中国特色社会主义制度是具有鲜明中国特色、明显制度优势、强大自我完善能力的先进制度；中国特色社会主义文化积淀着中华民族最深沉的精神追求，代表着中华民族独特的精神标识，是激励全党全国各族人民奋勇前进的强大精神力量。

在这些重要思想指导下，中国人民的历史主动精神空前激发，创造活力空前迸发，防风险、迎挑战、抗打压的志气、骨气、底气空前增强。

（四）求变革。生产力是社会发展最革命、最活跃的因素，具有一往无前的革命性品格，是社会变革最终的和最主要的动因。马克思主义政党作为先进生产力的代表，始终以解放和发展生产力为己任，总是通过主动变革不适应生产力发展要求的生产关系和上层建筑，为生产力的发展开辟广阔前景。在执政条件下，马克思主义政党领导建立的社会主义制度并不是尽善尽美、一成不变的，而是在不断改革中日益完善的。党的十八大以来，以习近平同志为核心的党中央，以前所未有的力度全面深化改革，敢于啃硬骨头，敢于涉险滩，坚决破除各方面体制机制弊端，提出一系列关于全面深化改革的新理念新思想新战略。

根据改革进入攻坚区和深水区的实际，习近平总书记强调要“加强顶层设计、整体谋划”“增强改革的系统性、整体性、协同性”，明确提出全面深化改革的总目标、战略重点、优先顺序、主攻方向、工作机制、推进方式和时间表、路线图。习近平总书记着眼破除影响和制约生产力发展的体制机制障碍，提出“使市场在资源配置中起决定性作用和更好发挥政府作用”“贯彻新发展理念，构建新发展格局，推动高质量发展”；着眼突破关键核心技术受制于人的瓶颈，强调“科技是第一生产力、人才是第一资源、创新是第一动力”，健全新型举国体制，推进关键核心技术攻关和自主创新；着眼打破利益固化的藩篱、促进社会公平正义，提出要“加紧建设对保障社会公平正义具有重大作用的制度，逐步建立社会公平保障体系”，畅通社会向上流动通道、激发全社会创新创造活力，保证人民平等参与、平等发展权利；着眼推进高水平对外开放，强调要顺应经济全球化，依托我国超大规模市场优势，实行更加积极主动的开放战略，稳步扩大规则、规制、管理、标准等制度型开放。

这些重要思想，成为新时代全方位、深层次、根本性改革的行动指南，推动改革全面发力、多点突破、蹄疾步稳、纵深推进，各领域基础性制度框架基本确立，许多领域实现历史性变革、系统性重塑、整体性重构。

（五）治乱象。世界充满矛盾，人类社会就是在矛盾运动中发展进步的。存在的问题越多，矛盾运动越激烈，呼唤新思想的需求就越强烈，催生新理论的动力就越强劲。党的十八大以来，面对一系列长期积累及新出现的突出矛盾和问题，以习近平同志为核心的党中央，坚持问题导向，以巨大的政治勇气、强烈的历史担当、有力的政策举措，强力整治各种乱象。对人民群众反映强烈的突出问题，猛药去疴、重典治乱；对反复出现、久治难愈的问题，标本兼治、综合施策；对隐形变异、反弹回潮的老问题，紧盯不放，露头就打，形成了一系列整治乱象的理念、思路和办法。

针对一些地方和部门形式主义、官僚主义、享乐主义和奢靡之风屡禁不止，党中央从制定和落实中央八项规定破题，持之以恒纠治“四风”。针对一些地方和部门选人用人风气不正，习近平总书记鲜明提出新时代好干部标准，强化党组织领导和把关作用。针对有法不依、执法不严、司法不公、违法不究问题严重存在，习近平总书记提出要“努力让人民群众在每一项法律制度、每一个执法决定、每一宗司法案件中都感受到公平正义”，开展政法队伍教育整顿，严厉惩治执法司法腐败。针对一些领导干部面对错误思潮只想当绅士、不愿当斗士，马克思主义在一些学科中“失语”、教材中“失踪”、论坛上“失声”等突出问题，习近平总书记提出要“坚持马克思主义在意识形态领域指导地位的根本制度”，健全意识形态工作责任制，在全社会唱响主旋律、弘扬正能量。针对一些地方过度开发利用资源、过度透支环境承载力等突出问题，习近平总书记提出绿水青山就是金山银山的理念，强调要“坚持山水林田湖草沙一体化保护和系统治理”，坚持“走生产发展、生活富裕、生态良好的文明发展道路”，着力打赢污染防治攻坚战，打好蓝天、碧水、净土保卫战。

在这些重要思想指引下，我们党经过顽强努力，刹住了一些长期没有刹住的歪风，纠治了一些多年未除的顽瘴痼疾，党风政风和社会风气为之一新，各项事业蓬勃兴旺。

（六）防风险。马克思主义政党从事的事业是前无古人的开创性事业，在打破旧世界、建设新社会的历史进程中，注定会遇到各种可以预料和难以预料的风险挑战，注定会遭遇各种旧势力的围追堵截，居安思危、知危图安，在化危为机中破浪前行，是其与生俱来的优秀品格。中国共产党在内忧外患中诞生、在磨砺挫折中成长、在攻坚克难中壮大，历经百余年栉风沐雨，积累了应对各种风险挑战的丰富经验。党的十八大以来，习近平总书记深刻把握波谲云诡的国际形势、复杂敏感的周边环境、艰巨繁重的改革发展稳定任务带来的风险挑战，围绕防范化解重大风险、应对突发事件发表了一系列重要论述。

根据我国国家安全和社会安全面临的风险挑战日益增多，我国国家安全内涵和外延比历史上任何时候都要丰富，时空领域比历史上任何时候都要宽广，内外因素比历史上任何时候都要复杂的客观现实，习近平总书记提出总体国家安全观，突出国家安全的整体性、全域性、系统性，强化“大安全”理念，深刻揭示了国家安全的时代特征和内在规律。习近平总书记着眼从源头上防范化解重大安全风险，把问题解决在萌芽之时、成灾之前，强调要运用制度威力、制度优势应对风险挑战冲击，完善集中统一、高效权威的国家安全领导体制，构建系统完备、科学规范、运行有效的国家安全制度体系，找到了风险防范化解的治本之策。习近平总书记强调要“统筹发展和安全”“实现高质量发展和高水平安全的良性互动”“以新安全格局保障新发展格局”；强调各级领导干部要增强防范化解风险本领，既要有草摇叶响知鹿过、松风一起知虎来、一叶易色而知天下秋的风险洞察力，又要有见事早、行动快的风险处置力，既要敢于斗争，又要善于斗争，依靠顽强斗争打开事业发展新天地。

这些重要论述，指引我们有效破解国家安全面临的各种难题，经受住了来自政治、经济、意识形态、自然界等方面的风险挑战考验，续写了经济快速发展和社会长期稳定两大奇迹新篇章。

（七）谋大同。彻底解放全人类，建设每个人的自由发展是一切人的自由发展的条件的美好社会，最终实现共产主义，是马克思主义政党的崇高理想。马克思主义政党自登上历史舞台之日起，就顺应世界历史潮流，高举国际主义大旗，把自身的历史使命和世界各国人民的前途命运紧紧联系在一起，矢志不渝为推动人类发展进步而斗争。中国共产党既为中国人民谋幸福、为中华民族谋复兴，也为人类谋进步、为世界谋大同。党的十八大以来，以习近平同志为核心的党中央，始终以世界眼光关注人类前途命运，从人类发展大潮流、世界变化大格局、中国发展大历史，正确认识和处理同外部世界关系，提出一系列具有战略前瞻性和强大号召力的中国理念、中国主张、中国方案。

围绕回答建设一个什么样的世界、如何建设这个世界等重大课题，习近平总书记提出推动构建人类命运共同体，建设一个持久和平、普遍安全、共同繁荣、开放包容、清洁美丽的世界，反映了人类社会共同价值追求，符合中国人民和世界人民的根本利益，找到了不同社会制度、不同意识形态、不同历史文化、不同发展水平的国家共建美好世界的最大公约数。为破解全球发展难题、应对国际安全挑战、促进文明互学互鉴，习近平总书记提出全球发展倡议、全球安全倡议、全球文明倡议，为促进共同发展、维护和平稳定、推动文明进步增添了更多正能量；还提出全球治理观、国际秩序观、正确义利观、新安全观、新发展观、合作观、人权观、生态观、文明观等重要理念，提出推动构建新型国际关系、推动共建“一带一路”高质量发展等一系列主张。

这些重要思想，不仅为当代中国坚定站在历史正确的一边，站在人类文明进步的一边，始终做世界和平的建设者、全球发展的贡献者、国际秩序的维护者提供了根本遵循，而且为处在何去何从十字路口的世界提供了方向指引。

（八）强肌体。及时祛除影响党的肌体健康的各种消极因素，不断增强自身免疫力，是马克思主义政党始终保持蓬勃生机活力的独特优势。中国共产党始终坚持真理、修正错误，在解决自身问题中不断走向成熟，锻造了强身健体的强大能力，确保我们党历经沧桑而初心不改、饱经风霜而本色依旧。党的十八大以来，以习近平同志为核心的党中央，根据形势任务发展对党的领导、党的建设提出的新要求，紧紧围绕回答建设什么样的长期执政的马克思主义政党、怎样建设长期执政的马克思主义政党的重大时代课题，突出全面从严治党这个主题主线，以刀刃向内、刮骨疗毒、去腐生肌的自我革命精神，及时解决党内存在的突出矛盾和问题，提出一系列管党治党、兴党强党的新理念新思想新战略，形成习近平总书记关于党的建设的重要思想，为丰富和发展马克思主义建党学说作出了重大原创性贡献。

针对一个时期党的领导弱化、党的建设缺失、管党治党不力、一些贪腐问题触目惊心等突出问题，习近平总书记强调党面临的“四大考验”“四种危险”将长期存在，指出要时刻保持解决大党独有难题的清醒和坚定，要求健全全面从严治党体系。习近平总书记强调“全面从严治党，核心是加强党的领导，基础在全面，关键在严，要害在治”；提出新时代党的建设总要求，明确新时代党的建设方针、主线、着力点、总体布局和目标；提出自我革命是党“跳出治乱兴衰历史周期率的第二个答案”，必须增强党自我净化、自我完善、自我革新、自我提高的能力。习近平总书记还就以党的政治建设为统领，扎实做好理论武装、选贤任能、强基固本、育才聚才各项工作提出许多新的重要论断和要求。

在这些重要思想指导下，党的领导全面加强，党的政治领导力、思想引领力、群众组织力、社会号召力显著提升，管党治党宽松软状况得到根本扭转，党在革命性锻造中更加坚强有力，为党和国家事业取得历史性成就、发生历史性变革提供了坚强政治保证。

（《人民日报》2023 年 7 月 4 日第 9 版）

习近平新时代中国特色社会主义思想的理论创新与时代价值

杜飞进

习近平新时代中国特色社会主义思想是引领中国、影响世界的当代中国马克思主义、二十一世纪马克思主义，是新时代中国共产党的思想旗帜和精神旗帜。随着中华民族伟大复兴进入关键时期，我们越来越深刻地认识到，必须进一步深化对这一重要思想作为当代中国马克思主义、二十一世纪马克思主义的认识，进一步深入理解习近平新时代中国特色社会主义思想的理论创新与时代价值。作为马克思主义在当代中国、在二十一世纪的理论形态，习近平新时代中国特色社会主义思想推动马克思主义中国化时代化实现了重大发展，指引中国特色社会主义进入了新时代，从理论与实践的结合上科学回答了中国之问、世界之问、人民之问、时代之问。这一重要思想开辟了马克思主义科学性、人民性、实践性、开放性的新境界，闪烁着耀眼的真理光芒。

赋予科学的理论以全新内涵

马克思主义理论体系和知识体系博大精深，是整个人类精神的精华，其科学性的真谛就在于深刻揭示了自然界、人类社会、人类思维发展的普遍规律，为人类社会发展进步指明了方向。习近平新时代中国特色社会主义思想之所以是科学的理论，就在于这一重要思想紧密结合时代条件和实践要求，以全新视野深化了对共产党执政规律、社会主义建设规律、人类社会发展规律的认识，开辟了马克思主义科学性的新境界。

对共产党执政规律作出新的深刻揭示。中国共产党是世界上最大的政党，是在中国这样一个社会主义大国长期执政的执政党。如何让这样一个百年大党始终成为坚强的马克思主义执政党，本身就是世纪性的课题。习近平新时代中国特色社会主义思想明确中国特色社会主义最本质的特征是中国共产党领导，中国特色社会主义制度的最大优势是中国共产党领导；强调党要管党、全面从严治党，提出新时代党的建设总要求，突出政治建设的统领作用；强调中国式现代化是中国共产党领导的社会主义现代化，明确坚持党的全面领导是坚持和发展中国特色社会主义的必由之路；等等。这些重要论述体现了我们党对共产党执政规律认识的不断深化。基于对共产党执政规律的深刻把握，我们探索出一条长期执政条件下解决自身问题、跳出历史周期率的成功道路。

对社会主义建设规律作出新的深刻揭示。习近平总书记指出："中国特色社会主义是在不断总结经验、探索规律中开辟和前进的。"新时代对我们党提出的一个重大时代课题，就是从理论和实践的结合上系统回答新时代坚持和发展什么样的中国特色社会主义、怎样坚持和发展中国特色社会主义。习近平新时代中国特色社会主义思想强调中国特色社会主义是社会主义而不是其他什么主义，坚定了走中国特色社会主义道路的战略定力；提出统筹推进"五位一体"总体布局、协调推进"四个全面"战略布局，丰富了中国特色社会主义的内涵；系统描绘了中国特色社会主义制度图谱，强调不断把我国制度优势更好转化为国家治理效能；等等。这些重要论述，标志着我们党对社会主义建设规律的认识和把握达到新高度，为新时代中国特色社会主义建设事业提供了科学指南和根本遵循。

对人类社会发展规律作出新的深刻揭示。人类社会的发展进程，是不断认识把握历史规律，从必然王国向自由王国迈进的过程。当前，世界之变、时代之变、历史之变正以前所未有的方式展开，世界进入新的动荡变革期。面对“世界怎么了、我们怎么办”的时代之问，习近平新时代中国特色社会主义思想秉持正确的历史观、大局观、角色观，在回望历史中总结历史规律，在展望未来中把握前进趋势。提出推动构建人类命运共同体这一重大理念，指出“世界是各国人民的世界，世界面临的困难和挑战需要各国人民同舟共济、携手应对，和平发展、合作共赢才是人间正道”，强调“站在历史正确的一边，站在人类进步的一边”。这些重要论述，深化了我们党对人类社会发展规律的认识，为创造世界和平与发展的美好未来提供了中国智慧和中国方案。

彰显人民的理论的真挚情怀

马克思主义坚持实现人民解放、维护人民利益的立场，以实现人的自由而全面的发展和全人类解放为己任，第一次创立了人民实现自身解放的思想体系，因而具有跨越国度、跨越时代的影响力。人民性是习近平新时代中国特色社会主义思想鲜明的理论底色。

把一切为了人民作为价值旨归。习近平新时代中国特色社会主义思想是来自人民、为了人民、造福人民的理论，坚持人民至上是贯穿其中的一条红线。习近平总书记指出：“人民对美好生活的向往，就是我们的奋斗目标”“中国共产党人的初心和使命，就是为中国人民谋幸福，为中华民族谋复兴”“以百姓心为心，与人民同呼吸、共命运、心连心，是党的初心，也是党的恒心”。无论是打赢脱贫攻坚战，解决人民最关心最直接最现实的利益问题，还是推进健康中国、平安中国、美丽中国建设，都充分彰显这一重要思想一切为了人民的根本立场，充分展现人民至上的价值取向。

以促进共同富裕回应民生期盼。共同富裕是中国特色社会主义的本质要求，也是人民群众的共同期盼。习近平新时代中国特色社会主义思想作出我国社会主要矛盾发生转化的重大政治论断，为解决我国发展不平衡不充分问题、逐步实现全体人民共同富裕奠定了理论基础；把脱贫攻坚作为“三大攻坚战”之一，推动困扰中华民族千百年的绝对贫困问题历史性地画上了句号。党的十九届五中全会在制定到2035年基本实现社会主义现代化远景目标时提出“全体人民共同富裕取得更为明显的实质性进展”，并在改善人民生活品质部分突出强调“扎实推动共同富裕”。习近平总书记深刻指出：“现在，已经到了扎实推动共同富裕的历史阶段。”这充分表明我们党把促进全体人民共同富裕摆在更加突出的位置上。作为人口规模巨大的国家，中国实现共同富裕的宏伟目标将逐渐变成现实。

为人类自由解放作出中国贡献。习近平总书记指出：“马克思主义博大精深，归根到底就是一句话，为人类求解放。”秉持这样的共产主义理想信念和天下情怀，习近平总书记提出构建人类命运共同体，强调“我们要实现的中国梦，不仅造福中国人民，而且造福各国人民”。发起共建“一带一路”倡议，提出全球治理观、新安全观、新发展观、正确义利观等一系列占据国际道义制高点的全新理念；强调“中国开放的大门只会越开越大”，推出一系列让更多国家搭乘中国发展快车的积极举措；提出并推动践行全球发展倡议、全球安全倡议、全球文明倡议，为促进共同发展繁荣作出中国贡献，也为探求人类自由解放道路作出中国探索。

展现实践的理论的巨大威力

马克思主义具有鲜明的实践品格，不仅致力于科学“解释世界”，而且致力于积极“改变世界”，指引着人民改造世界的行动。实践的观点是马克思主义认识论的基本观点，实践性是马克思主义理论区别于其他理论的显著特征，也是习近平新时代中国特色社会主义思想的鲜明品格。习近平总书记指出：“一种理论的产生，源泉只能是丰富生动的现实生活，动力只能是解决社会矛盾和问题的现实要求。”在与实践的良性互动中，习近平新时代中国特色社会主义思想为新时代中国正在进行的伟大实践提供了科学指引。

以解决社会矛盾和问题为理论出发点。习近平新时代中国特色社会主义思想是在扎根现实土壤、回应实践需求、回答时代课题中萌发、形成和不断发展的。习近平总书记作出的重大判断和重大结论，都是基于对社会矛盾和问题的科学分析。比如，针对我国发展不平衡不充分，不能完全满足人民日益增长的美好生活需要的问题，作出我国社会主要矛盾发生变化的科学判断，明确了今后一个时期全党工作的战略重点和主攻方向；基于对我国经济发展“三期叠加”的分析，作出经济发展进入新常态的判断，提出贯彻新发展理念、推动经济高质量发展、建设现代化经济体系、推进供给侧结构性改革等一系列重要思想，为我国经济长期稳定发展提供了根本遵循；针对我国意识形态领域一度出现的被动局面，提出加强党对意识形态工作的领导等重要思想，使我国意识形态领域形势发生了全局性、根本性转变。这样的问题导向，充分彰显了习近平新时代中国特色社会主义思想直面问题的政治勇气、理论魅力和唯实务实的思想品格。

在实践中发挥巨大引领作用。习近平新时代中国特色社会主义思想的实践性特征，突出体现为其巨大的现实解释力和实践引领力。党的十八大以来，正是在这一重要思想指引下，党和国家事业取得历史性成就、发生历史性变革，解决了许多长期想解决而没有解决的难题，办成了许多过去想办而没有办成的大事，把新时代中国特色社会主义更加有力地推向前进。过去十年，我们经受住了来自政治、经济、意识形态、自然界等方面的风险挑战考验，完成了脱贫攻坚、全面建成小康社会的历史任务，实现了第一个百年奋斗目标，我国经济实力、科技实力、综合国力跃上新的大台阶，人民群众获得感、幸福感、安全感显著增强，中国共产党领导和我国社会主义制度优势进一步彰显，推动我国迈上全面建设社会主义现代化国家新征程，中华民族伟大复兴向前迈出了新的一大步。

在与实践的良性互动中不断丰富发展。习近平新时代中国特色社会主义思想坚持把人民的创造性实践作为理论创新的不竭源泉，始终在实践中吸收养分，不断进行理论创新创造。比如，习近平总书记从中国特色社会主义发展和当代中国发展进步的全局出发，进一步深化对我国国家制度和国家治理体系建设的规律性认识，把制度建设摆到更加突出的位置、进行系统总结并提出发展方向和工作要求；面对开启全面建设社会主义现代化国家新征程的要求，提出我国进入新发展阶段的重大判断；面对世界百年未有之大变局进入加速演变期、经济全球化遭遇逆流的国际形势，提出构建以国内大循环为主体、国内国际双循环相互促进的新发展格局的重大战略思想；等等。实践是多彩的，基于实践的理论之树常青。习近平新时代中国特色社会主义思想必将在与实践的良性互动中展现出更加强大的实践威力。

凸显不断发展的开放的理论的鲜明品格

马克思主义是随着时代、实践、科学发展而不断发展的开放的理论体系，它并没有结束真理，而是开辟了通向真理的道路。习近平新时代中国特色社会主义思想的开放性不仅体现在对人类创造的一切文明成果的学习借鉴上，更在于始终坚持把马克思主义基本原理同中国具体实际、同中华优秀传统文化相结合，坚持继承与发展、守正与创新相统一，不断开辟马克思主义中国化时代化新境界。

坚持与时俱进的理论品格。党的十八大以来，习近平总书记运用“两个结合”“六个必须坚持”等科学方法，结合新的时代条件和实践要求提出一系列新理念新思想新战略，为发展马克思主义哲学、政治经济学、科学社会主义作出原创性贡献。比如，在马克思主义哲学方面，准确把握矛盾运动的对立统一规律，强调发扬斗争精神、增强斗争本领，体现以自觉的斗争实践打开新天地、夺取新胜利的哲学思辨；在马克思主义政治经济学方面，运用马克思主义政治经济学基本原理和方法论认识经济运动过程，提出新发展阶段、新发展理念、新发展格局、高质量发展等概念范畴，开辟了当代中国马克思主义政治经济学发展的新境界；在科学社会主义方面，运用科学社会主义基本原则和马克思主义国家理论，探讨中国特色社会主义制度和国家治理现代化的关系，实现了马克思主义国家制度理论的创新发展；等等。随着时代条件的不断发展变化，习近平新时代中国特色社会主义思想还将为发展马克思主义作出更多原创性贡献。

吸收人类一切优秀文明成果。不拒众流，方为江海。习近平新时代中国特色社会主义思想坚持用宽广的视野、开放的胸怀吸收人类创造的一切优秀文明成果，从不同文明中寻求智慧、汲取营养。习近平总书记高度重视把马克思主义基本原理同中华优秀传统文化相结合，同时高度重视不同文明包容共存、交流互鉴，强调“文明因多样而交流，因交流而互鉴，因互鉴而发展”“要更加积极主动地学习借鉴人类创造的一切优秀文明成果”。习近平新时代中国特色社会主义思想必将引领中国以更加开放的姿态拥抱世界，以更有活力的中华民族现代文明贡献世界。

始终站在时代发展前沿。马克思主义开放性的一个重要体现，就在于始终立于时代潮头，为回答前沿问题贡献理论智慧。习近平新时代中国特色社会主义思想始终站在时代发展前沿，不断探索时代提出的崭新课题，回应全人类共同面临的挑战。比如，密切关注新一轮科技革命和产业变革的深远影响，聚焦量子科技、区块链等前沿科技领域，强调加快基础研究突破和关键核心技术攻关，引领新一轮科技革命和产业变革方向；密切关注信息技术导致舆论生态、媒体格局、传播方式发生的深刻变化，强调加快推动媒体融合发展，形成网上网下同心圆；站在引领时代潮流和人类文明进步的高度，倡导建设持久和平、普遍安全、共同繁荣、开放包容、清洁美丽的世界，为解决全球性问题贡献了中国智慧、中国方案。

（《人民日报》2023 年 9 月 19 日第 9 版）

第四篇

以跳出历史周期率为战略目标

以跳出历史周期率为战略目标

——牢牢把握“九个以”的实践要求深入推进党的自我革命

人民日报评论部

1945 年 7 月，在延安的窑洞里，黄炎培先生提出了如何跳出历史周期率的问题。自成立以来，我们党始终在思索、一直在探索。2022 年 10 月 27 日，党的二十大闭幕不到一周，习近平总书记带领二十届中共中央政治局常委来到中国革命“胜利的出发点”延安，重温毛泽东同志与黄炎培先生的“窑洞对”，郑重宣示“勇于推进党的自我革命，坚定不移推进全面从严治党，始终保持党的先进性和纯洁性，确保党始终成为中国特色社会主义事业的坚强领导核心”。强烈的忧患意识，高度的历史自觉，指引百年大党奋力开创党的自我革命新局面。

跳出历史周期率问题，是关系党千秋伟业的重大问题，关系党的生死存亡，关系我国社会主义制度的兴衰成败。面对这样一个战略性问题，党的十八大以来，以习近平同志为核心的党中央带领全党以前所未有的决心力度推进全面从严治党，在毛泽东同志当年给出“让人民来监督政府”的第一个答案基础上，给出了第二个答案，那就是不断推进党的自我革命。在二十届中央纪委三次全会上，习近平总书记明确提出“九个以”的实践要求，其中之一是“以跳出历史周期率为战略目标”。这一重要要求，彰显了我们党自我净化、自我完善、自我革新、自我提高的高度自觉。

自1921年成立以来，我们党已经走过了100余个春秋，党员数量从50多人增加到9800多万人。历史这么长，规模这么大，执政这么久，进行着伟大而艰巨的事业，最为宝贵的就是历经沧桑而初心不改、饱经风霜而本色依旧。100多年来，我们党外靠发展人民民主、接受人民监督，内靠全面从严治党、推进自我革命，勇于坚持真理、修正错误，勇于刀刃向内、刮骨疗毒，保证了党长盛不衰、不断发展壮大。跳出历史周期率的两个答案——勇于自我革命和接受人民监督是内在一致的，都源于党的初心使命。我们党作为世界上最大的马克思主义执政党，以跳出历史周期率为战略目标，确保党永远不变质不变色不变味，不仅是历史的昭示、时代的需要、人民的呼唤，更体现出对严峻复杂考验的清醒认识、对初心使命的执着坚守。

历史和现实都表明，在长期执政条件下，各种弱化党的先进性、损害党的纯洁性的因素无时不有，各种违背初心和使命、动摇党的根基的危险无处不在，党员干部中容易出现承平日久、精神懈怠的心态，时常面临被“腐蚀”“围猎”的风险。常青之道，贵在自胜。自我革命就是补钙壮骨、排毒杀菌、壮士断腕、去腐生肌，不断清除侵蚀党的健康肌体的病毒，不断提高自身免疫力。以中央八项规定为切入口纠治一些多年未除的顽瘴痼疾，以猛药去疴、重典治乱的决心深入推进党风廉政建设，以刮骨疗毒、壮士断腕的勇气“打虎”“拍蝇”“猎狐”……没有自我革命的战略擘画，没有全面从严治党的革命性锻造，就不会有今天这样一个高度团结、坚强有力的中国共产党。实践充分表明，严肃认真地对待自身建设，高度自觉地以科学的态度、体系化的方式推进自我革命，“这是我们党的显著优势，也是引领时代的制胜之道”。

“赶考”永无止境，自我革命永远在路上。强国建设、民族复兴的宏伟目标令人鼓舞、催人奋进，我们这一代共产党人使命光荣、责任重大。如何防止马克思主义政党在长期执政条件下腐化变质，永葆党的先进性和纯洁性、增强党的凝聚力和战斗力，仍是我们党最为紧迫、最为要害、最为根本的大问题。成其身而天下成，治其身而天下治。要保证我们党永葆生机活力，担负起新时代的历史使命，始终成为马克思主义执政党，就必须以“革命者必先自我革命”的坚定意志和决心，继续推进自我革命，把党建设得更加坚强有力。

先进的马克思主义政党不是天生的，而是在不断自我革命中淬炼而成的。正是在访问延安后，黄炎培先生感慨：“我认为中共朋友最可宝贵的精神，倒是不断地要好，不断地求进步，这种精神充分发挥出来，前途希望是无限的。”百年风霜雪雨、百年大浪淘沙，正是因为坚持自我革命，我们党才能饱经磨难而生生不息，历经千锤百炼仍朝气蓬勃，成为打不倒、压不垮的马克思主义政党。击鼓催征再出发，以跳出历史周期率为战略目标，坚定不移推进全面从严治党，我们党一定能在新的赶考之路上继续创造令人刮目相看的新的更大奇迹。

（《人民日报》2024 年 1 月 23 日第 5 版）

以跳出历史周期率为战略目标
——准确把握推进自我革命“九个以”的实践要求

刘靖北

如何成功跳出治乱兴衰历史周期率、确保党永远不变质不变色不变味？党的十八大以来，以习近平同志为核心的党中央带领全党以前所未有的决心力度推进全面从严治党，在毛泽东同志当年给出“让人民来监督政府”的第一个答案基础上，给出了第二个答案，那就是不断推进党的自我革命。在二十届中央纪委三次全会上，习近平总书记深刻阐述党的自我革命的重要思想，明确了推进自我革命“以跳出历史周期率为战略目标”。我们要深刻认识和把握这一实践要求的重大意义，始终坚持目标导向，奋力开创党的自我革命新局面，不断巩固党的长期执政地位。

古人说：“成其身而天下成，治其身而天下治。”中华优秀传统文化具有“内省不疚，夫何忧何惧”的自省精神。《左传》讲：“禹汤罪己，其兴也勃焉；桀纣罪人，其亡也忽焉。”这就是说，检视自身、常思己过，才能蓬勃兴旺；看不到自己的问题，只从别人身上找原因，就会迅速败亡。中国共产党在百余年的奋斗历程中，坚持把马克思主义基本原理同中国具体实际相结合、同中华优秀传统文化相结合，不断深化对马克思主义政党建设规律、共产党执政规律的认识。不断推进党的自我革命，就是在深刻把握马克思主义政党建设规律、共产党执政规律的基础上给出的第二个答案。在长期的奋斗历程中，我们党领导人民建立和完善人民当家作主的制度体系，不断发展全过程人民民主，完善以党内监督为主导、各类监督贯通协调机制，构建起一套行之有效的权力监督制度和执纪执法体系，以敢于刀刃向内、刮骨疗毒的勇气，一次次拿起手术刀来革除自身的病症，一次次靠自己解决了自身问题。

作为现代化事业的引领和推动力量，政党的价值理念、领导水平、治理能力、精神风貌、意志品质直接关系国家现代化的前途命运。我们党是中国式现代化的坚强领导核心。跳出历史周期率，就是要始终保持党的先进性和纯洁性、实现党长期执政。只有解决好这个战略性问题，中国式现代化才能前景光明、繁荣兴盛，中华民族伟大复兴的奋斗目标才能顺利实现。党的十八大以来，习近平总书记强调“必须时刻保持解决大党独有难题的清醒和坚定”，以“不管党、不抓党就有可能出问题甚至出大问题”的强烈历史自觉和主动精神推进全面从严治党。我们坚持全面从严治党战略方针，不断深化新时代全面从严治党的伟大实践，外靠发展人民民主、接受人民监督，内靠全面从严治党、推进自我革命，并把人民监督和自我革命紧密结合，探索出一条长期执政条件下解决自身问题、跳出历史周期率的成功道路，党的自我净化、自我完善、自我革新、自我提高能力显著增强，积累了跳出历史周期率的丰富经验。

我们党要跳出治乱兴衰历史周期率，就要以永远在路上的坚韧和执着把党的自我革命进行到底。我们决不能因反腐败斗争取得压倒性胜利并全面巩固而骄傲自满，决不能因党的自我革命不断向纵深发展而沾沾自喜。我们党对跳出历史周期率的探索，已经取得来之不易的成就，但还远未到大功告成的时候。要时刻保持对反腐败斗争新情况新动向的清醒认识，对腐败问题产生土壤和条件的清醒认识，始终锚定跳出历史周期率的战略目标来谋划自我革命、推进自我革命。要在不敢腐上持续加压，保持惩治腐败高压态势；在不能腐上深化拓展，进一步健全反腐败法规制度；在不想腐上巩固提升，加强新时代廉洁文化建设。通过纵深推进全面从严治党、党的自我革命，确保我们党成为永远打不倒、压不垮的马克思主义政党，为以中国式现代化全面推进强国建设、民族复兴伟业提供坚强保障。

（《人民日报》2024 年 2 月 1 日第 9 版）

中国共产党对跳出历史周期率的探索历程及启示

韩振峰

历史周期率指的是一个国家政权通过兴衰治乱、往复循环所呈现出来的周期性现象。如何跳出历史周期率是中国共产党人百年探索的一个重大历史和现实课题。在党的十九届六中全会第二次全体会议上，习近平总书记明确提出："我们党历史这么长、规模这么大、执政这么久，如何跳出治乱兴衰的历史周期率？"在党的二十大报告中，习近平总书记明确指出："经过不懈努力，党找到了自我革命这一跳出治乱兴衰历史周期率的第二个答案，自我净化、自我完善、自我革新、自我提高能力显著增强，管党治党宽松软状况得到根本扭转，风清气正的党内政治生态不断形成和发展，确保党永远不变质、不变色、不变味。"认真总结我们党对跳出治乱兴衰历史周期率的探索历程和经验启示，对新时代全面加强党的建设伟大工程、全面推进中华民族伟大复兴，具有十分重要的现实意义和深远的历史意义。

一

新民主主义革命时期，为了彻底结束旧中国半殖民地半封建社会的历史，建立人民当家作主的国家政权，实现民族独立和人民解放，中国共产党从成立之初就开始了对民主政治的艰辛探索。

1921 年 7 月，党的一大通过的政治纲领就明确提出“承认无产阶级专政”“承认苏维埃管理制度”，强调地方组织中的党员必须接受“地方执行委员会的严格监督”，“地方委员会的财务、活动或政策，应受中央执行委员会的监督”。1922 年 6 月 15 日颁发的《中国共产党对于时局的主张》中指出，民主政治“是由一个能建设新的政治组织应付世界的新环境之民主党或宗旨相近的数个党派之联合，用革命的手段完全打倒非民主的反对派官僚军阀，来掌握政权的意思”。这是我们党的文件中第一次对“民主政治”作出诠释。其后，随着党领导革命事业的不断发展，党对如何取得新民主主义革命胜利、建立人民当家作主的国家政权进行了不懈探索。

1944 年 3 月，郭沫若撰写的《甲申三百年祭》发表。毛泽东同志看后非常赞赏，认为这篇文章对于即将成为马克思主义执政党的中国共产党具有重要意义，于是他指示将此文作为延安整风学习的重要文件。同年，毛泽东同志在《学习和时局》一文中指出：“我党历史上曾经有过几次表现了大的骄傲，都是吃了亏的。”接着，他列举了 1927 年上半年、1930 年、1931 年、1938 年这几次“大的骄傲”而“吃了亏”的教训，进而指出：“全党同志对于这几次骄傲，几次错误，都要引为鉴戒。近日我们印了郭沫若论李自成的文章，也是叫同志们引为鉴戒，不要重犯胜利时骄傲的错误。”

1945 年 7 月，毛泽东同志在延安窑洞和时任国民参政员的黄炎培先生有过几次谈话，有一次他请黄炎培先生谈谈考察延安后的感想，黄炎培深思后说：我生六十多年，耳闻的不说，所亲眼见到的，真所谓“其兴也勃焉”“其亡也忽焉”，不少单位都没有能跳出这周期率的支配力。黄炎培先生指出，他了解到中国共产党从过去到现在，一直希望能找到一条新路，来跳出这个历史周期率的支配。毛泽东同志听后掷地有声地回答，我们已经找到了新路，我们能跳出这周期率。这条新路，就是民主。只有让人民来监督政府，政府才不敢松懈。只有人人起来负责，才不会人亡政息。当年毛泽东和黄炎培在延安窑洞关于历史周期率的对话被称为“窑洞对”，对中国共产党正确解决好为谁执政、怎样执政等重大问题起到了极为重要的鞭策和警示作用。

1949 年 3 月，党中央在西柏坡召开了党的七届二中全会。会上，毛泽东同志明确提出了“两个务必”的重要思想，强调“务必使同志们继续地保持谦虚、谨慎、不骄、不躁的作风，务必使同志们继续地保持艰苦奋斗的作风”，同时他还提醒全体共产党员必须高度警惕资产阶级“糖衣炮弹”的攻击。同年 3 月 23 日，中共中央从西柏坡动身前往北平。临行前，毛泽东同志说：“今天是进京赶考的日子。”周恩来同志回应道：“我们应当都能考试及格，不要退回来。”毛泽东同志说：“我们决不当李自成，我们都希望考个好成绩。”

二

新中国成立后，中国共产党成为执政党。执政党能否跳出历史周期率便成为中国共产党必须解决的一个关系党的生死存亡的关键问题。进入社会主义革命和建设时期后，由于党的执政地位的变化，党内个别意志薄弱者经不起执政条件下来自多方面的“糖衣炮弹”的攻击，开始滑向官僚主义或腐败的泥潭。针对这种现象，毛泽东同志要求全党同志特别是党的领导干部必须继承和发扬党的优良传统，坚持党的群众路线，坚决反对形形色色的官僚主义。他多次强调要大力加强党内监督、民主党派监督和人民群众的监督，同时领导全党适时开展了“三反”“五反”运动，果断处置了刘青山、张子善违法犯罪案件，在全党和全国人民中产生了深远影响。1956 年 11 月，毛泽东同志在党的八届二中全会上指出：“我们一定要警惕，不要滋长官僚主义作风，不要形成一个脱离人民的贵族阶层。”同时要求“以后凡是人民内部的事情，党内的事情，都要用整风的方法，用批评和自我批评的方法来解决，而不是用武力来解决”。1957 年 2 月，毛泽东同志在最高国务会议第十一次（扩大）会议上作了《关于正确处理人民内部矛盾的问题》重要讲话。在这篇讲话中，他强调：“国家机构中某些官僚主义作风的存在，国家制度中某些环节上缺陷的存在”是“和社会主义的经济基础相矛盾的”，“我们的社会主义制度还需要有一个继续建立和巩固的过程”，为此我们必须正确区分两类不同性质的矛盾，尤其要正确处理和解决好人民内部矛盾，只有这样才能真正“巩固我们的新制度，建设我们的新国家”。

三

党的十一届三中全会后，以邓小平同志为主要代表的中国共产党人在带领全党和全国人民奋力推进我国改革开放和现代化建设的同时，也站在新时期马克思主义执政党建设的历史维度，对事关能否跳出历史周期率的执政党党风建设问题、反腐倡廉问题、民主法治建设问题等进行了一系列思考和探索。邓小平同志高度赞同陈云同志提出的“党风问题是有关党的生死存亡的问题”的重要论断，针对党内部分干部出现贪污腐败现象以及改革开放过程中出现的各种社会不良风气，邓小平同志一针见血地指出：“不惩治腐败，特别是党内的高层的腐败现象，确实有失败的危险。”“如果我们党不严重注意，不坚决刹住这股风，那么，我们的党和国家确实要发生会不会‘改变面貌’的问题。”如何解决党风不正以及由此形成的贪污腐败现象呢？邓小平同志认为必须从加强民主法治建设入手来解决这些问题，他指出：“民主和法制，这两个方面都应该加强，过去我们都不足。要加强民主就要加强法制”，“社会主义民主和社会主义法制是不可分的。不要社会主义法制的民主，不要党的领导的民主，不要纪律和秩序的民主，决不是社会主义民主。”如何才能加强民主和健全法治呢？邓小平同志认为必须使之制度化，他指出，“制度问题更带有根本性、全局性、稳定性和长期性”。以江泽民同志为主要代表的中国共产党人和以胡锦涛同志为主要代表的中国共产党人，也分别就中国共产党如何跳出历史周期率问题进行过深入思考和艰辛探索，江泽民同志提出的作为“立党之本、执政之基、力量之源”的“三个代表”重要思想、胡锦涛同志提出的加强党的先进性建设和党的执政能力建设等重要思想，都是这一探索的重要成果。

四

党的十八大以来，以习近平同志为核心的党中央着眼于实现中华民族伟大复兴战略全局和世界百年未有之大变局，立足新时代党的建设新的伟大工程，对新时代中国共产党人如何跳出历史周期率问题进行了深入系统的探索。2012 年 11 月，习近平总书记在十八届中央政治局第一次集体学习时就明确向全党提出了“腐败问题越演越烈，最终必然会亡党亡国”的警示。同年 12 月，习近平总书记在走访各民主党派中央和全国工商联并座谈时便谈到了当年毛泽东与黄炎培关于如何跳出治乱兴衰历史周期率的著名对话。2013 年 6 月，习近平总书记在党的群众路线教育实践活动工作会议上的讲话中，在列举了党内存在的“四风”问题后，强调对作风之弊、行为之垢来一次大排查、大检修、大扫除，切实解决人民群众反映强烈的突出问题。同年 12 月，习近平总书记在纪念毛泽东同志诞辰 120 周年座谈会上的讲话中，再次告诫广大党员要牢记毛泽东同志提出的“我们决不当李自成”的深刻警示，牢记“两个务必”，牢记“生于忧患，死于安乐”的古训，着力解决好“其兴也勃焉，其亡也忽焉”的历史性课题，增强党要管党、从严治党的自觉，提高党的执政能力和领导水平，增强党自我净化、自我完善、自我革新、自我提高能力。2017 年 10 月，习近平总书记在党的十九大报告中明确指出：“腐败是我们党面临的最大威胁。只有以反腐败永远在路上的坚韧和执着，深化标本兼治，保证干部清正、政府清廉、政治清明，才能跳出历史周期率，确保党和国家长治久安。”我们党历史这么长、规模这么大、执政这么久，如何跳出治乱兴衰的历史周期率？ 2021 年 11 月 11 日，习近平总书记在党的十九届六中全会第二次全体会议讲话中明确指出：“毛泽东同志在延安的窑洞里给出了第一个答案，这就是‘只有让人民来监督政府，政府才不敢松懈’。经过百年奋斗特别是党的十八大以来新的实践，我们党又给出了第二个答案，这就是自我革命。”在党的二十大报告中，习近平总书记再次强调了我们党找到了“自我革命这一跳出治乱兴衰历史周期率的第二个答案”，并深刻阐释了其对“确保党永远不变质、不变色、不变味”的重大意义。习近平总书记关于自我革命是跳出历史周期率的“第二个答案”的重要论断，创造性地回答了中国共产党怎样保持自身先进性和纯洁性、如何从人民监督和自我革命相结合的高度解决跳出“历史周期率”这一重大历史和现实课题，极大地丰富和发展了马克思主义执政党建设的理论宝库。

五

习近平总书记在十九届中央纪委六次全会上指出："一百年来，党外靠发展人民民主、接受人民监督，内靠全面从严治党、推进自我革命，勇于坚持真理、修正错误，勇于刀刃向内、刮骨疗毒，保证了党长盛不衰、不断发展壮大。"中国共产党长期探索如何跳出治乱兴衰"历史周期率"的艰辛历程，对新时代党和国家建设具有重要启示：一要始终坚持党的领导，坚定不移推进党的自我革命。勇于自我革命是中国共产党区别于其他政党的显著标志，是我们党永葆先进性和纯洁性的制胜法宝。新时代必须始终坚持用伟大自我革命引领伟大社会革命，推进党和国家事业不断取得新的历史性成就。二要始终不渝坚持人民民主。人民民主是中国共产党人始终高举的旗帜，实现和发展人民民主贯穿我们党百年奋斗的全过程，新时代我们要更好地坚持全过程人民民主，推动中国民主道路越走越宽广。三要继续健全和完善科学的监督体系。党和国家监督体系是我们党推进自我革命的重要保障。新时代我们必须不断健全和完善行之有效的权力监督和执纪执法体系，确保权力在正确轨道上运行。四要坚持不懈把反腐败斗争进行到底。能否取得反腐败斗争的彻底胜利是决定我们党能否跳出历史周期率的根本性问题。新时代新征程我们要以永远在路上的执着把全面从严治党引向深入，开创全面从严治党新局面。五要始终如一地保持党与人民群众的血肉联系。中国共产党根基在人民、血脉在人民。新时代新征程我们要坚持以人民为中心的发展思想，不断倾听群众呼声，反映群众意见，汇集群众智慧，使党的各项决策更好地体现最广大人民群众的愿望和要求。

（《光明日报》2022年11月23日第11版）

以自我革命破解历史周期率难题

甄占民

以自我革命精神永葆党的先进性和纯洁性，以伟大自我革命引领伟大社会革命，是习近平新时代中国特色社会主义思想中极为重要、极具标志意义的内容，也是党的十八大以来中国共产党在破解历史周期率难题上的伟大实践。习近平总书记在党的十九届六中全会上明确指出：我们党历史这么长、规模这么大、执政这么久，如何跳出治乱兴衰的历史周期率？毛泽东同志在延安的窑洞里给出了第一个答案，这就是“只有让人民来监督政府，政府才不敢松懈”。经过百年奋斗特别是党的十八大以来新的实践，我们党又给出了第二个答案，这就是自我革命。

自我革命是马克思主义政党的本质要求，是具有深刻理论内涵和实践内容的重大命题

自我革命主要是指主体对自己自觉、自主、自动的革命性行动。就中国共产党自我革命而言，主要是指通过不断的自我净化、自我完善、自我革新、自我提高，经常解决自身存在的问题，克服自身存在

的缺点，始终保持生机活力的过程。自我净化、自我完善、自我革新、自我提高这“四个自我”，既相互区别又相互联系，既有破又有立，既有施药动刀的治病之法又有固本培元的强身之举，是勇于自我革命的生动实践和具体体现。中国共产党推动自身建设、进行理论创新、带领人民进行伟大斗争，必然遇到各种考验、风险和挑战；应对考验、战胜风险和挑战，都需要不断提升自我、完善自我，把自身变得更加强大。提升完善自我的过程实质上也就是自我革命的过程。党的十八大以来，习近平总书记提出自我革命的重要命题，就是要刀刃向内主动革除党自身存在的问题、改掉自身的缺点，以确保党自身能够与时俱进，适应时代需要，解决党面临的各种考验、风险和挑战。

对中国共产党而言，自我革命既是一种精神自觉，又是一种实际行动。这种精神贯穿党的百年，这种实践同样贯穿党的百年。之所以强调中国共产党自我革命是一种精神自觉，主要是由于中国共产党是以辩证唯物主义和历史唯物主义为指导的马克思主义政党。马克思主义认为，客观事物一直处于不断发展变化的过程中，这一过程符合辩证的逻辑，具有革命的特点。马克思深刻指出：“辩证法在对现存事物的肯定的理解中同时包含对现存事物的否定的理解，即对现存事物的必然灭亡的理解；辩证法对每一种既成的形式都是从不断的运动中，因而也是从它的暂时性方面去理解；辩证法不崇拜任何东西，按其本质来说，它是批判的和革命的。”同时，马克思主义的科学性、人民性、实践性等理论品格，也自然要求无产阶级政党具有自我革命的自觉。正如毛泽东所说：“我们这个队伍完全是为着解放人民的，是彻底地为人民的利益工作的。”“因为我们是为人民服务的，所以，我们如果有缺点，就不怕别人批评指出。不管是什么人，谁向我们指出都行。只要你说得对，我们就改正。”

勇于自我革命，是习近平新时代中国特色社会主义思想的重要组成部分，也是习近平总书记关于党的建设重要思想中的原创性观点。自我革命的实践自觉成立后就开始了，而党的十八大后习近平总书记提出自我革命，是党的理论创新、理论自觉的鲜明表现。党的十八大以来，习近平总书记高度重视管党治党，着力推动全面从严治党，多次强调党必须进行自我革命，既论述了进行自我革命的必然性和重要意义，也论述了进行自我革命的路径，强调中央政治局要带头做勇于自我革命的战士；既论述了要把自我革命和社会革命统一起来，也论述了自我革命对于社会革命的引领作用，形成了较为完整的一套中国共产党自我革命思想。这一思想来源于马克思主义经典作家的重要论述，来源于中国共产党自身建设的百年实践，来自习近平总书记对党的建设新的伟大工程的深刻洞见。

自我革命是党最鲜明的品格和最大的优势，是解释我们党为什么能长盛不衰的重要原因

中国共产党是以马克思主义理论为指导建立起来的政党。马克思主义所具有的实事求是的科学性品格、追求人类解放的人民性品格、坚持唯物辩证法的批判性品格、知行合一的实践性品格，都赋予其鲜明的革命特质，都要求其不断改造客观世界和主观世界，不断进行最坚决、最彻底的革命斗争。在马克思主义政党所进行的革命之中，自我革命是首当其冲的。马克思说过，无产阶级革命与其他革命不同之处就在于：它自己批评自己，并靠批评自己壮大起来。列宁讲过：“一个政党对自己的错误所抱的态度，是衡量这个党是否郑重，是否真正履行它对本阶级和劳动群众所负义务的一个最重要最可靠的尺度。公开承认错误，揭露犯错误的原因，分析产生错误的环境，仔细讨论改

正错误的方法——这才是一个郑重的党的标志。”

习近平总书记指出：勇于自我革命，是我们党最鲜明的品格，也是我们党最大的优势。中国共产党的伟大不在于不犯错误，而在于从不讳疾忌医，敢于直面问题，勇于自我革命，具有极强的自我修复能力。作为马克思主义性质的政党，作为中国工人阶级的先锋队同时又是中国人民和中华民族的先锋队，中国共产党一经成立就确立起为中国人民谋幸福、为中华民族谋复兴的初心使命，就开始了实现国家独立、民族解放、国家富强、人民幸福的奋斗征程。这是一个伟大、光荣的征程，也是一个艰巨、复杂的征程，更是一个有着崇高追求的先进政党不断强化历史担当、实现自我超越的历史进程。这样的历史进程，必然要求中国共产党不断进行自我革命，一刻不放松地解决自身存在的问题，以勇于自我革命精神打造和锤炼过硬的政治领导力、思想引领力、群众组织力、社会号召力。

在 2017 年 2 月 13 日省部级主要领导干部学习贯彻党的十八届六中全会精神专题研讨班上，习近平总书记深刻指出：“我们党为什么能够在现代中国各种政治力量的反复较量中脱颖而出？为什么能够始终走在时代前列、成为中国人民和中华民族的主心骨？根本原因在于我们党始终保持了自我革命精神，保持了承认并改正错误的勇气，一次次拿起手术刀来革除自身的病症，一次次靠自己解决了自身问题。”“这种能力既是我们党区别于世界上其他政党的显著标志，也是我们党长盛不衰的重要原因所在。”

百年以来，中国共产党依靠自我革命始终保持同人民群众的血肉联系，做最广大人民利益的代表者、维护者和实现者，做人类崇高事业的坚定信仰者和忠实推动者，这正是中国共产党的伟大之处。中国共产党百年来依靠自我革命，不断发现真理和坚持真理，不断深化对共产党执政规律、社会主义建设规律、人类社会发展规律的认识和把握，从而能够在复杂多变的现实环境中保持战略定力，在危机中育先机、于变局中开新局，始终走在真理的道路上。因此，勇于自我革命锻造了伟大光荣正确的中国共产党，确保了我们党能够在复杂的执政环境中保持先进性和纯洁性，确保了我们党在长期历史奋斗中经得住各种危险考验，确保了我们党始终得到人民拥护和支持。在苦难辉煌的奋斗征程中，自我革命已经成为渗透在中国共产党人血脉中的红色基因，已经熔铸为中国共产党人独特的精神标识。自我革命既是支撑中国共产党长期稳定执政的独特政党优势，也是支撑经济快速发展奇迹和社会长期稳定奇迹的中国特色社会主义政治制度优势的关键所在。

自我革命是中国共产党区别于其他政党的显著标志，是全面从严治党的思想支撑与动力支持

思考全面从严治党，首先要弄清为什么要严，深刻把握贯穿其中的内在思想逻辑。我们党是以马克思主义为科学指南的党，是中国工人阶级和中国人民、中华民族的先锋队，代表中国先进生产力的发展要求，代表中国先进文化的前进方向，代表中国最广大人民的根本利益。保持党的先进性，实现党的崇高使命和追求，必须在改造外部客观世界的同时，一刻不能放松对自身这个主观世界的改造，不能放松对自身问题的解决，使自己始终跟上时代、实践和人民的要求。党的十九届六中全会《决议》指出，“先进的马克思主义政党不是天生的，而是在不断自我革命中淬炼而成的”。因此，习近平总书记反复强调“打铁必须自身硬”，这个“硬”就内含着锤炼自身、降解杂质、提高纯度硬度的必然要求。在自我革命中保持自身先进性质和保证事业顺利发展，是从严管党治党的基本出发点和落脚点。在对全面

从严治党的强调中，凸显的是自我要求之严格，凸显的是我们党的历史担当。

思考全面从严治党，还要弄清如何去落实、去实现严的问题，深刻把握贯穿其中的精神动力。全面从严治党是从政治、思想、组织、作风和制度等方面贯彻从严要求的过程，是覆盖每一个党的组织、党的成员、党的干部的过程，是真管真严、敢管敢严、长管长严的推进过程。这必然是一项十分艰巨的任务，特别是对于中国共产党这样一个有着 500 多万个基层党组织和 9800 多万名党员的党来说，更是一项极其复杂的工程。要落实好这样的艰巨任务，除了严的标准、严的举措之外，真正带根本引领性和内在驱动力的，是一种坚持自我审视、反躬自省的高度清醒，是一种永不自满、永不懈怠的政治勇气。

新时代全面从严治党，无论从目的意义还是目标追求，无论从思想遵循还是动力支撑，都贯穿着强烈的自我革命精神。“形而上者谓之道，形而下者谓之器”。自我革命精神，作为我们党追求进步、自我完善的精神之魂，作为克服困难、战胜风险的基本理念，完全称得上是立党兴党强党之道。习近平总书记反复强调全党要保持清醒、居安思危，要增强忧患意识、树立问题导向，要应对“四大考验”、克服“四种危险”等，贯穿的是正视问题、解决问题的思想脉络，贯穿的是在自我革新中赢得党的创造力凝聚力战斗力的深刻道理。党的十八大以来以习近平同志为核心的党中央开辟了党的建设新的伟大工程的新境界，不仅体现在从严管党治党的举措和力度上，更体现在我们党自我革命的决心和意志上，这两个方面互为表里、有“形”有“魂”，进一步深化了我们对党的执政规律的认识，也是我们党执政睿智和担当精神的生动反映。可以说，革命精神已深深熔铸在党的基因和传统之中，也构成了党发展壮大的鲜明底色。在新的历史条件下，虽然党所处的时代环境和所面临的时代课题，较之革命年代已经有了根本性变化，但是对于共产党人而言，革命者的风范特别是马克思主义政党特有的自我革命精神，始终不能丢。

自我革命是把握政党政治与政党治理的关键所在，是挖掘中国比较政治优势和政治文明贡献的重要角度

政党政治是现代政治的基本形式，政党治理也是当今世界的共同命题。尤其是对执政党而言，处在执政地位、掌控执政资源，很容易在主政惯性的影响下，在执政业绩光环的照耀下，出现忽略自身不足、忽视自身问题的现象，陷入“革别人命容易，革自己命难”的境地。从这个意义上讲，执政党有没有强烈的自我革命精神，有没有自我净化的过硬特质，就成为决定其前途命运的关键因素，也同样关系到一个国家和社会政治活力的维系与构建。

习近平总书记指出：“自我监督是世界性难题，是国家治理的‘哥德巴赫猜想’。我们要通过行动回答‘窑洞之问’，练就中国共产党人自我净化的‘绝世武功’。”对于执政党的治理问题，有的人总喜欢拿我们党的问题特别是腐败现象来做文章，并由此产生对中国共产党领导的质疑，产生对西方多党制、“三权分立”等政治制度的迷恋。实际上，这既缺乏对不同政党性质宗旨的深刻认知，也缺乏对政党解决自身问题的态度、措施和力度的比较研究及实际分析。纵观各个国家执政党的发展历史，真正像中国共产党这样能够始终如一地正视自身问题、做到疾恶如仇，能够形成一整套自我约束纪律体系和制度体系，能够建立起一个庞大的纪检监察体系，能够严肃惩处一大批腐化变质分子的，可以说是少之又少。中国共产党建立形成的以自我革命精神为特质的管党治党模式，是以坚实的治理绩效为支撑的，是经得起历

史和实践检验的。我们党之所以强调自我革命问题，重要的在于我们党始终保持着对自身性质和权力来源的清醒认知，保持着对政治文明发展一般规律的应有敬畏。作为一个在大国执政的大党，保持这样的认知和敬畏，不仅使党走出了一条独具特色和优势的管党治党之路，也带领当代中国走出了一条独具特色和优势的政治发展之路，更为世界政治文明的发展贡献着中国智慧和中国方案。

如何建设一个强大有力的政党，是世界各国的政治家和专家学者长期研究和探索的重大课题。中国共产党用自身的成功实践为这一课题提供了新的智慧和方案，那就是勇于自我革命。勇于自我革命，正是中国共产党的鲜明品格和独特创造，这一政党建设的成功实践，为世界上其他想要加强自身建设的政党提供了新的智慧和方案。中国共产党的自我革命实践，深刻回答了一个政党该怎样加强自身能力建设的问题，深刻回答了一个政党该怎样保持长期执政地位的问题，深刻回答了一个政党该怎样清除自身隐患的问题，深刻回答了一个政党该怎样保持先进性和纯洁性的问题，等等。中国共产党也成功地通过自我革命的实践，实现了革命斗争的胜利，取得了领导核心的地位，实现了中国经济发展和社会稳定两大奇迹，为维护世界和平稳定担当了该担当的责任，可以骄傲地屹立于世界政党之林。中国共产党长期自我革命的历程和成就，从理论和实践两方面为世界其他政党提供了加强自身能力建设的智慧和经验。

总之，强调自我革命的要旨，就是要居安思危、未雨绸缪，对百年大党会不会变得老态龙钟、步履蹒跚、疾病缠身而时刻保持警惕。中国共产党的常青之道，就是在推动深刻的社会革命的同时进行彻底的自我革命。历史和现实充分证明，中国共产党肩负人民和民族的重托、承载人类文明发展进步的希望，一刻也不能停止自我革命。回望百年历史，中国共产党领导革命、建设、改革需要自我革命；展望未来事业，在全面建设社会主义现代化国家新征程上依然需要自我革命。统筹中华民族伟大复兴战略全局和世界百年未有之大变局，把新时代坚持和发展中国特色社会主义这场伟大社会革命进行好，我们党必须持之以恒进行自我革命，以“永远在路上”的执着使党永葆生机活力。

（《中国纪检监察报》2022 年 7 月 21 日第 5 版）

永葆党的先进性和纯洁性

郑敬斌

习近平总书记在二十届中央纪委三次全会上深刻阐述了党的自我革命的重要思想。这一思想凝结了新时代以来全面从严治党的丰富实践经验和重要理论成果，标志着我们党对马克思主义政党建设规律、共产党执政规律的认识达到新高度，科学回答了我们党为什么要自我革命、为什么能自我革命、怎样推进自我革命等一系列重大问题，为深入推进新时代党的建设新的伟大工程提供了有力思想武器和科学行动指南。其中，对我们党“为什么要自我革命”重大问题的科学回答，指明了全党永葆初心、担当使命的根本任务。自我革命作为中国共产党在长期实践中总结的跳出治乱兴衰历史周期率的第二个答案，是党领导14亿多人民以中国式现代化全面推进强国建设、实现民族复兴伟业的重要保证。只有坚持自我革命才能永葆党的先进性和纯洁性，确保党始终成为中国特色社会主义事业的坚强领导核心。

坚守初心使命
保持思想清醒需要坚持自我革命

先进的马克思主义政党不是天生的，而是在不断自我革命中淬炼而成。中国共产党作为经由淬炼而形成的先进的马克思主义政党，内在蕴含着政党先进性和纯洁性的目标追求，实现这一目标追求要求我们党必须坚持自我革命。首先，坚守初心使命需要坚持自我革命。习近平总书记指出，“为中国人民谋幸福，为中华民族谋复兴，是中国共产党人的初心和使命，是激励一代代中国共产党人前赴后继、英勇奋斗的根本动力。”作为在马克思主义指导下成立的无产阶级政党，中国共产党自成立之日起，就承担着引领中华民族摆脱压迫、实现人民解放和民族复兴的伟大历史责任，为中国人民谋幸福、为中华民族谋复兴更是成为中国共产党人的初心使命。在朝着宏伟目标胜利进军的征途上，中国共产党只有坚持自我革命，才能不断祛除顽瘴痼疾、有效克服艰难险阻，才能殚精伟大事业不放松、锚定伟大目标不偏向，才能充分发挥百年大党的政党魅力和实力，在坚守政党初心的过程中最终实现政党的使命。其次，保持思想清醒需要坚持自我革命。习近平总书记指出，“要时刻保持解决大党独有难题的清醒和坚定，勇于自我革命，一刻不停全面从严治党，坚定不移反对腐败，始终保持党的团结统一，确保党永远不变质、不变色、不变味，为强国建设、民族复兴提供坚强保证。”作为从幼年走向成熟、经历历史和实践考验的百年大党，中国共产党之所以能团结带领中国人民取得革命、建设、改革不同历史时期的伟大成就，就是因为保持了思想上的高度清醒。

新时代新征程，只有坚持自我革命，才能更好保持思想上的清醒，才能确保党永远不变质、不变色、不变味。思想清醒是行动正确的重要前提，要通过不断的、长期的、持续的党的自我革命祛杂质、强免疫、壮筋骨，进一步提高党的领导能力和执政水平，锻造出经受得住“四大考验”、抵御得住“四种危险”、解决得好“四个不纯”等问题的马克思主义先进政党。

永葆政党本色
做到政治坚定需要坚持自我革命

马克思主义政党的鲜明本色是无产阶级政党性质的集中体现，包括阶级性质与先锋队性质。永葆政党本色，坚守政党性质要求我们党必须坚持自我革命。首先，中国共产党具有无产阶级政党的阶级性质，“无产阶级的运动是绝大多数人的，为绝大多数人谋利益的独立的运动”，始终与人民心连心、同呼吸、共命运，坚持为人民谋利益，是马克思主义政党与其他政党的根本区别。中国共产党除了工人阶级和最广大人民群众的利益，没有自己特殊的利益，人民既是执政的基础，也是执政的力量。习近平总书记指出，“要永葆党的马克思主义政党本色，关键还得靠我们党自己。”为了贯彻党的宗旨，秉承阶级属性，必须坚持自我革命，才能以刀刃向内的决心和勇气清除一切影响党的先进性和纯洁性的不利因素，直面脱离群众这一最大危险，不断审视并反省自身，切实做到发展为了人民、发展依靠人民、发展成果由人民共享，确保党始终成为赢得人民群众支持和拥护的马克思主义执政党。其次，中国共产党具有无产阶级先锋队的性质，这一先进性一方面体现在共产党是由无产阶级中最先进的分子组成，另一方面体现在共产党是以先进的马克思主义理论作为指导思想，这便要求共产党人在思想理论和实践经验上都保持先进的特质，始终走在时代前列，才能顺利发挥无产阶级事业领导核心的作用，实现伟大的历史使命。

历史的经验教训启示我们，一个政党曾经先进不等于永远先进，曾经走在时代前列不等于永远走在时代前列，关键在于如何始终保持先进性和纯洁性。自我革命给出了一个回答，通过自我净化、自我完善、自我革新、自我提高，持续地改造和教育党员干部，强化党员对马克思主义的理解和把握，提升其政治意识和思想觉悟，从而在自我革命的过程中淬炼强化党的先进性，确保党始终成为中国特色社会主义事业的坚强领导核心。

改善党内政治生态
锤炼优良作风需要坚持自我革命

中国共产党作为组织规模庞大的政党，保持内部良好的政治生态和优良作风内在要求我们党必须坚持自我革命。习近平总书记指出，“做好各方面工作，必须有一个良好政治生态。”政治生态是地方或领域内政治生活以及政治发展环境的体现，是党风、政风、社风的综合反映，直接展现该领域党员干部的精神面貌，影响着党和国家各项事业的发展进步。党内的政治生态既由身处其间的全体党员推动形成，又以一种外在于个体的氛围与环境影响着党员的思想与行为。党内政治生态良好，全体党员便能统一思想，牢记党的性质和宗旨，齐心协力干事创业，勇敢面对各种风浪与考验，从而不断增强党组织的凝聚力与战斗力，使党和国家的事业顺利推进。反之，便会人心涣散、矛盾百出，对党的优良作风和生机活力造成损害，甚至可能危害党的执政基础，给党和国家的事业带来巨大损失。因此，严肃党内政治生活、净化党内政治生态，是党的建设中带有根本性、基础性的问题，关乎党的团结统一，关乎党的生死存亡。

党的十八大以来，以习近平同志为核心的党中央高度重视党内政治生态建设，坚决纠正各种不正之风，以零容忍态度惩治腐败，党内政治生态明显好转。但营造风清气正的政治生态绝非一朝一夕之功，需要长期坚持、时刻注意，才能将党始终建设得坚强有力，才能成功跳出治乱兴衰历史周期率。因此，需要持之以恒坚持自我革命，坚持从严管党治党，推进党风廉政建设和反腐败斗争，健全相关体制机制，加强新时代廉洁文化建设，整治选人用人上的不正之风，推动形成清清爽爽的同志关系、规规矩矩的上下级关系，促进政治生态山清水秀。

应对外部风险
提升执政本领需要坚持自我革命

世界环境日趋复杂，更好应对外部风险、持续提升执政本领，内在要求我们党必须坚持自我革命。

首先，从国际来看，“当今世界正经历百年未有之大变局，新冠疫情加剧了大变局的演变，国际环境日趋复杂，经济全球化遭遇逆流，一些国家单边主义、保护主义盛行，我们必须在一个更加不稳定不确定的世界中谋求我国发展。”国际力量“东升西降”的趋势越来越明显，但“西强东弱”的现实境况仍将持续存在，东西发展模式的争论进一步影响着国际权力格局，全球治理体系和国际秩序面临着深刻的调整，由此带来意识形态竞争激烈、国家利益分歧加剧、国际道义履行失序、全球治理赤字增加等一系列后果。面临如此错综复杂的外部环境，我们党更应严格要求自身，不断提高执政本领，坚持推进自我革命，以“打铁必须自身硬”的底气和实力，经受风高浪急甚至惊涛骇浪的重大考验，在国际风云变幻中确保中国特色社会主义事业行稳致远。

其次，从国内来看，我国正处于向着第二个百年奋斗目标进军的关键时期，在党的领导下已经成功探索出一条中国式现代化道路，迈上了全面建设社会主义现代化国家的新征程，政治、经济、文化、社会、生态方面都取得了长足进步，但仍然面临发展不平衡不充分，高质量发展存在短板，科技创新能力不强，城乡区域发展差距较大等诸多现实问题，对党的执政本领提出新的挑战。如此便需要坚持自我革命，用马克思主义中国化时代化最新成果武装头脑、指导实践、推动工作，积极借鉴吸收人类文明有益成果，引导并激励党员干部进行经验总结和理论创新，不断提高党把方向、谋大局、定政策、促改革的能力，全面增强履职尽责所必需的各方面本领，使党能够继续领导人民在新征程上谱写出绚烂华章。

远飞者当换其新羽，善筑者先清其旧基。新时代新征程，面对国内外形势的一系列新变化，我们党要巩固长期执政地位、永葆自身的先进性和纯洁性，就要深入学习贯彻习近平总书记关于党的自我革命的重要思想，在明晰我们党为什么要自我革命这一重大问题的基础上，秉持敢为人先的志气、迎难而上的勇气、革故鼎新的锐气，坚定不移推进党的伟大自我革命，主动照镜子、正衣冠、去毒瘤、强肌体，以伟大自我革命引领伟大社会革命，不断锻造始终走在时代前列的、作为中国人民和中华民族主心骨的马克思主义政党，进一步增强新时代坚持和发展中国特色社会主义的强大信心和坚实底气，始终为实现中华民族伟大复兴的中国梦提供强大的、先进的、纯洁的政党力量支撑。

（《中国纪检监察》2024 年第 4 期）

第五篇

以解决大党独有难题为主攻方向

以解决大党独有难题为主攻方向

——牢牢把握“九个以”的实践要求深入推进党的自我革命

人民日报评论部

2023年12月3日，习近平总书记专程来到位于江苏盐城市的新四军纪念馆参观。展厅墙上镌刻的“吃菜要吃白菜心，当兵要当新四军”的民谣，记录着抗战时期军民合力共筑拦海大堤故事的宋公碑……习近平总书记不时驻足察看，强调“新四军的历史充分说明，民心向背决定着历史的选择，江山就是人民、人民就是江山”。始终将人民作为立党兴党强党的根本出发点和落脚点，是我们党将自我革命进行到底的勇气所在、底气所在、动力所在。时刻保持解决大党独有难题的清醒和坚定，推进党的自我革命，始终与人民同心，才能为奋进新征程、建功新时代提供坚强有力的政治引领和政治保障。

大党大国，既是我们办大事、建伟业的优势，也使我们治党治国面对很多独有难题。如何始终不忘初心、牢记使命，如何始终统一思想、统一意志、统一行动，如何始终具备强大的执政能力和领导水平，如何始终保持干事创业精神状态，如何始终能够及时发现和解决自身存在的问题，如何始终保持风清气正的政治生态，都是我们这个大党必须解决的独有难题。在二十届中央纪委三次全会上，习近平总书记明确提出“九个以”的实践要求，强调“以解决大党独有难题为主攻方向”。时刻保持解决大党独有难题的清醒和坚定，以彻底的自我革命精神检视自身，彰显着强烈的历史自觉和使命担当，揭示了我们党赢得人民拥护的关键密码。

治国必先治党，党兴才能国强。党的十八大以来，我们党以刀刃向内的自我革命精神，采取一系列重大战略举措，坚持和加强党的全面领导，坚定不移推进全面从严治党，党在革命性锻造中变得更加坚强有力。习近平总书记在党的二十大上鲜明提出“必须时刻保持解决大党独有难题的清醒和坚定”的重大论断，在二十届中央纪委二次全会上深刻阐述大党独有难题的形成原因、主要表现和破解之道，体现了我们党对严峻复杂考验的清醒认识、对永葆百年大党旺盛生命力和强大战斗力的信心决心。作为世界上最大的马克思主义执政党，我们要善于运用习近平新时代中国特色社会主义思想深入推进全面从严治党，沿着习近平总书记指引的方向探索破解问题的办法，把党的伟大自我革命进行到底。

解决大党独有难题，是实现新时代新征程党的使命任务必须迈过的一道坎，是全面从严治党适应新形势新要求必须啃下的硬骨头。遍观人类社会几百年的政党政治，许多大党老党也曾经朝气蓬勃、生机盎然，但有的早已折戟沉沙，有的则是日薄西山，还有的深陷沉疴，令人唏嘘也发人深省。大党独有难题必须靠大党自身力量才能根本解决。广大党员干部必须深刻认识解决大党独有难题的时代意义、政治特质和丰富内涵，准确理解把握解决大党独有难题的实践要求，把党建设好建设强。只有坚持刀刃向内，在坚定理想信念、维护团结统一、提升治理能力、振奋精气神、纠正错误偏差、做到激浊扬清等方面始终如一、坚持不懈地抓下去，才能使党永葆旺盛生命力和强大战斗力。

全面从严治党永远在路上，党的自我革命永远在路上，解决大党独有难题是一个长期而艰巨的过程。应清醒地看到，我们解决大党独有难题，面临着许多现实情况，一些老问题反弹回潮的可能始终存在，稍有松懈就会死灰复燃，新的问题还在不断出现，党面临的“四大考验”“四种危险”将长期存在。解决大党独有难题，既需要常抓不懈，又需要集中发力，及时消除一切影响党的先进性纯洁性的因素，清除一切侵蚀党的肌体健康的病毒，确保党永远不变质、不变色、不变味。健全全面从严治党体系，是加强新时代党的建设、解决大党独有难题的重大举措。面对新形势新任务，要坚持内容上全涵盖、对象上全覆盖、责任上全链条、制度上全贯通，进一步健全全面从严治党体系，使全面从严治党各项工作更好体现时代性、把握规律性、富于创造性。

《持续发力纵深推进》《永远吹冲锋号》《零容忍》《正风反腐就在身边》……这些电视专题片热播、收获好评，从一个侧面展现出全面从严治党得到人民群众坚定支持和认可。2022 年国家统计局民意调查显示，97.4% 的群众对全面从严治党、党风廉政建设和反腐败工作成效表示满意，比 2012 年提高 22.4 个百分点。时刻保持解决大党独有难题的清醒和坚定，把党建设得更加坚强有力，我们党必将始终是成就伟业最可靠的主心骨，中国式现代化一定会劈波斩浪、行稳致远。

（《人民日报》2024 年 1 月 25 日第 5 版）

以解决大党独有难题为主攻方向
——准确把握推进自我革命“九个以”的实践要求

桑学成

我们党作为世界上最大的马克思主义执政党，要始终赢得人民拥护、巩固长期执政地位，必须时刻保持解决大党独有难题的清醒和坚定。在二十届中央纪委三次全会上，习近平总书记深刻阐述党的自我革命的重要思想，将“以解决大党独有难题为主攻方向”作为推进党的自我革命的一项实践要求。这一实践要求不仅是促进党的自我革命向纵深发展的客观需要，也体现了我们党把伟大自我革命进行到底的强烈历史自觉。我们要深入学习贯彻习近平总书记关于党的自我革命的重要思想，聚焦聚力主攻方向，坚定以自我革命解决大党独有难题的信心决心，持之以恒推进全面从严治党，不断彰显大党优势。

习近平总书记指出：“勇于自我革命，是我们党最鲜明的品格，也是我们党最大的优势。”先进的马克思主义政党不是天生的，而是在不断自我革命中淬炼而成的。自我革命就是要敢于直面问题、勇于修正错误，就是奔着自身问题去的。回顾百余年的奋斗史，我们党总是敢于正视问题、克服缺点，勇于刮骨疗毒、去腐生肌。历史和实践都表明，我们党不断推进自我革命的过程，实际上就是不断发现、研究和解决自身问题的过程，就是固本培元、永葆先进性和纯洁性的过程。这也是把解决大党独有难题作为推进自我革命主攻方向的道理所在。

问题是事物矛盾的表现形式，找准并解决问题是推动矛盾运动向有利方向转化的关键。推进自我革命，关键要有正视问题的自觉和刀刃向内的勇气。正视问题，才能有的放矢，才能刀刃向内解决问题。新时代以来，以习近平同志为核心的党中央始终坚持问题导向，以前所未有的决心力度着力解决党内存在的突出问题，做到管党有方、治党有力、建党有效，推动党在革命性锻造中变得更加坚强有力。在深刻总结新时代全面从严治党丰富实践经验和重要理论成果的基础上，习近平总书记明确解决大党独有难题“是实现新时代新征程党的使命任务必须迈过的一道坎，是全面从严治党适应新形势新要求必须啃下的硬骨头”，并用“六个如何始终”对大党独有难题的主要表现作出深入分析，即如何始终不忘初心、牢记使命，如何始终统一思想、统一意志、统一行动，如何始终具备强大的执政能力和领导水平，如何始终保持干事创业精神状态，如何始终能够及时发现和解决自身存在的问题，如何始终保持风清气正的政治生态。立足今天我们党所处的历史方位、承担的历史使命、面临的复杂环境，提出以解决大党独有难题为主攻方向深入推进党的自我革命，这是新时代党的自我革命内在逻辑的延续拓展，对开辟百年大党自我革命新境界具有十分重要的指导意义。

解决大党独有难题是一个长期而艰巨的过程，是一项复杂的系统工程。必须坚持问题导向、保持战略定力，紧紧围绕破解“六个如何始终”持续发力，以永远在路上的坚韧和执着推进党的自我革命，做到标本兼治、综合施策、协同发力、锲而不舍、久久为功。我们要提高政治站位，增强政治自觉，切实把思想和行动统一到习近平总书记关于党的自我革命的重要思想上来，把这一重要思想转化为解决大党独有难题的新思路新办法新举措。要以更加科学的态度、体系化的方式推进党的自我革命，着力以自我净化革除自身毒瘤、以自我完善提升整体形象、以自我革新培育创造活力、以自我提高增强担当本领，把解决大党独有难题作为突破口带动党的建设质量全面提高，在新时代新征程上把党的自我革命不断推向深入。

（《人民日报》2024 年 2 月 6 日第 9 版）

以大党独有优势破解大党独有难题

王炳林　王富军

习近平总书记在党的二十大报告中指出："我们党作为世界上最大的马克思主义执政党，要始终赢得人民拥护、巩固长期执政地位，必须时刻保持解决大党独有难题的清醒和坚定。"坚持问题导向，认识到存在独有难题，表明我们党具有深沉的忧患意识和历史责任感；坚持守正创新，相信能够破解难题，表明我们党具有强烈的责任担当和历史主动精神。大有大的样子，也有大的难处。大党独有难题集中体现为"六个如何始终"，即如何始终不忘初心、牢记使命，如何始终统一思想、统一意志、统一行动，如何始终具备强大的执政能力和领导水平，如何始终保持干事创业精神状态，如何始终能够及时发现和解决自身存在的问题，如何始终保持风清气正的政治生态。大党独有难题归根到底要靠大党自身力量来解决，要靠大党在长期实践中形成的独特优势来解决。我们党在长期奋斗中所形成的独特优势是全面的，这些独特优势彰显着党的先进性，熔铸于严密组织体系和勇于自我革命之中，是破解大党独有难题的成功密码。

马克思主义政党的先进性是破解大党独有难题的内在优势

中国共产党是马克思主义执政党，在长期实践中锻造了推进马克思主义中国化时代化的理论优势、维护党中央权威和集中统一领导的政治优势、密切联系群众的优势，这些优势充分体现了马克思主义政党的先进性，是破解大党独有难题的根本所在。

政治优势和理论优势确保党始终统一思想、统一意志、统一行动，始终保持干事创业的精神状态。当今世界，社会思潮纷纭激荡，先进文化和落后观念相互交织，在新征程上要做到团结一致、振奋精神、不懈奋斗，就必须以政治建设统领党的建设各项工作。旗帜鲜明讲政治，既是马克思主义政党的鲜明特征，也是我们党一以贯之的政治优势。只有加强党的政治建设，深刻领悟“两个确立”的决定性意义，增强“四个意识”、坚定“四个自信”、做到“两个维护”，才能实现全党团结统一、行动一致。马克思主义政党的先进性，首先体现为思想理论上的先进性。注重思想建党、理论强党，是我们党的鲜明特色和理论优势。中国共产党坚持把马克思主义基本原理同中国具体实际相结合、同中华优秀传统文化相结合，围绕事关党和国家前途命运的重大问题不断发展党的理论创新成果，接续回答革命、建设、改革不同历史时期的时代课题，以党的最新理论成果指导解决不断出现的新难题，用党的创新理论统一思想，使广大党员始终保持干事创业的精神状态。新思想引领新征程。习近平新时代中国特色社会主义思想在指导实践、推动实践中展现出强大真理力量。只有坚持用习近平新时代中国特色社会主义思想武装头脑、指导实践、推动工作，不断增强政治认同、思想认同、理论认同、情感认同，切实做到学思用贯通、知信行统一，才能使全党统一思想、统一意志、统一行动，保持旺盛的干事创业的精神状态。

密切联系群众的优势确保党始终不忘初心、牢记使命。人民性是马克思主义最鲜明的品格。始终同人民在一起，为人民利益而奋斗，是马克思主义政党同其他政党的根本区别。中国共产党以马克思主义为指导，始终坚守人民至上的根本立场，具有密切联系群众的内在优势，能够始终将人民群众的利益作为考虑问题的出发点和落脚点，保持党同人民群众的血肉联系，切实保障人民当家作主的主体地位，坚持群众路线，不断解决人民群众急难愁盼的现实问题。尽管在前进的道路上也会遇到困难和挫折，但是中国共产党没有自己的私利，能够为了人民的利益而坚持真理、修正错误。正如毛泽东同志所说，共产党人必须随时准备坚持真理，因为任何真理都是符合人民利益的；共产党人必须随时准备修正错误，因为任何错误都是不符合于人民利益的。密切联系群众的优势，使我们党能够凝聚起众志成城的磅礴力量，能够自觉接受群众监督，始终做到不忘初心、牢记使命，把党建设成为始终走在时代前列、人民衷心拥护的马克思主义执政党。

严密的组织体系是破解大党独有难题的根本保障

中国共产党作为大党，历史久、人数多、规模大，既有办大事、建伟业的巨大优势，也面临管党治党的独有难题。中国共产党要领导14亿多人口推进中国式现代化，对组织系统的严密体系和高效运转、对执政水平和领导能力都提出了前所未有的新要求。习近平总书记指出："与国内外形势发展变化相比，与党所承担的历史任务相比，党的领导水平和执政水平，党组织建设状况和党员干部素质、能力、作风都还有不小差距。"党面临的执政考验、改革开放考验、市场经济考验、外部环境考验具有长期性和复杂性，党面临的精神懈怠危险、能力不足危险、脱离群众危险、消极腐败危险具有尖锐性和严峻性，影响党的科学执政、民主执政、依法执政的因素仍然广泛存在，提高党的执政能力与领导水平是一项需要长期面对的重大课题。

党的力量来自组织。严密的组织体系是马克思主义政党鲜明的组织优势，是我们党始终具备强大执政能力与领导水平的组织保障。习近平总书记指出："我们党是按照马克思主义建党原则建立起来的，形成了包括党的中央组织、地方组织、基层组织在内的严密组织体系。这是世界上任何其他政党都不具有的强大优势。"中国共产党以民主集中制为根本的组织和活动原则，坚持民主基础上的集中和集中指导下的民主相结合，既维护了党中央定于一尊、一锤定音的权威，又注重发挥地方组织尤其是基层党组织坚强的战斗堡垒作用，能够实现党组织对内有序运行和对外权威高效，不断提高党组织的凝聚力和向心力。正确的政治路线要靠正确的组织路线来保证。中国共产党要始终具备强大的执政能力和领导水平，就要以组织体系建设为重点，着力培养忠诚干净担当的高素质干部队伍，抓好后继有人这个根本大计，着力集聚爱国奉献的各方面优秀人才，从而凝聚起实现中华民族伟大复兴的磅礴伟力。

勇于自我革命是破解大党独有难题的内在动力

自我监督是世界性难题，而对人数众多的大党来说，又增加了对党员监督管理的难度。习近平总书记提醒全党："这么大一个党，处在执政地位、掌控执政资源，很容易在执政业绩光环的照耀下，出现忽略自身不足、忽视自身问题的现象，陷入'革别人命容易，革自己命难'的境地。"若党内存在的问题不能被及时发现，小问题久而久之也可能会导致危险局面。自我革命是刀刃向内、自剜腐肉的过程，这需要以猛药去疴、重典治乱的决心，勇于承受刮骨疗毒、壮士断腕的切身之痛，这对政党而言绝非易事。中国共产党一直努力探索跳出治乱兴衰历史周期率的答案。毛泽东同志在延安的窑洞给出了第一个答案："让人民来监督政府。"经过百年奋斗特别是党的十八大以来新的实践，党又给出了第二个答案，这就是自我革命。勇于自我革命，是我们党最鲜明的品格，也是我们党最大的优势。中国共产党的伟大不在于不犯错误，而在于从不讳疾忌医，敢于直面问题，勇于自我革命，具有极强的自我修复能力。勇于自我革命的优势确保党始终能够及时发现和解决自身存在的问题。健全全面从严治党体系是解决大党独有难题的重大举措。我们党通过不断健全党内法规制度、不断完善全面从严治党制度、构建自我革命制度规范体系，推动党内监督同国家机关监督、民主监督、司法监督、群众监督、舆论监督相贯通，建立起统一领导、全面覆盖、权威高效的监督体系，推动各方面制度体系更加成熟定型。用制度管党治党，要求各级党员干部以党的制度体系为标准，自觉对标对表，及时发现存在的问题，及时纠正行为偏差，始终做到坚持真理、修正错误。

"天下之难持者莫如心，天下之易染者莫如欲。"部分党员干部经受不住利益诱惑，容易纪律松弛、弄虚作假，滥用权力、贪污受贿、腐化堕落、违法乱纪等现象仍不同程度存在。这些不良作风是侵蚀党的健康肌体的病毒，对党内风清气正的政治生态具有严重危害。加强纪律建设是全面从严治党的治本之策。习近平总书记指出："我们党是靠革命理想和铁的纪律组织起来的马克思主义政党，纪律严明是党的光荣传统和独特优势。"发挥中国共产党严明的纪律优势能够使党保持风清气正的政治生态。我们党相继出台、完善多部纪律文件，用严格的纪律法规制度来规范引导党员干部的言行，明确不可触犯的纪律高压线。中国特色社会主义进入新时代，我们党不断完善《关于新形势下党内政治生活的若干准则》，修订《中国共产党纪律处分条例》，出台《中国共产党重大事项请示报告条例》等，形成了包括政治纪律、组织纪律、廉洁纪律、群众纪律、工作纪律、生活纪律在内的全方位纪律体系。我们党用严明的纪律规矩根除腐败现象的生存空间和滋生土壤，有效维护了党内风清气正的政治生态。

“志之难也，不在胜人，在自胜。”中国共产党是世界上最大的马克思主义政党，团结带领全国各族人民取得了举世瞩目的伟大成就，我们党没有沉浸在大党地位和光鲜成绩之中，而是以睿智的眼光清醒认识到了大党独有难题。中国共产党继承了马克思主义政党的先进性，厚植中华优秀传统文化，在长期革命、建设、改革实践中形成并发展了理论优势、政治优势、组织优势、制度优势、纪律严明优势和密切联系群众的优势等。这些“大党独有优势”是破解“大党独有难题”的重要法宝。新时代新征程，要充分发扬党的优良传统和独特优势，将党自身的优势不断转化为制胜优势，推动党不断自我净化、自我完善、自我革新、自我提高，把党建设成为始终走在时代前列、人民衷心拥护、勇于自我革命、经得起各种风浪考验、朝气蓬勃的马克思主义执政党，领导中国特色社会主义事业航船劈波斩浪、一往无前，向着更加壮阔的航程行稳致远。

（《光明日报》2024 年 1 月 11 日第 6 版）

深刻把握大党独有难题的内在意蕴

何虎生　方　亮

中国共产党作为世界上最大的马克思主义执政党，要始终赢得人民拥护、巩固长期执政地位，必须时刻保持解决大党独有难题的清醒和坚定。习近平总书记在二十届中央纪委二次全会上用“六个如何始终”对大党独有难题作出了深刻阐释，充分体现了我们党对于自身性质、形势任务、党情变化的深刻认识，展现出强烈的忧患意识、清醒的政治自觉和坚定的战略自信。我们必须从历史与现实当中深刻把握大党独有难题的内在意蕴，深入理解其“独”与“难”的特性表征，在自我革命的淬炼中把党建设得更加坚强有力，在新的赶考之路上向历史和人民交出新的优异答卷。

从党的性质、特点来把握大党独有难题“独”在何处

习近平总书记指出：“把这么大的一个党管好很不容易，把这么大的一个党建设成为坚强的马克思主义执政党更不容易。”大党大国，既是我们办大事、建伟业的优势，也使我们治党治国面对很多独有难题。要理解我们党面临的大党独有难题“独”在何处，就需要从政党

属性、价值取向、组织规模三个维度准确把握。

从政党属性看。马克思主义政党是以先进性为重要特征的政党，本身内嵌有对先进性、纯洁性的不懈追求，肩负为人类作出新的更大贡献的使命。

如何始终能够及时发现和解决自身存在的问题，是中国共产党作为马克思主义政党的独有难题之一。马克思主义政党的先进性不是天生的，而是在不断自我革命中淬炼而成的。习近平总书记警醒全党："这么大一个党，处在执政地位、掌控执政资源，很容易在执政业绩光环的照耀下，出现忽略自身不足、忽视自身问题的现象，陷入'革别人命容易，革自己命难'的境地。"党的十八大以来，我们党坚定不移推进全面从严治党，解决了党内许多突出问题，但党的建设特别是党风廉政建设和反腐败斗争面临不少顽固性、多发性问题，如果不严加防范、及时整治，久而久之，必将反弹回潮、前功尽弃。

如何始终保持干事创业精神状态，是中国共产党作为马克思主义政党的独有难题之一。马克思主义政党有着远大的社会理想和伟大的历史使命，胸怀崇高坚定的理想信念并为之不懈奋斗。历史告诉我们，马克思主义政党是最能够实现社会变革的政治领导力量，同时，取得一些胜利的马克思主义政党，也容易陶醉于鲜花掌声，安于现状、不思进取，丧失了曾经干事创业的革命精神和斗争意志，苏联和东欧各国共产党的殷鉴不远。习近平总书记告诫全党："我们是革命者，不要丧失了革命精神。"共产党人始终是革命者，就应当始终保持干事创业的精神状态，以旺盛的革命精神推进自我革命、引领社会革命。如何在长期执政条件下永葆这样的精神状态，不断增强党的创造力、凝聚力、战斗力，这是中国共产党作为马克思主义大党的重大课题。

从价值取向看。人民至上是中国共产党鲜明的价值取向，这个价值取向构成了党在中国这样一个社会主义大国中长期执政的执政基础，同时也提出了作为社会主义大国执政党需要解答的独有难题。

如何始终不忘初心、牢记使命，是中国共产党作为社会主义大国执政党的独有难题之一。我们党自成立以来就始终把为中国人民谋幸福、为中华民族谋复兴作为自己的初心使命。党来自人民、植根人民、服务人民，代表中国最广大人民根本利益，没有任何自己特殊的利益，这是我们党立于不败之地的根本所在。江山就是人民，人民就是江山。为人民而生，因人民而兴，是党执政兴国的根本出发点和落脚点。习近平总书记说："一个人也好，一个政党也好，最难得就是历经沧桑而初心不改、饱经风霜而本色依旧。"如何坚守人民立场，巩固和强化党的执政基础，是中国共产党长期执政所面临的独有难题。

如何始终具备强大的执政能力和领导水平，是中国共产党作为社会主义大国执政党的独有难题之一。习近平总书记强调："我们党是世界最大的执政党，领导着世界上人口最多的国家，如何掌好权、执好政，如何更好把 14 亿人民组织起来、动员起来全面建设社会主义现代化国家，是一个始终需要高度重视的重大课题。"党领导的中国是一个 14 亿多人口的世界大国，进行的事业是前无古人的伟大复兴事业，责任极重、挑战极大、影响极广。治国宜将治圃看，垦除容易整齐难。当代中国人口众多、地域辽阔、不平衡不充分发展问题突出等基本国情，对于党的执政能力和领导水平提出了极高要求。如何在执政过程中不断提高能力水平，增强治国理政实效，是中国共产党在社会主义大国执政的独有难题。

从组织规模看。截至 2022 年 12 月 31 日，中国共产党有 9804.1 万名党员、506.5 万个基层党组织，党员人数超过了英国、法国等欧洲国家的人口数量，党组织数量和规模亦为世界之最，是当之无愧的世界大党。习近平总书记指出："我们党是世界上最大的政党，大就要有大的样子，同时大也有大的难处。”党员人数的增加意味着中国共产党凝聚起越来越强大的力量，但同时，庞大的组织规模也带来了属于世界大党的独有难题，考验着党的团结统一和先进纯洁。

如何始终统一思想、统一意志、统一行动，是中国共产党作为世界大党的独有难题之一。中国共产党从一个几十人的小党发展成为拥有 9800 多万名党员的大党，规模的不断扩大是我们党取得胜利、创造历史伟业的基础。但同时，党员人数多、结构复杂，党的组织分布广泛、情况不一，这些都给管党治党增加了难度。毛泽东曾指出：“一个队伍经常是不大整齐的，所以就要常常喊看齐。”在队伍人数少的时候，“看齐”是比较容易的；队伍人多，“看齐”就是一项困难但极其重要的工作。中国共产党作为中国特色社会主义事业的领导力量，没有一个统一的步调是极其危险的，如何在党的规模扩大的同时确保党的坚强有力和团结统一，这是时代摆在党新的百年征程上的命题。

如何始终保持风清气正的政治生态，是中国共产党作为世界大党的独有难题之一。对于一个政党来说，党员数量和质量是相辅相成但又不能完全等同的，党需要有党员数量来保证党的建设质量，但整体数量的增加并不必然带来质量的整体提高。习近平总书记指出：“政治生态好，人心就顺、正气就足；政治生态不好，就会人心涣散、弊病丛生。”我们要成为打不倒、压不垮的马克思主义政党，根本因素在于党自己的先进性与纯洁性是否能够保持。作为世界瞩目的百年大党，中国共产党清醒地认识到，党的先进性与纯洁性既是党得以无往不胜的锐利锋刃，同时也是党需要细心呵护的生命之源。在党员数量迅速扩大的时代背景下，如何继续从严治党、拒腐防变，坚持开展严肃认真的党内政治生活，是党必须解决的时代课题。

从党的发展进程来把握大党独有难题“难”在何处

中国共产党作为一个具有一百多年历史的马克思主义政党，自身的发展历程决定了其必然面临着区别于其他政党的独有难题。从中国社会历史发展的线性逻辑来看，只有深入理解我们党发展壮大过程中的文化底蕴与时代背景，才能深刻把握大党独有难题“难”在何处，进而把党建设成为朝气蓬勃、经得起各种风浪考验、始终走在时代前列的马克思主义执政党。

从历史教训看，如何跳出治乱兴衰历史周期率是中国共产党作为大党的深刻忧思。中国共产党历史这么长、规模这么大、执政这么久，如何跳出治乱兴衰的历史周期率？这个问题本质上是对长期执政时国家政权的担忧。创业难，守业更难。从世界政治历史发展来看，一个政权在建立初期往往以其蓬勃的朝气与旺盛的斗志取得一系列的业绩光环，但是随着时间推移，因其地位改变、权力腐蚀和执政惯性，导致其逐渐丧失进取精神，失去了活力。中国共产党作为推动中国特色社会主义事业向前发展的长期执政党，能否吸取历史上一些大党老党的深刻教训，在漫长的历史进程中确保中国共产党自身不垮、中国特色社会主义制度不倒，是一个极难极大的风险挑战。

回望我国封建王朝、起义运动兴衰成败的历史，出现过众多影响深远的伟大朝代，但是它们却一律跳不出历史周期率，随着时间推移而走向人亡政息。习近平总书记对此深刻指出，导致盛极而衰的历史悲剧的原因有很多，“其中一个共同的也是极其重要的原因就是统治集团贪图享乐、穷奢极欲，昏庸无道、荒淫无耻，吏治腐败、权以贿成，又自己解决不了自己的问题，搞得民不聊生、祸乱并生，终致改朝换代”。事实充分表明，要想实现长盛不衰、做到长期执政，就必须时刻保持解决大党独有难题的清醒和坚定，吸取中国历代王朝走向灭亡的历史教训，探索出实现党和国家事业兴旺发达、长治久安的有效路径。

马克思主义执政党在长期执政条件下如何跳出治乱兴衰历史周期率这一核心命题不是抽象孤立的，而是涉及政治、经济、文化等方方面面的复合命题，始终是我们党长期以来的深刻忧思。毛泽东在延安窑洞里给出了“只有让人民来监督政府，政府才不敢松懈”的第一个答案。党的十八大以来，以习近平同志为核心的党中央给出了跳出历史周期率的第二个答案，就是自我革命。这两个答案都是我们党在唯物史观指导下，坚持理论与实践相结合作出的解答，为我们党巩固长期执政地位指明了基本方向。

从现实考验看，如何应对“四大考验”“四种危险”是中国共产党作为大党的客观需要。当下，世界之变、时代之变、历史之变正以前所未有的方式展开，给人类提出了必须严肃对待的系列挑战。作为党和国家事业的坚强领导核心，中国共产党面临形势之复杂、承担责任之重大、肩负任务之艰巨世所罕见、史所罕见。习近平总书记明确指出，“党面临的执政考验、改革开放考验、市场经济考验、外部环境考验将长期存在，精神懈怠危险、能力不足危险、脱离群众危险、消极腐败危险将长期存在”。只有深刻理解当前我们党所面临的现实考验，准确把握现实难题难在何处，才能切实以解决大党独有难题的清醒和坚定加强自身建设，永葆党的旺盛生命力和强大战斗力。

科学研判“时”与“势”，辩证把握“危”与“机”，才能决胜于千里之外。在新形势下，“四大考验”揭示了党在新的历史条件下面临的严峻考验和现实危险：随着我们党执政时间增加，党的领导水平和执政水平、国家治理体系和治理能力现代化水平需要不断提升；随着改革开放深入，社会关系发生深刻变化，新的社会矛盾需要正确解决；随着社会主义市场经济发展，社会利益格局不断调整，新的社会关系需要合理协调；随着国际形势变化，要始终掌握维护国家安全的战略主动，内与外、近与远、表与里的关系需要妥善处理。只有全党始终保持战略清醒和战略坚定，以政治自觉、思想自觉和行动自觉应对“四大考验”，才能确保党始终充满生机活力、始终走在时代前列。

马克思主义政党在长期执政的过程当中，其可能暴露出来的自身问题在根本上影响着执政使命的践行。“四种危险”准确概括了新形势下我们党执政面临的危险所在：“精神懈怠危险”时刻存在且影响深远，它是一个政党面临的系统性风险之一；“能力不足危险”是一个事关国家发展全局的大问题，党和国家干部的能力水平决定了各项工作完成的质量高低；“脱离群众危险”是党执政后的最大危险，一个政党、政权的前途命运取决于人心向背，一旦脱离群众，我们党就会失去生命力；“消极腐败危险”是危害党的生命力和战斗力的最大毒瘤，严重侵蚀党的健康肌体、动摇党的执政基础。由此可知，只有我们深刻认识到面临危险之重，始终坚持推进全面从严治党，才能确保党不变质、不变色、不变味，成为引领世界发展潮流的政党。

从未来发展看，如何以中国式现代化全面推进中华民族伟大复兴是中国共产党作为大党的重要任务。党的二十大报告提出，从现在起，党的中心任务就是团结带领全国各族人民全面建成社会主义现代化强国、实现第二个百年奋斗目标，以中国式现代化全面推进中华民族伟大复兴。这是一项伟大而艰巨的事业，面临的形势复杂严峻、任务艰巨繁重、矛盾问题众多，必须经历长期不懈努力，准备经受风高浪急甚至惊涛骇浪的重大考验。习近平总书记指出：“全面建设社会主义现代化国家、全面推进中华民族伟大复兴，关键在党。”中国共产党作为中国人民和中华民族的主心骨，作为中国特色社会主义事业的中流砥柱和定海神针，在新形势下要保证我国社会主义现代化建设不偏向、不中断、不滞缓，就必须牢牢掌握历史主动，以忠诚之心答好政治答卷。

现代化是经济社会和文明进步的客观进程，也是世界人民共同的发展追求。中国式现代化，是中国共产党领导的社会主义现代化，既有各国现代化的共同特征，更有基于自己国情的中国特色。作为一种新的现代化道路，中国式现代化既不能效仿西方现代化模式，也不能依循苏联社会主义现代化老路，而是要探索出一条适合我国国情的、体现后发国家特征和优势的正确道路。习近平总书记指出："必须坚持以中国式现代化推进中华民族伟大复兴，既不走封闭僵化的老路，也不走改旗易帜的邪路。"构建中国式现代化理论、推进中国式现代化进程，不是一件容易的事情，需要我们党不断进行理论创新和实践探索，从而保证我国现代化建设事业行稳致远。

拾级而上才能步伐稳健，战略安排上的循序渐进引领现代化建设的稳步推进。中国式现代化以"两步走"为战略安排，以"五个坚持"为原则指引，清晰地指明了未来中国的发展方向。党的二十大以高屋建瓴的战略思维，为建成社会主义现代化强国划定五条重要原则，为我们党在未来征程中战胜艰难险阻提供了重要法宝。其中，"坚持和加强党的全面领导"处于首要地位，凸显出党在领导社会主义现代化过程中的关键性作用。可以说，在未来发展道路上，如何实现中国式现代化走得久、走得远、走得好，以中国式现代化全面推进中华民族伟大复兴，是我们党未来一项艰巨且重要的任务。

治国必先治党，党兴才能国强。解决大党独有难题，是实现新时代新征程党的使命任务必须迈过的一道坎，是全面从严治党适应新形势新要求必须啃下的硬骨头。在前进道路上，我们必须深刻把握大党独有难题的内在意蕴，时刻保持解决难题的清醒和坚定，始终做到同以习近平同志为核心的党中央保持高度一致，深刻领悟"两个确立"

的决定性意义，进一步增强“四个意识”、坚定“四个自信”、做到“两个维护”，团结一致、艰苦奋斗，推动中华民族伟大复兴号巨轮乘风破浪、扬帆远航！

（《中国纪检监察报》2023 年 4月 20 日第 5 版）

以辩证思维破解大党独有难题

郑庆东

治国必先治党，党兴才能国强。中国共产党在民族危亡之际诞生，在磨难挫折中成长，在攻坚克难中壮大，在不断自我革命中淬炼而成。党的十八大以来，以习近平同志为核心的党中央站在事关党长期执政、国家长治久安、人民幸福安康的高度，把全面从严治党作为长期战略、永恒课题，打出自我革命“组合拳”，找到了跳出治乱兴衰历史周期率的第二个答案，为党和国家事业取得历史性成就、发生历史性变革提供了根本引领，也为未来无惧任何风高浪急甚至惊涛骇浪的重大考验夯实了坚强保障。

立足建设什么样的长期执政的马克思主义政党、怎样建设长期执政的马克思主义政党这一重大时代课题，习近平总书记在二十届中央纪委二次全会上强调，全面从严治党永远在路上，要时刻保持解决大党独有难题的清醒和坚定。新时代新征程，走过百年的中国共产党只有慎终如始、常怀忧患，一刻不停推进全面从严治党，才能确保江山永固，成就千秋伟业。我们要以历史主动和辩证思维深入思考，把握和处理好独有难题与独有优势、问题导向与目标引领、思想建党与制度治党等重大关系，巩固拓展新时代党的建设伟大成就，贯彻落实好全面从严治党这一长期战略方针。

处理好独有难题与独有优势的关系

党的二十大深刻总结全面从严治党十年磨一剑的历史性成就，进一步要求全党时刻保持解决大党独有难题的清醒和坚定。我们党作为长期执政的马克思主义政党和世界上第一大政党，既具有独特优势，也面临独有难题，必须善于运用大党独特优势破解大党独有难题。解决“六个如何始终”的难题，是实现新时代新征程党的使命任务必须迈过的一道坎，是全面从严治党适应新形势新要求必须啃下的硬骨头。

善用政治优势破解大党独有难题。旗帜鲜明讲政治是马克思主义政党的鲜明特征。新时代全面从严治党之所以能取得历史性、开创性成就，产生全方位、深层次影响，根本在于以习近平同志为核心的党中央坚强领导，在于习近平新时代中国特色社会主义思想科学指引。实践充分证明，“两个确立”是推动党和国家事业取得历史性成就、发生历史性变革的决定性因素，是破解独有难题的最大确定性、最大底气和最大保证。在破解大党独有难题的实践进程中，必须使全党深刻领悟“两个确立”的决定性意义，始终做到“两个维护”，确保全党思想、意志、行动的统一。

善用组织优势破解大党独有难题。科学严密的组织体系，是我们党区别于其他任何政党的独特优势之一。在马克思主义建党学说指导下、按照民主集中制原则建立起来的中国共产党，高度重视党的组织建设，架构起从中央到地方再到基层的科学严密的组织体系，形成上下贯通、结构合理、具有高度凝聚力和战斗力的组织形态。在破解大党独有难题的实践进程中，必须扎实推进党的组织体系建设，确保党的组织步调一致、坚强有力，通过党组织的凝聚力形成破解大党独有难题的共识和行动，充分发挥党组织的战斗力。

善用群众优势破解大党独有难题。中国共产党始终坚持人民至上的价值旨归，注重发挥密切联系群众的优势，由此获得了坚实的群众基础，保证了党植根于人民的社会号召力、影响力，增强了党应对复杂环境的决心和底气。在破解大党独有难题的实践进程中，必须坚持人民至上的价值理念，始终站稳人民立场、顺应人民愿望、尊重人民创造、集中人民智慧，使密切联系群众的优势成为破解大党独有难题、应对复杂环境和矛盾的坚实基础。

处理好问题导向与目标引领的关系

新时代十年，党中央把全面从严治党纳入“四个全面”战略布局，刀刃向内、刮骨疗毒，猛药祛疴、重典治乱，使党在革命性锻造中变得更加坚强有力，其中一个重要原因就是处理好问题导向与目标引领的关系。在新时代新征程上破解大党独有难题，需要进一步坚持问题导向与目标引领的统一。

增强问题意识，坚持问题导向，是马克思主义认识论的基本内涵，也是破解大党独有难题的科学方法论。党的二十大报告提出大党独有难题，主要是基于党内存在的突出矛盾和焦点问题提出的，以保持党的先进性、纯洁性，加强和巩固党的全面领导。从根本上来说，大党独有难题是党在“历史这么长、规模这么大、执政这么久”的条件下，在面临极为复杂的环境下，如何依靠党自身的力量来保持党的先进性纯洁性、巩固党的长期执政地位的问题。“六个如何始终”秉承的是同一种思想方法，即坚持问题导向。它要求直接回答的问题是：党如何找到跳出治乱兴衰历史周期率的第二个答案；它要求进一步回答的问题是：建设什么样的长期执政的马克思主义政党、怎样建设长期执政的马克思主义政党这一重大时代课题。

大党独有难题虽然是基于问题导向提出来的，但破解大党独有难题必须坚持目标引领。目标引领，是依据目标对行动加以引导和激励的工作方法。目标的确定是从事任何一项事业的前提和根据，不仅决定一项事业的发展方向，而且是激发为完成这项事业攻坚克难的动力源泉。破解大党独有难题是我们党的一种自觉行为，有着明确的目标引领。实质上，“六个如何始终”指向的是同一个目标，即增强党自我净化、自我完善、自我革新、自我提高能力，进而把党建设成为始终走在时代前列、人民衷心拥护、勇于自我革命、经得起各种风浪考验、朝气蓬勃的马克思主义执政党，始终成为中国特色社会主义事业的坚强领导核心。

目标指引方向，问题催生变革。有目标，才能不迷茫；抓问题，才能不虚化。问题导向和目标引领二者任务不同、重点不同，不能顾此失彼而要统筹协调，不能冲突抵触而要相得益彰。在新时代新征程上破解大党独有难题，就要善于把问题导向与目标引领统一起来，既抬起头来看看应该达到的目标和境界，又沉下心来反思存在的短板和问题，在奋力实现既定目标中补足各项短板和解决各种现实问题，在补足短板和解决问题中向着既定目标砥砺奋进。

处理好思想建党与制度治党的关系

习近平总书记指出，“从严治党靠教育，也靠制度，二者一柔一刚，要同向发力、同时发力”“坚持思想建党和制度治党紧密结合”。破解大党独有难题，要求我们必须切实处理好思想建党与制度治党的关系。

如何跳出历史周期率，是马克思主义执政党始终牢固执掌政权、确保长期执政面临的一道考题，也是大党独有难题的集中体现。习近平总书记在党的二十大报告中指出，“经过不懈努力，党找到了自我革命这一跳出治乱兴衰历史周期率的第二个答案，自我净化、自我完善、自我革新、自我提高能力显著增强，管党治党宽松软状况得到根本扭转，风清气正的党内政治生态不断形成和发展，确保党永远不变质、不变色、不变味。”一个饱经沧桑而初心不改的党，才能基业常青；一个铸就辉煌仍勇于自我革命的党，才能无坚不摧。自我革命是一个系统工程，思想建党和制度治党不可偏废。

思想建党是制度治党的基础，制度治党是思想建党的保障。通过思想建党，解决党员的理性认识、价值追求、理想信念问题，以说服力、劝导力、感召力提高广大党员的政治觉悟，充分发挥自律的力量；通过制度治党解决治理规则、行为规范、监督追究等问题，以强制手段规范党员行为，充分发挥他律的作用。处理好思想建党与制度治党的关系，使之相互补充、相互促进，就会产生叠加效应。踏上新的赶考之路，破解大党独有难题，要求坚持思想建党与制度治党有机结合。

坚持思想建党、理论强党，用习近平新时代中国特色社会主义思想凝心铸魂。勇于自我革命，必须筑牢信仰之基、补足精神之钙、把稳思想之舵。要把思想建设作为党的基础性建设，牢牢把握习近平新时代中国特色社会主义思想的世界观和方法论，自觉运用贯穿其中的立场观点方法，深刻领悟坚持人民至上、坚持自信自立、坚持守正创新、坚持问题导向、坚持系统观念、坚持胸怀天下的丰富内涵和实践要求，在结合实际创造性贯彻落实上下功夫，使党的创新理论真正转化为坚定理想、锤炼党性和指导实践、推动工作的强大精神力量。

坚持制度治党、依规治党，把制度建设要求体现到全面从严治党全过程、各方面、各层级。以党章为根本，以民主集中制为核心，扎紧扎牢制度笼子，完善党内法规制度体系，推动形成坚持真理、修正错误，发现问题、纠正偏差的机制。增强党内法规权威性和执行力，不断提升全党的纪律意识、规矩意识、法治意识，完善问责制度，用好问责利器。健全党统一领导、全面覆盖、权威高效的监督体系，完善权力监督制约机制。管好“关键少数”，做实政治监督，以党内监督为主导，促进各类监督贯通协调，让权力在阳光下运行。把巡视作为全面从严治党的战略性制度安排，发挥政治巡视利剑作用，落实巡视全覆盖任务，加强巡视整改和成果运用。

（《中国纪检监察报》2023 年 4 月 27 日第 8 版）

第六篇

以健全全面从严治党体系为有效途径

以健全全面从严治党体系为有效途径

——牢牢把握“九个以”的实践要求深入推进党的自我革命

人民日报评论部

2023 年 12 月，修订后的《中国共产党纪律处分条例》全文发布，这是党的十八大以来党中央对这一条例的第三次修订。作为规范党组织和党员行为的基础性法规，党纪处分条例的再次修订，释放出越往后执纪越严的强烈信号，体现出我们党健全全面从严治党体系、推动新时代党的建设新的伟大工程向纵深发展的勇毅担当。

解决大党独有难题，有效路径是健全全面从严治党体系。健全全面从严治党体系，是党的二十大提出的加强新时代党的建设的重大举措。习近平总书记在二十届中央纪委三次全会上明确提出深入推进党的自我革命“九个以”的实践要求，其中之一是“以健全全面从严治党体系为有效途径”。一系列部署和要求，为解决大党独有难题、推动党的建设这项伟大工程不断深化发展提供了根本遵循。我们党作为长期执政的马克思主义政党和世界上第一大政党，党的远大目标和历史使命，党的队伍的庞大规模和广泛分布，党面临的重大风险和严峻挑战，都决定只有整体地而不是局部地、系统地而不是零碎地、持久地而不是短暂地、高标准地而不是一般化地全面从严治党，形成一个布局合理、内容科学、要素齐备、统一高效的全面从严治党体系，才能把我们党建设好。

构建全面从严治党体系是一项具有全局性、开创性的工作。把党的政治建设作为党的根本性建设，旗帜鲜明坚持和加强党的领导；持续开展党内集中教育，用习近平新时代中国特色社会主义思想凝心铸魂；搭建党和国家监督体系“四梁八柱”，把权力关进制度的笼子；开展史无前例的反腐败斗争，“打虎”“拍蝇”“猎狐”多管齐下……新时代以来，以习近平同志为核心的党中央把全面从严治党作为新时代党的建设的鲜明主题，提出一系列创新理念，实施一系列变革实践，健全一系列制度规范，推动党的建设这项伟大工程不断深化发展，初步构建起全面从严治党体系。以健全全面从严治党体系为有效途径推进党的自我革命，必须坚决贯彻坚定不移全面从严治党战略部署，认真落实健全全面从严治党体系任务要求，努力为党和国家事业健康发展提供政治、思想、组织保证。

小智治事，大智治制。全面从严治党体系是一个内涵丰富、功能完备、科学规范、运行高效的动态系统，关涉管党治党各要素各方面各环节。健全这个体系，要坚持制度治党、依规治党，更加突出党的各方面建设有机衔接、联动集成、协同协调，更加突出体制机制的健全完善和法规制度的科学有效，更加突出运用治理的理念、系统的观念、辩证的思维管党治党建设党。全面从严治党，基础在全面，关键在严，要害在治。把全的要求、严的基调、治的理念落实到全面从严治党体系的构建之中，坚持内容上全涵盖、对象上全覆盖、责任上全链条、制度上全贯通，不断提升制度化、规范化、科学化水平，才能使我们党始终成为中国特色社会主义事业的坚强领导核心。

解决大党独有难题是一个长期而艰巨的过程，党的建设推进到哪里，全面从严治党体系就要构建到哪里。无论党的政治建设、思想建设、组织建设、作风建设、纪律建设，还是制度建设、反腐败斗争，都要自觉贯彻全面从严治党战略方针。新时代以来，我们党不断深化对自我革命规律的认识，不断推进党的建设理论创新、实践创新、制度创新，在构建全面从严治党体系上积累了丰富成果。健全全面从严治党体系，需要深刻把握党自我革命历史经验特别是党的十八大以来全面从严治党新鲜经验，立足新的形势任务，在党中央集中统一领导下，健全各负其责、统一协调的管党治党责任格局，确保全面从严治党各项工作更好体现时代性、把握规律性、富于创造性。

习近平总书记指出，自我监督是世界性难题，是国家治理的“哥德巴赫猜想”。我们要健全党和国家监督体系，通过行动回答“窑洞之问”，练就中国共产党人自我净化的“绝世武功”。健全全面从严治党体系，是全党的共同责任。站在事关党长期执政、国家长治久安、人民幸福安康的高度，发扬彻底的自我革命精神，坚定不移推进全面从严治党，健全全面从严治党体系，就一定能把党建设得更加坚强有力，凝聚起党和人民团结奋斗的磅礴伟力。

（《人民日报》2024 年 1 月 29 日第 5 版）

以健全全面从严治党体系为有效途径
——准确把握推进自我革命“九个以”的实践要求

杨德山

全面建设社会主义现代化国家、全面推进中华民族伟大复兴，对全面从严治党提出了新的更高要求，需要管党治党全面系统布局、协同高效推进。习近平总书记在党的二十大报告中强调“健全全面从严治党体系”，为新时代深入推进党的自我革命指明了前进方向、明确了有效途径。在二十届中央纪委三次全会上，习近平总书记提出推进自我革命“九个以”的实践要求，其中包括“以健全全面从严治党体系为有效途径”。这是我们党不断深化对党的自我革命的规律性认识得出的科学结论。我们要坚决把这一实践要求落实好，更加自觉地做到以科学的态度、体系化的方式推进自我革命，进一步形成依靠党的自身力量发现问题、纠正偏差、推动创新、实现执政能力整体性提升的良性循环。

党的十八大后，面对管党治党一度宽松软的状况，以习近平同志为核心的党中央直面问题、迎难而上，以“得罪千百人、不负十四亿”的政治担当，壮士断腕、刮骨疗毒的政治勇气，“十年磨一剑”“永远在路上”的政治定力，推动全面从严治党向纵深发展，在构建全面从严治党体系上形成了丰富成果。我们把党的政治建设作为党的根本性建设，把思想建设作为党的基础性建设，提出和坚持新时代党的组织路线，以作风建设新气象赢得人民群众信任拥护，把纪律建设纳入党的建设总体布局，把制度建设贯穿党的各项建设，开展史无前例的反腐败斗争，成功走出一条中国特色反腐败之路。新时代，我们坚持党的建设推进到哪里，全面从严治党体系就构建到哪里，推动新时代党的建设新的伟大工程向纵深发展，在构建内涵丰富、功能完备、科学规范、运行高效的全面从严治党体系上持续发力，使党在革命性锻造中更加坚强有力，焕发出新的强大生机活力。

健全全面从严治党体系是一项具有全局性、开创性的工作，需要我们坚持制度治党、依规治党，搭建起支撑全面从严治党体系的“四梁八柱”，不断健全完善体制机制。新时代全面从严治党的伟大实践证明，制度治党、依规治党是最可靠、最有效、最持久的管党治党方式。以健全全面从严治党体系为有效途径，使全面从严治党的各项制度更加系统集成、协同高效，更好发挥制度的功能、彰显制度的威力，符合马克思主义政党建设规律、共产党执政规律，体现了我们党对严峻复杂考验的清醒认识，对坚定不移从严管党治党的高度自觉，对永葆百年大党旺盛生命力和强大战斗力的信心决心。新时代新征程，深入推进党的自我革命、坚决打赢反腐败斗争攻坚战持久战，必须把制度建设摆在更加突出位置，进一步增强制度治党、依规治党的自觉性和坚定性，进一步健全全面从严治党体系，形成坚持真理、修正错误，发现问题、纠正偏差的机制，推动有效解决党内存在的突出问题，全面推进党的自我净化、自我完善、自我革新、自我提高。

放眼全世界，没有任何一个政党能像中国共产党如此严肃认真地对待自身建设，如此高度自觉地以科学的态度、体系化的方式推进自我革命，这是我们党的显著优势，也是引领时代的制胜之道。新征程上，要充分发挥这一显著优势，把全的要求、严的基调、治的理念落实到全面从严治党体系的构建之中，坚持内容上全涵盖、对象上全覆盖、责任上全链条、制度上全贯通，更加突出党的各方面建设有机衔接、联动集成、协同协调，更加突出体制机制的健全完善和法规制度的科学有效，更加突出运用治理的理念、系统的观念、辩证的思维管党治党建设党，不断提升制度化、规范化、科学化水平，使全面从严治党各项工作更好体现时代性、把握规律性、富于创造性。

（《人民日报》2024 年 2 月 7 日第 9 版）

坚定不移推动健全全面从严治党体系

中国纪检监察学院党委理论学习中心组

健全全面从严治党体系，是党的二十大提出的新时代加强党的建设的重大举措。习近平总书记在二十届中央纪委二次全会上，深刻阐述健全全面从严治党体系的目标任务、实践要求，对深入推进全面从严治党、推动新时代党的建设新的伟大工程向纵深发展具有重大意义。

健全全面从严治党体系是一项事关全局的开创性工作

党在新时代新征程承担历史使命的必然要求。我们党的百年奋斗史，既是一部波澜壮阔的社会革命史，也是一部激浊扬清的自我革命史。党团结带领人民接续奋斗，中华民族迎来了从站起来、富起来到强起来的伟大飞跃，这个伟大飞跃是改造社会的伟大事业，同时也是改造自身的伟大工程。以党的自我革命引领社会革命，是我们党百年奋斗积累的宝贵经验。党的二十大对全面建设社会主义现代化国家、全面推进中华民族伟大复兴作出战略部署，党领导的社会革命迈上新征程，党的自我革命必须展现新气象，全面从严治党更要有新的认识、新的作为。无论是面对风高浪急的国际环境，适应艰巨繁重的国内改革发展稳定任务，还是有效应对党自身面临的“四大考验”“四种危险”，都要求必须一刻不停推进全面从严治党，不断开创百年大党自我革命新境界。健全全面从严治党体系，就是要适应新时代新征程新的历史特点，更好发挥全面从严治党政治引领和政治保障作用，促进全党牢记“三个务必”、践行党的宗旨、永葆先进纯洁，确保党能够更好承担起时代赋予的历史使命，在坚持和发展中国特色社会主义的历史进程中始终成为坚强领导核心。

深入推进新时代党的建设新的伟大工程的重要保证。治国必先治党，党兴才能国强。把党的建设作为一项伟大工程来推进，并且始终坚持党要管党、从严治党的原则和方针，是我们党的一大创举，也是立党立国、兴党兴国的一大法宝。党的十八大以来，以习近平同志为核心的党中央将全面从严治党纳入“四个全面”战略布局，作为新时代党的建设的鲜明主题，实现了全面从严治党领导体制重塑、战略目标重塑、组织机构重塑、工作力量重塑、责任体系重塑，党在革命性锻造中更加坚强。同时也要清醒看到，党的建设还存在一些突出矛盾和问题。比如，一些党员干部贯彻党中央决策部署不坚决、不彻底，搞变通或选择性执行；形式主义、官僚主义屡禁不止，一些干部对群众急难愁盼问题漠不关心，遇到问题推拖躲绕；基层党组织建设存在短板，组织覆盖、工作覆盖还不到位；腐败存量还未清底、增量仍有发生，并呈现出新的阶段性特征等。健全全面从严治党体系，就是要站在事关党长期执政、国家长治久安、人民幸福安康的高度，把全面从严治党作为党的长期战略、永恒课题，永远吹冲锋号，把严的基调、严的措施、严的氛围长期坚持下去，不断促进党的建设质量提升，深入推进新时代党的建设新的伟大工程。

系统观念在全面从严治党中的运用。系统观念是具有基础性的思想和工作方法，是马克思主义唯物辩证法的本质要求。党的十八大以来，以习近平同志为核心的党中央创新发展运用系统观念，推动党和国家事业取得历史性成就、发生历史性变革。全面从严治党是一项具有长期性、艰巨性、复杂性的系统工程，从实施主体看，具有广泛性，即党委、政府、人大、政协、纪检监察机关、公检法机关等都是实施主体，各司其职，围绕加强和完善党的领导形成全面从严治党合力；从监督客体看，具有结构性，即必须适应我国治理体系的特点，坚持依规治党和依法治国有机统一，贯通规纪法，实现党内监督和对所有行使公权力的公职人员监察全覆盖；从治理举措看，具有统合性，必须全面推进思想从严、监督从严、执纪从严、治吏从严、作风从严、反腐从严，把全面从严治党贯穿于党的建设各方面。健全全面从严治党体系是系统观念在全面从严治党实践中的自觉运用，就是要坚持统筹兼顾、综合施策，坚持系统施治、标本兼治，系统地而不是零碎地、整体地而不是局部地、持久地而不是短暂地推进全面从严治党，有效破解制约全面从严治党向纵深发展的问题，使党永葆生机活力、走好新的赶考之路。

新时代十年全面从严治党体系初步构建

党的十八大以来，党中央加强前瞻性思考、全局性谋划、战略性布局、整体性推进，在党和国家事业发展全局中推进全面从严治党，打出一套自我革命“组合拳”，在构建全面从严治党体系上积累了丰富成果。

强化政治引领，把党的政治建设作为党的根本性建设。党确立习近平同志党中央的核心、全党的核心地位，确立习近平新时代中国特色社会主义思想的指导地位，对新时代党和国家事业发展、对推进中华民族伟大复兴历史进程具有决定性意义。党中央始终将党的政治建设摆在首位，把坚持和加强党的全面领导、党中央集中统一领导作为自我革命的根本目标，促使广大党员干部增强政治判断力、政治领悟力、政治执行力，坚决捍卫“两个确立”，自觉做到“两个维护”，保证全面从严治党正确政治方向。

强化理论武装，把思想建设作为党的基础性建设。坚持用习近平新时代中国特色社会主义思想统一思想、统一意志、统一行动，推动全党深刻认识习近平新时代中国特色社会主义思想开辟了马克思主义中国化时代化新境界，深刻领会这一创新理论的核心要义、精神实质、丰富内涵、实践要求，全面把握这一创新理论的世界观、方法论和贯穿其中的立场观点方法。加强思想淬炼和党性锻炼，弘扬伟大建党精神，持续开展党内集中教育，用理想信念强基固本，用党的创新理论武装全党，使党员、干部补足精神之“钙”，铸牢思想之“魂”。

强化组织基石，增强党组织政治功能和组织力凝聚力。提出和坚持新时代党的组织路线，以组织体系建设为重点，增强党组织政治功能和组织功能，树立大抓基层的鲜明导向，推动各级党组织全面进步、全面过硬。坚持党管干部原则和新时代好干部标准，把政治标准放在首位，坚持德才兼备、以德为先、任人唯贤，精准科学选人用人，抓好干部培育、选拔、管理、使用工作。完善管思想、管工作、管作风、管纪律的从严管理机制，建立健全干部担当作为的激励和保护机制，干部队伍焕发出蓬勃生机活力。

强化作风整饬，坚决落实中央八项规定精神，持之以恒纠治“四风”。以制定和落实中央八项规定开局破题，把握党性党风党纪内在联系，把握“四风”与腐败风腐同源、风腐一体特征，始终把中央八项规定精神作为长期有效的铁规矩、硬杠杠，以钉钉子精神纠治“四风”。深化整治形式主义、官僚主义顽瘴痼疾，着力解决政绩观扭曲、发展观偏差、治理能力不足导致的形式主义、官僚主义问题。传承党的光荣传统和优良作风，加强新时代廉洁文化建设，建立作风建设常态长效机制，以优良党风引领社风民风向上向善。

强化纪律约束，把纪律建设纳入党的建设总体布局。坚持纪严于法、纪在法前，严明党的政治纪律和政治规矩，带动组织纪律、廉洁纪律、群众纪律、工作纪律、生活纪律全面从严。完善纪律规定，制定修订关于新形势下党内政治生活的若干准则、廉洁自律准则、党内监督条例，两次修订纪律处分条例，制定修订问责条例等，全面提升纪律建设的政治性、时代性、针对性。开展纪律教育，强化纪律执行，精准运用“四种形态”，将纪律约束管在实处、深入人心，保证全面从严治党行稳致远。

强化制度保障，把制度建设贯穿党的各项建设。聚焦加强党的领导和党的建设推进制度创新，形成以党章为根本，以民主集中制为核心，以党的组织法规、党的领导法规、党的自身建设法规、党的监督保障法规为框架的比较完善的党内法规制度体系。深化纪检监察体制改革，实现党内监督和国家监察全覆盖，完善纪律监督、监察监督、派驻监督、巡视监督统筹衔接制度，推动纪检监察监督与人大监督、民主监督、行政监督、司法监督、审计监督、财会监督、统计监督、群众监督、舆论监督等各类监督贯通协同，健全党统一领导、全面覆盖、权威高效的监督体系。

强化反腐利剑，开展史无前例的反腐败斗争。坚持党中央对反腐败工作的集中统一领导，坚持无禁区、全覆盖、零容忍，坚持不敢腐、不能腐、不想腐一体推进，“打虎”“拍蝇”“猎狐”多管齐下，坚决遏制增量、削减存量，持续深化重点领域反腐败工作，坚决惩治群众身边腐败，加大国际追逃追赃力度，反腐败斗争取得压倒性胜利并全面巩固。坚持惩治震慑、制度约束、提高觉悟同向发力，深化以案促改促治，不断释放治理腐败综合效能，成功走出一条中国特色反腐败之路。

准确把握健全全面从严治党体系的目标任务和实践要求

全面从严治党体系是一个内涵丰富、功能完备、科学规范、运行高效的动态系统，要深刻把握健全这一体系的目标任务、实践要求，使全面从严治党各项工作更好体现时代性、把握规律性、富于创造性。

准确把握健全全面从严治党体系的根本目的。全面从严治党，核心是加强党的领导。党的全面领导与全面从严治党具有内在统一性，党的全面领导是全面从严治党的“根”和“魂”，是全面从严治党的根本目的；全面从严治党为坚持党的全面领导提供有力支撑，是党的全面领导贯彻落实的重要保证。健全全面从严治党体系，必须将坚持和加强党的全面领导作为根本出发点，将坚持“两个确立”、做到“两个维护”作为根本任务，坚决维护党中央权威和集中统一领导。要健全总揽全局、协调各方的党的领导制度体系，完善党中央重大决策部署落实机制，确保全党在政治立场、政治方向、政治原则、政治道路上同以习近平同志为核心的党中央保持高度一致。要加强党的政治建设，推进政治监督具体化、精准化、常态化，严明政治纪律和政治规矩，严肃党内政治生活，增强各级党组织和党员干部政治判断力、政治领悟力、政治执行力，自觉做到党中央提倡的坚决响应，党中央决定的坚决执行，党中央禁止的坚决不做，执行党中央决策部署不讲条件、不打折扣、不搞变通，把做到“两个维护”转化为为党分忧、为党尽责的实际行动，转化为进行伟大斗争、建设伟大工程、推进伟大事业、实现伟大梦想的磅礴力量。

准确把握健全全面从严治党体系的基本原则。健全全面从严治党体系，要坚持制度治党、依规治党，更加突出党的各方面建设有机衔接、联动集成、协同协调，更加突出体制机制的健全完善和法规制度的科学有效，更加突出运用治理的理念、系统的观念、辩证的思维管党治党建设党。在顶层设计上，以新时代党的建设总要求为主线，以党的二十大关于全面从严治党的战略部署为着力点，贯通领会运用自我革命“六个必须”宝贵经验和“九个坚持”管党治党规律性认识，始终把党的政治建设放在首位，带动思想建设、组织建设、作风建设、纪律建设、制度建设和反腐败斗争同向发力、同频共振、同增质效。在制度机制上，完善党的自我革命制度规范体系，形成坚持真理、修正错误，发现问题、纠正偏差的有效机制，健全党和国家监督体系，坚持制度建设与制度执行并重，用严明的纪律维护制度，以有效问责强化制度执行。在路径举措上，坚持思想建党和制度治党相统一、自我监督和群众监督相结合、党性党风党纪一起抓、不敢腐不能腐不想腐一体推进，统筹推进党的建设高质量发展。在方法要求上，坚持严管厚爱结合、激励约束并重，把从严管理监督和鼓励担当作为高度统一起来，明方向、立规矩、正风气、强免疫，营造风清气正政治生态和干事创业良好环境。

准确把握健全全面从严治党体系的内涵要义。全面从严治党，基础在全面，关键在严，要害在治。要坚持内容上全涵盖，党的建设推进到哪里，全面从严治党体系就要构建到哪里，将全面从严治党战略方针贯穿党的政治建设、思想建设、组织建设、作风建设、纪律建设、制度建设和反腐败斗争各方面，融入思想从严、监督从严、执纪从严、治吏从严、作风从严、反腐从严各环节。要坚持对象上全覆盖，既要管全党、治全党，面向党的各级组织和全体党员，做到管党治党上没有特殊党员、不留空白死角；又要突出重点，抓住党的领导干部特别是高级干部、“一把手”这个“关键少数”，以上率下、引领示范。要坚持责任上全链条，把党委（党组）主体责任、纪委监委监督责任、党委书记第一责任人责任、班子成员“一岗双责”联动起来，把行使权力和担当责任统一起来，把上下贯通、环环相扣的责任体系构建起来。要坚持制度上全贯通，把制度建设要求贯穿到党的建设各方面、落实到全面从严治党全过程，处理好建章立制与落地见效的关系，促使党员干部自觉依据法规制度谋事、管人、用权，充分发挥依规治党对党和国家事业发展的政治保障作用。

准确把握健全全面从严治党体系的组织保障。健全全面从严治党体系是全党的共同责任，必须充分发挥党的政治优势、组织优势、制度优势，在党中央集中统一领导下，健全各负其责、统一协调的管党治党责任格局。党委（党组）要发挥牵头抓总作用，严格落实《党委（党组）落实全面从严治党主体责任规定》，建立健全主体责任清单、述责述廉等制度，自觉将全面从严治党作为政治责任，发挥好把方向、管大局、作决策、保落实的重要作用；作为全面责任，加强对全面从严治党全方位、全系统、全过程的领导；作为直接责任，落实到决策、执行、监督全过程；作为具体责任，真正做到见人见事见思想。党的工作部门要种好管党治党责任田，党的基层组织要夯实战斗堡垒作用，每名党员、干部都要自觉履职尽责，巩固发展全党动手一起抓的良好局面。纪检监察机关作为全面从严治党的重要力量，要忠实履行党章和宪法赋予的职责，在健全全面从严治党体系中找准定位、发挥作用，围绕落实党的二十大战略部署强化政治监督，锲而不舍落实中央八项规定精神，全面加强党的纪律建设，坚决打赢反腐败斗争攻坚战、持久战，推动完善党和国家监督体系，不断取得全面从严治党、党风廉政建设和反腐败斗争新成效，为全面建设社会主义现代化国家开好局起好步提供坚强保障。

（《中国纪检监察报》2023 年 2 月 2 日第 8 版）

健全全面从严治党体系
推动解决大党独有难题

吴 辉 姜 森

习近平总书记在二十届中央纪委二次全会上的重要讲话，对解决大党独有难题、健全全面从严治党体系、深入推进全面从严治党提出明确要求、作出战略部署。解决大党独有难题，基本路径是健全全面从严治党体系。我们要准确理解大党独有难题的深刻内涵，沿着习近平总书记指引的方向探索破解问题的办法，坚定不移全面从严治党，深入推进新时代党的建设新的伟大工程。

大党独有难题的深刻内涵

中国共产党是大党，大就要有大的样子，同时大也有大的难处。在党的二十大报告中，习近平总书记告诫全党："我们党作为世界上最大的马克思主义执政党，要始终赢得人民拥护、巩固长期执政地位，必须时刻保持解决大党独有难题的清醒和坚定。"在二十届中央纪委二次全会上，习近平总书记站在党和国家事业发展全局的战略高度，用"六个如何始终"对大党独有难题作出深刻阐释，强调解决这些难题是实现新时代新征程党的使命任务必须迈过的一道坎，是全面从严治党适应新形势新要求必须啃下的硬骨头。

如何始终不忘初心、牢记使命。这是大党独有难题的首要问题。党的初心使命规定了党的根本任务，是党团结统一的政治基础。一个长期执政的大党最难得的就在于历经沧桑而初心不改。为中国人民谋幸福、为中华民族谋复兴，是中国共产党的初心和使命。习近平总书记指出："初心不会自然保质保鲜，稍不注意就可能蒙尘褪色，久不滋养就会干涸枯萎，很容易走着走着就忘记了为什么要出发、要到哪里去，很容易走散了、走丢了。"现实中，我们党查处的一些腐败分子，之所以跌入违纪违法的陷阱，从根本上讲就是遗忘了党的初心使命。因此，党需要解决好各种违背初心使命的难题。

如何始终统一思想、统一意志、统一行动。这是大党独有难题的关键指向。中国共产党是高度集中统一的马克思主义政党，思想上的统一、政治上的团结、行动上的一致是党的事业不断发展壮大的根本所在。习近平总书记强调："我们这么大的党、这么多党组织和党员，如果都各行其是、自作主张，想干什么就干什么，想不干什么就不干什么，那是要散掉的。"面对纷繁复杂的国内外形势和艰巨任务，如何严明党的纪律规矩，如何健全维护党中央权威和集中统一领导的制度，如何在党中央集中统一领导下充分发挥各级党组织和全体党员的主动性积极性，都是新时代管党治党面临的新问题、新要求。

如何始终具备强大的执政能力和领导水平。这是大党面临的一项长期课题。马克思主义政党进行革命、夺取政权不容易，革命胜利后执掌和巩固政权更不容易。习近平总书记强调，要在自我完善上下功夫，坚持补短板、强弱项、固根本，防源头、治苗头、打露头，堵塞制度漏洞，健全监督机制，提升党的长期执政能力。我们党长期执政，思维惯性、行为惰性客观存在，一些老观念、老套路、老办法相沿成习，队伍不断发展壮大也带来干部良莠并存、参差不齐。所以，党在长期执政条件下，如果不能与时俱进地提升自身执政本领，就会有被淘汰的危险。

如何始终保持干事创业精神状态。这是大党独有难题的内在表现。干事创业，离不开斗志和激情。良好的精神状态，是做好一切工作的前提，关乎事业的成败。但是，在长期执政条件下，始终保持干事创业精神状态确实不易。大党长期执政，承平日久，容易追求安逸享乐，从而精神懈怠、意志消沉、不思进取，这对于一个担负崇高使命的大党而言，是一个十分危险的信号，也是一项须臾不可忽视的难题。

如何始终能够及时发现和解决自身存在的问题。这是大党独有难题的核心要素。世界上一些大党、老党垮台的原因普遍都是由于未能发现和解决自身存在的突出问题，逐渐失去民心，最终丧失政权。堡垒最容易从内部被攻破，能打败大党的只有大党自己。习近平总书记警示全党："这么大一个党，处在执政地位、掌控执政资源，很容易在执政业绩光环的照耀下，出现忽略自身不足、忽视自身问题的现象，陷入'革别人命容易，革自己命难'的境地。"作为一个大党，有没有强烈的自我革命精神，能不能始终发现错误、改正缺点、解决问题，成为决定党兴衰成败的关键因素。

如何始终保持风清气正的政治生态。这是大党独有难题的外在形态。健康洁净的党内政治生态，是党的优良作风的生成土壤，是党旺盛生机的动力源泉，对于党长期执政和存续发展至关重要。"浇风易渐，淳化难归。"对于一个长期执政的大党来说，要始终保持风清气正的政治生态并不容易。习近平总书记强调，"净化政治生态同修复自然生态一样，绝非一朝一夕之功。"党的十八大以来，党内政治生态状况发生明显好转，但持续净化党内政治生态的工作仍然艰巨繁重。

"六个如何始终"内涵丰富、逻辑严密，充分体现了我们党对所处历史方位、肩负使命任务、面临复杂环境的清醒认识，充分彰显了我们党对党的根本性质和党情发展变化的深刻把握，对新征程上推动全面从严治党向纵深发展具有重要意义。

健全全面从严治党体系是解决大党独有难题的基本路径

健全全面从严治党体系，是党的二十大提出的加强新时代党的建设的重大举措。习近平总书记在二十届中央纪委二次全会上深刻阐述了健全全面从严治党体系的目标任务、实践要求。健全全面从严治党体系与解决大党独有难题内在契合，是解决大党独有难题的基本路径，是理论逻辑、历史逻辑和实践逻辑的辩证统一。

理论逻辑：解决大党独有难题需要以体系化的方式推进全面从严治党。“六个如何始终”的大党独有难题涉及党的建设方方面面，反映在政治、思想、组织、制度、文化等各个领域。解决如何始终不忘初心、牢记使命的难题，要求坚持江山就是人民、人民就是江山，始终为人民打江山、为人民守江山。解决如何始终统一思想、统一意志、统一行动的难题，要求严明党的政治纪律和政治规矩，坚持不懈用党的创新理论武装全党。解决如何始终具备强大的执政能力和领导水平的难题，要求提高各级党组织和党员干部的政治判断力、政治领悟力、政治执行力，提高党把方向、谋大局、定政策、促改革的能力和定力，建设堪当民族复兴重任的高素质干部队伍。解决如何始终保持干事创业精神状态的难题，要求把从严管理监督和鼓励担当作为高度统一起来，坚持严管和厚爱结合、激励和约束并重。解决如何始终能够及时发现和解决自身存在的问题的难题，要求始终保持正视问题的自觉，以壮士断腕、刮骨疗毒的决心和勇气推进自我革命。解决如何始终保持风清气正的政治生态的难题，要求把全面从严治党作为党的长期战略、永恒课题，把严的基调、严的措施、严的氛围长期坚持下去。“六个如何始终”是一个相互关联、系统全面的有机整体。这就决定了解决大党独有难题不能局部地、零碎地、短暂地、一般化地进行，而要以更加科学的态度、法治化的思维、体系化的方式进行。健全全面从严治党体系正是这样一种可行路径。

历史逻辑：党初步构建起全面从严治党体系，奠定了解决大党独有难题的坚实基础。百余年来，伴随着我们党从小到大、由弱变强，党的建设连点成线、织线成面，管党治党不断体系化推进。党的十八大以来，以习近平同志为核心的党中央把全面从严治党作为新时代党的建设的鲜明主题，在管党治党上更加注重整体推进、协同发力，初步构建起全面从严治党体系。这表现在：把党的政治建设作为党的根本性建设；把思想建设作为党的基础性建设；提出和坚持新时代党的组织路线；以制定和落实中央八项规定开局破题，以钉钉子精神纠治“四风”；把纪律建设纳入党的建设整体布局；把制度建设贯穿党的各项建设；开展史无前例的反腐败斗争，等等。正如习近平总书记深刻指出的：“放眼全世界，没有任何一个政党能像中国共产党如此严肃认真地对待自身建设，如此高度自觉地以科学的态度、体系化的方式推进自我革命，这是我们党的显著优势，也是引领时代的制胜之道。”在构建全面从严治党体系上积累的丰富成果，为解决大党独有难题提供了思想指引、实践遵循和方法借鉴。

实践逻辑：健全全面从严治党体系的战略部署，为解决大党独有难题提供有力抓手。全面从严治党是一项系统工程，要体现科学化、制度化、规范化的有机统一。党的二十大报告首次提出“健全全面从严治党体系”的要求，并作了全面部署。在二十届中央纪委二次全会上，习近平总书记对健全全面从严治党体系作了进一步阐述。全面从严治党体系，是全面从严治党的各种要素相互联系、相互作用，形成的具有系统性和全面性的有机整体。健全这一体系，要按照“内容上全涵盖、对象上全覆盖、责任上全链条、制度上全贯通”的重要要求，更加突出党的各方面建设之间有机衔接、联动集成、协同协调，更加突出体制机制的健全完善和法规制度的科学有效，更加突出运用治理的理念、系统的观念、辩证的思维管党治党建设党，真正把全面从严治党体系建设成一个内涵丰富、功能完备、科学规范、运行高效的动态系统，以更加科学、更加严密、更加有效的思路举措解决大党独有难题。健全全面从严治党体系的重要要求和战略部署，为新征程上解决大党独有难题提供了有力抓手，是系统施治“六个如何始终”的有效武器。

推动健全全面从严治党体系落实落地

健全全面从严治党体系，是一项既要注重整体优化又要注重重点推进的系统工程。其大方向是“健全”，而不是另起炉灶、推倒重来；中心任务是全面从严治党，不能偏离；落脚点在“体系”，也贵在“体系”，不能一叶障目。推动健全全面从严治党体系，在实践中要把握好以下方面。

坚持系统观念。系统观念是具有基础性的思想和工作方法，是贯穿习近平新时代中国特色社会主义思想的世界观和方法论。更加突出运用系统的观念管党治党建设党，要求我们在工作谋划上要有“大视野”，充分发挥全面从严治党的政治引领和政治保障作用，推动全面从严治党与党和国家事业深度融合；在工作内容上要有“大格局”，就是把党的领导、党的建设、全面从严治党融为一体，以党的领导保方向、党的建设聚力量、全面从严治党强保障，使三者融汇于新时代党的建设新的伟大工程的战略举措之中；在制度体系上要有“大建树”，健全完善各方面制度，构建起全面从严治党体系的“四梁八柱”。

落实新时代党的建设总要求。新时代党的建设总要求是新时代管党治党的“纲”，它引领着新时代党的建设的方向。健全全面从严治党体系，必须以新时代党的建设总要求为根本遵循，坚持和加强党的全面领导，坚持党要管党、全面从严治党，抓住党的建设的主线、统领、根基、着力点，推进党的建设总体布局，继续回答好新时代“建设什么样的党、怎样建设党”这一历史性课题。全面从严治党，核心是加强党的领导，基础在全面，关键在严，要害在治。健全全面从严治党体系，要坚持和加强党的全面领导，确保党的领导全面、系统、整体加以落实。要在“全面”上下功夫，坚持内容上全涵盖，使全面从严治党战略方针贯彻到新时代党的建设的总体布局之中，而不限于正风、肃纪、反腐；坚持对象上全覆盖，面向党的各级组织和全体党员，既抓“关键少数”，又管“绝大多数”；坚持责任上全链条，压实党委（党组）主体责任、纪委监督责任、党委书记第一责任人责任，以及班子成员“一岗双责”；坚持制度上全贯通，持续构建以党章为根本、以民主集中制为核心的党内法规制度体系，增强党内法规的权威性和执行力。要在“严”上持续用力，坚持严的基调、严的措施、严的氛围，抓思想从严、监督从严、执纪从严、治吏从严、作风从严、反腐从严。要在“治”上取得更大成效，确保全面从严治党各项任务和部署落地见效。

健全完善体系。一是健全党的领导制度体系。党的领导是党和国家的根本所在、命脉所在。健全全面从严治党体系，首先要健全总揽全局、协调各方的党的领导制度体系。当前最为重要和关键的，是要完善党中央重大决策部署落实机制、进一步建强党的组织体系、健全党和国家机构职能体系。二是健全全面从严治党思想理论体系。全面从严治党离不开科学的理论指导。新时代以来，我们已经形成习近平总书记关于党的自我革命战略思想。新征程上，要不断丰富完善这一思想，武装全党、教育人民、指导实践。三是完善党的自我革命制度规范体系。新时代十年，我们党已经形成比较完善的党内法规制度体系。新征程上完善这一体系，特别要在形成坚持真理、修正错误，发现问题、纠正偏差的机制上取得更大成效。四是完善党和国家监督体系。要把监督覆盖到所有行使公权力的公职人员，横向到边、纵向到底。纪检监察机关要担负起“推动完善党和国家监督体系”的重要职责。五是健全干部选育管用体系。要围绕做好干部培养、选拔、管理、使用工作，建立健全素质培养、知事识人、选拔任用、从严管理、正向激励五大体系。六是完善全面从严治党责任体系。全面从严治党，重在落实责任。党的十八大以来，我们党构建起全面从严治党责任体系，形成了全党上下一起抓的良好局面。推动完善这一体系，要强化责任之间的沟通和协同，发挥联动效能，推动全面从严治党向纵深发展。七是健全全面从严治党激励约束和考核评价体系。健全激励约束体系，侧重以结果为导向，强化履行全面从严治党责任的压力和动力，营造良好政治生态，引导党员干部更好干事创业。健全考核评价体系，要围绕考核指标、考核内容、评分标准等进行科学谋划。八是健全全面从严治党参与体系。全面从严治党离不开人民群众的支持和参与。健全全面从严治党参与体系，要在拓宽人民群众参与渠道、丰富参与形式、提高参与实效等方面下更大功夫。

协同推进全面从严治党整体布局。党的二十大提出的“坚定不移全面从严治党，深入推进新时代党的建设新的伟大工程”的七项工作布局是有机统一的整体。要坚持党性党风党纪一起抓，思想建党和制度治党紧密结合，强化党的政治建设的统领作用，推动党的建设各领域、各方面相互协同，同时、同向、综合发力。各级党组织要在党中央集中统一领导下，健全各负其责、统一协调的管党治党责任格局。

（《中国纪检监察报》2023 年 9 月 14 日第 5 版）

把依规治党当作管党治党基本方式

中共中央办公厅法规局

党的十八大以来，以习近平同志为核心的党中央明确将加强党内法规制度建设作为全面从严治党的长远之策、根本之策，创造性提出“把依规治党当作管党治党基本方式”这一重大论断，深刻揭示了党章党规在管党治党中的基础性、关键性地位，标志着我们党对依规治党的认识达到了新高度。迈上新征程，管党治党必须坚持制度治党、依规治党，为新时代党的建设提供根本性、全局性、稳定性、长期性保障。

充分彰显党章党规的政治性，以依规治党保证党中央集中统一领导和党的团结统一

党章党规具有鲜明的政治性。习近平总书记指出，我们党作为马克思主义政党，讲政治是突出的特点和优势，没有强有力的政治保证，党的团结统一就是一句空话。维护党中央权威和集中统一领导、实现党的团结统一，是管党治党的重要目标，也是党内法规制度建设的重要使命。我们党注重发挥党内法规的政治保障作用，以一系列重要制

度性安排，保证全党自觉向党中央看齐，坚决做到“两个维护”，将民主集中制原则贯彻到党的领导和党的建设全过程各方面，不断增强党的政治领导力、思想引领力、群众组织力、社会号召力。

围绕做到“两个维护”加强制度建设，为管党治党提供最根本政治保证。“两个维护”是党的十八大以来我们党的重大政治成果和宝贵经验，是我们党最重要的政治纪律和政治规矩，加强党内法规制度建设必须把完善“两个维护”制度保障作为首要任务。进入新时代，通过制定出台关于加强党的政治建设的意见、关于加强和维护党中央集中统一领导的若干规定、重大事项请示报告条例等法规制度，不断健全“两个维护”制度机制，党中央集中统一领导和党的团结统一得到有力巩固和加强，推动全党始终保持统一的思想、坚定的意志、协调的行动、强大的战斗力，团结成“一块坚硬的钢铁”，促进了党的执政能力和执政水平不断提升。

完善和落实民主集中制的各项制度，把民主集中制要求贯穿管党治党各方面各领域各环节。民主集中制是我们党的根本组织原则和领导制度，是激发党的创造活力、保持党的团结统一的根本保证，是马克思主义政党区别于其他政党的重要标志。党章把坚持民主集中制作为党的建设六项基本要求之一，并在党的组织制度一章全面规定了民主集中制的六项基本原则及相关制度，以此保证各级党组织在充分发扬民主基础上实行正确集中。新时代以来，制定修订党内法规，都坚持以民主集中制为核心，内容上充分体现发扬党内民主和维护党的集中统一的要求，程序上既注重充分发扬民主、广泛征求意见又注重实行正确的集中，推动形成又有集中又有民主、又有纪律又有自由、又有统一意志又有个人心情舒畅生动活泼的政治局面。

新征程上坚持依规治党，必须强化政治属性、把牢政治方向、遵循政治逻辑，坚持贯彻民主集中制原则，进一步完善坚定维护党中央权威和集中统一领导的各项制度，健全党中央对重大工作的领导体制，进一步增强依规治党政治优势、提升党规之治政治效能，以统一的意志和行动维护党的团结统一，确保全党上下拧成一股绳，心往一处想、劲往一处使，推动全党始终在思想上政治上行动上同以习近平同志为核心的党中央保持高度一致。

充分彰显党章党规的规范性，以依规治党保证党的领导和党的建设活动有力有序推进

规范性是党章党规的基础属性。习近平总书记强调，要发挥好党内法规在维护党中央集中统一领导、保障党长期执政和国家长治久安方面的重大作用，在推进新时代党的建设新的伟大工程、落实全面从严治党方面的重大作用。党内法规“两个重大作用”的发挥，与党内法规具有规范性特征密不可分。作为一种制度规范，党章党规具有普遍适用性、反复适用性、长期适用性，对党的领导和党的建设活动具有规范、保障、引领作用，是管党治党的基本依据。

加强党的领导方面制度供给，依规调整党与党外各方面关系，筑牢党领导各方面工作的制度基础。党政军民学，东西南北中，党是领导一切的。我们党紧紧围绕统筹推进“五位一体”总体布局和协调推进“四个全面”战略布局加强党内法规制度建设，把党内法规制度有机嵌入党和国家工作大局，制定出台党中央领导经济工作规定和纪律检查、组织、宣传、统一战线、政法、机构编制、农村、国家安全等工作领域，以及高质量发展、法治政府建设、生态环境保护等方面的党内法规，将各方面各层级工作都纳入制度化、规范化轨道，保证党对各方面事业的领导持续加强、有力有序，为党领导中国特色社会主义事业不断取得新胜利提供制度支撑。

坚持把制度建设有机贯穿党的政治建设、思想建设、组织建设、作风建设、纪律建设，依规调整党内关系，不断提升党的建设制度化水平。党的十八大以来，以习近平同志为核心的党中央深化制度改革创新，以党章党规规范和保障党的建设活动持续加强、有力推进，把管党治党的“螺栓”拧得更紧，制定修订党内监督条例、党委（党组）理论学习中心组学习规则、党员教育管理工作条例、纪律处分条例、推进领导干部能上能下规定等一批重要党内法规，调整党组织之间的关系、党员之间的关系以及党组织和党员之间的关系都实现了有规可依、有章可循，不断健全全面从严治党体系。

新征程上坚持依规治党，必须更好发挥党内法规制度建设对于党和国家事业发展的引领和保障作用，不断健全党总揽全局、协调各方的领导制度体系，坚持在制度轨道上全面实施党的领导活动，进一步完善领导体制机制、创新领导方式方法，把党的领导贯彻落实到改革发展稳定、内政外交国防、治党治国治军各领域各方面各环节。

充分彰显党章党规的确定性，以依规治党保证党组织工作和党员行为事项明确可预期

党章党规作为一种规则，确定性是其重要特征。习近平总书记深刻指出，党章是全党必须遵循的总章程，党规党纪是对党章的延伸和具体化，学好了党规党纪，就能弄清楚自己该做什么、不该做什么，能做什么、不能做什么。党章党规作为专门规章制度，有着严密的制定程序，体现假定、行为模式、后果制度逻辑，一经出台不轻易变动，具有较强的稳定性，在管党治党中发挥着固根本、稳预期、利长远作用。我们党倡导什么、要求什么、禁止什么，党章党规规定得一目了然，党组织和党员通过党章党规，对自身行为及其导致的后果就有了

明确的预期预判。

通过党章党规设定党的组织结构及运行规则，推动党组织依规有序开展工作。党章作为党的根本大法，对党的各级各类组织的设置和定位作了全面系统规定，对党组织工作起着根本指引作用。新时代以来，通过制定修订中央委员会工作条例、地方委员会工作条例、党组工作条例、支部工作条例（试行）、党的工作机关条例（试行）等规范党组织设立、职权、运行的党内法规，将党的各级各类组织纳入党内法规调整范畴，使各级各类党组织定位准确、权责明晰、分工科学、运行有效，形成互相联系的有机统一整体，提升了党组织工作制度化、规范化、科学化水平。

通过党章党规设置党员义务权利及行使要求，确立党员行为遵循和评判标准。党员是党的肌体的细胞和党的活动的主体，以严格的制度规定确保党员认真履行义务、正确行使权利，是党内法规制度建设的重要任务。新时代以来，我们党制定修订发展党员工作细则、党员教育管理工作条例、党员权利保障条例、党内功勋荣誉表彰条例等规范指引党员行为的党内法规，体现出严管厚爱结合、激励约束并重的鲜明导向，以有效的制度激励广大党员积极发挥先锋模范作用，确保了全党上下步调一致向前进。

新征程上坚持依规治党，要紧跟管党治党新形势新任务新要求，更加注重制度治本作用，深化党内法规制度“供给侧结构性改革”，进一步营造稳定可预期的制度环境，使我们这个有着 9800 多万名党员、500 多万个基层党组织的世界第一大党，在同一套制度规范指引下，向着共同目标奋进。

充分彰显党章党规的约束性，以依规治党保证党组织和党的干部正确用权

党章党规作为制度笼子，对于党组织和党的干部具有刚性约束力。习近平总书记强调，“要坚持用制度管权管事管人，抓紧形成不想腐、不能腐、不敢腐的有效机制，让人民监督权力，让权力在阳光下运行，把权力关进制度的笼子里。”管党治党，基础在管好建强党组织，关键在管好党的干部。我们党作为长期执政党，处在长期执政地位、掌控执政资源，党组织和党的干部是党的执政权力的具体行使者，党组织和党的干部能否正确用权，事关党的事业兴衰成败。党章党规对党组织和党的干部具有强大约束力，既能“禁于未然之前”，又能“禁于已然之后”。面对世情国情党情的深刻变化，面对“四大考验”“四种危险”，我们党坚持用制度管权管事管人，把党内法规制度建设贯穿制约监督权力的各个方面，党章党规约束功能得到有效发挥，党组织和党的干部依规用权的能力和水平不断提升。

锚定管党治党的责任主体，健全党组织履行职权职责制度机制。有权必有责，知责明责方能履责问责。党的十八大以来，我们党出台党委（党组）落实全面从严治党主体责任规定、党委（党组）国家安全责任制规定、党内法规执行责任制规定（试行）等党内法规，构建了系统严密的责任体系。以责任制“牛鼻子”为牵引，抓住党委（党组）这个关键主体，推动各级党组织进一步增强党组织政治功能和组织功能，认真履行党章赋予的各项职责，把党的路线方针政策和党中央决策部署贯彻落实好，把各领域广大群众组织凝聚好，党的政治优势和组织优势不断转化为发展动力和发展优势。

瞄准管党治党的“关键少数”，完善干部权力运行制度规范。党

的十八大以来，我们党制定修订党政领导干部选拔任用工作条例、党政领导干部考核工作条例、党政主要领导干部和国有企事业单位主要领导人员经济责任审计规定等党内法规，以刚性制度规定管住党的干部特别是“一把手”。制定修订并严格执行党内监督条例、问责条例等党内法规，充分发挥监督作用，深化运用“四种形态”，以精准规范问责促进担当作为，以“得罪千百人、不负十四亿”的使命担当祛疴治乱，不敢腐、不能腐、不想腐一体推进，反腐败斗争取得压倒性胜利并全面巩固，消除了党、国家、军队内部存在的严重隐患，确保党和人民赋予的权力始终用来为人民谋幸福。

新征程上坚持依规治党，必须深入贯彻落实党的二十大决策部署，加快完善党全面领导中国式现代化建设的制度体系，健全全面从严治党体系，推动党内法规制定质量全面提高、党内法规权威性和执行力全面增强，持续释放“严”的信号，为党组织和党的干部依规用权提供有力制度保障。

充分彰显党章党规的科学性，以依规治党保证党和国家事业行稳致远

党章党规高度凝练党的理论创新和实践经验，体现着科学的治理逻辑，彰显出鲜明的科学性特征。习近平总书记深刻指出，要坚持和完善现有制度，从实际出发，及时制定一些新的制度，构建系统完备、科学规范、运行有效的制度体系，使各方面制度更加成熟更加定型，为夺取中国特色社会主义新胜利提供更加有效的制度保障。坚持党要管党、全面从严治党，是党和国家事业兴旺发达的重要政治保证。党章党规体现全党统一意志，凝聚着我们党管党治党、治国理政的经验智慧，承载着共产党执政规律、党的建设规律，蕴含着“中国共产党

之治”的独特治理密码，为党和国家事业发展提供了强大制度动力。

坚持科学理论指导，更好推动习近平新时代中国特色社会主义思想的法规化、制度化表达。推进全面从严治党，思想建党和制度治党要同向发力，是我们在实践中探索形成的重要经验。党的十八大以来党内法规制度建设的过程，就是深入贯彻习近平新时代中国特色社会主义思想的过程，制定修订的每部党内法规，都注重同习近平总书记有关重要论述对标对表，充分反映习近平总书记关于这方面工作的重要指示和要求。党的二十大通过的党章修正案，坚持以习近平新时代中国特色社会主义思想为指导，把党的十九大以来习近平新时代中国特色社会主义思想的新发展写入党章，以更好反映以习近平同志为核心的党中央推进党的理论创新、实践创新、制度创新成果。总的看，习近平总书记关于改革发展稳定、内政外交国防、治党治国治军等的新理念新思想新战略，都全面体现到了新时代制定修订的全部党内法规之中。

扭住提高质量这个关键强化党内法规制度供给，狠抓制度执行，彰显制度对于管党治党、治国理政的强大效能。新时代以来，我们党更加注重科学立规、民主立规、依规立规，坚持目标导向和结果导向相结合，坚持把党中央要求、群众期盼、实际需要、新鲜经验结合起来，力求出台的党内法规体现党中央要求、满足实践需要、符合基层期盼。我们党坚持制定和实施并重，制度优势不断转化为推动经济社会发展的强大治理效能，党章党规有机融入区域治理、部门治理、行业治理、基层治理、单位治理等社会治理各方面各领域，在推动国家治理体系和治理能力现代化中的作用更加突显，推动党和国家事业在制度轨道上行得更稳、走得更远。

新征程上坚持依规治党，贯彻落实好党的二十大作出的完善党的自我革命制度规范体系等部署要求，必须紧紧围绕强国建设、民族复兴这一时代主题，以中央党内法规制定工作第三个五年规划为牵引，高水平加强党内法规制度供给，更加突出体制机制的健全完善和法规制度的科学有效，做到党和国家中心工作在哪里、党内法规制度建设就推进到哪里，从而更好发挥党内法规制度建设对于党和国家事业发展的引领和保障作用。

充分彰显党章党规的人民性，以依规治党保证我们党始终不忘初心、牢记使命

党章党规体现的是党的意志主张，从根本上讲，维护的是最广大人民的根本利益，体现的是党性和人民性的统一。习近平总书记在中央政治局会议审议中央八项规定稿时深刻指出，规矩是起约束作用的，所以要紧一点，紧一点自然就不舒服了，舒适度就有问题了，就是要不舒服一点、不自在一点，我们不舒服一点、不自在一点，老百姓的舒适度就好一点、满意度就高一点，对我们的感觉就好一点。中国共产党是中国工人阶级的先锋队，同时是中国人民和中华民族的先锋队，党除了工人阶级和最广大人民群众的利益之外没有自己的特殊利益。管党治党，就是要把党建设得更加坚强有力，从而更好带领全国人民为实现共同目标而团结奋斗。为中国人民谋幸福、为中华民族谋复兴，是中国共产党的初心和使命，党章党规以其丰富的人民性，为我们党践行初心、担当使命筑牢了制度根基。

坚持将党的根本宗旨融入党章党规，织牢党密切联系群众的制度网络，通过管党治党更好为人民服务。我们党的最大政治优势是密切联系群众，党执政后的最大危险是脱离群众。我们党根基在人民、血脉在人民、力量在人民，历来注重通过制度建设约束自我、服务人民，保证党始终同人民同呼吸、共命运、心连心。革命战争年代，“三大

纪律八项注意”把不拿群众一针一线、不侵害群众利益作为铁的纪律，使党和军队与人民群众建立了鱼水之情。党的七大首次将为人民服务的根本宗旨写进党章，规定“中国共产党人必须具有全心全意为中国人民服务的精神”。党的十八大闭幕不久，党中央出台关于改进工作作风密切联系群众的八项规定，推动党风政风焕然一新。党的二十大党章继续强调“党在自己的工作中实行群众路线，一切为了群众，一切依靠群众，从群众中来，到群众中去，把党的正确主张变为群众的自觉行动”。

围绕践行初心、担当使命加强党内法规制度建设，推动在管党治党中实现好、维护好、发展好最广大人民根本利益。党的十八大以来，我们党出台脱贫攻坚责任制实施办法、省级党委和政府扶贫开发工作成效考核办法、脱贫攻坚督查巡查工作办法等党内法规，构建起严密的脱贫攻坚责任体系，形成五级书记抓扶贫、全党动员促攻坚的良好局面，为打赢人类历史上规模最大的脱贫攻坚战提供了有力制度保障。紧紧围绕实现中华民族伟大复兴这个一以贯之的历史主题，对于事关民族复兴的重要领域和关键环节，我们党都通过出台党内法规制度予以规范，从制度上科学回应如何把我们党建设成为伟大光荣正确的党、如何团结带领广大人民群众把我们国家建设成为社会主义现代化强国。

新征程上坚持依规治党，必须始终坚持以人民为中心，站稳人民立场，贯彻党的群众路线，通过完善制度着力防范脱离群众的危险，不断密切党同人民群众的血肉联系，确保党始终同人民想在一起、干在一起，为全面建设社会主义现代化国家、全面推进中华民族伟大复兴凝聚起磅礴力量。

（《中国纪检监察》2023 年第 16 期）

第七篇

以锻造坚强组织、建设过硬队伍为重要着力点

以锻造坚强组织、建设过硬队伍为重要着力点

——牢牢把握“九个以”的实践要求深入推进党的自我革命

人民日报评论部

为打赢脱贫攻坚战，25.5万个驻村工作队、300多万名第一书记和驻村干部，同近200万名乡镇干部和数百万村干部一道奋斗奔忙；面对突如其来的新冠疫情，460多万个基层党组织冲锋陷阵，让党旗在抗疫第一线高高飘扬；面对洪涝灾害、地震险情，基层党员、干部冲锋在前、勇于担当，带领人民群众构筑起守护家园的坚固防线……党的十八大以来，基层党组织的战斗堡垒作用和共产党员的先锋模范作用充分彰显，党的政治优势和组织优势不断转化为制胜优势。

在二十届中央纪委三次全会上，习近平总书记深刻阐述党的自我革命的重要思想，明确提出“九个以”的实践要求，其中之一是“以锻造坚强组织、建设过硬队伍为重要着力点”。严密的组织体系，是马克思主义政党的优势所在、力量所在。以锻造坚强组织、建设过硬队伍为重要着力点深入推进党的自我革命，彰显了我们党打造严密组

织体系、统筹推进各层级各领域党组织建设的政治自觉，体现了我们党“永远保持马克思主义执政党本色，永远走在时代前列，永远做中国人民和中华民族的主心骨”的政治担当。

从马克思主义建党原则出发，阐明“组织建设是党的建设的重要基础”；围绕百年大党历史使命，提出“建设堪当民族复兴重任的高素质干部队伍”；告诫“出问题主要出在干部身上”，强调“从严治党，重在从严管理干部”……党的十八大以来，习近平总书记提出全面从严治党战略方针、坚持和加强党的全面领导、以党的自我革命引领社会革命、新时代党的建设总要求、新时代党的组织路线等一系列原创性的新理念新思想新战略，引领推动党的建设和组织工作发生根本性、全局性、长远性重大变化。以锻造坚强组织、建设过硬队伍为重要着力点深入推进党的自我革命，必须深入学习贯彻习近平总书记关于党的自我革命的重要思想，扎实做好理论武装、选贤任能、强基固本、育才聚才各项工作，努力为全面建设社会主义现代化国家、全面推进中华民族伟大复兴提供坚强组织保证。

党的全面领导、党的全部工作要靠党的坚强组织体系去实现。从贯彻落实党中央决策部署“最初一公里”的中央和国家机关，到“最后一公里”的基层党组织，各级党组织形成上下贯通、执行有力的组织体系，使我们党具有了无比坚强的领导力、组织力、执行力，成为团结带领人民攻坚克难、开拓前进最可靠的领导力量。实现党在新时代新征程的使命任务，党的建设和组织工作要有新担当新作为。各级党委及其组织部门务须更加坚决有力贯彻新时代党的组织路线和好干部标准，以提升组织力为重点、强化政治功能，完善上下贯通、执行有力的组织体系，树立加强基层建设的鲜明导向，推动各级党组织全面进步、全面过硬，使广大党员、干部做到忠诚干净担当。如此，党的领导才能“如身使臂，如臂使指”，党的组织优势才能充分彰显，党执政大厦的根基才能更加稳固。

党员是党的肌体的细胞。马克思主义政党的力量和作用，既取决于党员数量，更取决于党员质量。习近平总书记曾引述 1927 年 10 月毛泽东同志亲自撰写的入党誓词，“牺牲个人，努力革命，阶级斗争，服从组织，严守秘密，永不叛党”，勉励党员、干部提升政治觉悟，做到旗帜鲜明讲政治。对于我们这样一个长期执政的党来说，提高党员质量是重中之重。党组织既要严把入党关，把政治标准放在首位，也要严格党员日常教育和管理，使广大党员平常时候看得出来、关键时刻站得出来、危急关头豁得出来，充分发挥先锋模范作用。广大党员、干部，无论在什么时候、什么地方、什么场合，都要始终牢记自己是一名共产党员，都要始终发挥先锋模范作用，都要始终坚持和维护党的领导、维护党的团结统一。

治国必先治党，党兴才能国强。党的组织和党的工作全覆盖，党中央一声令下，全党闻令而动，这是世界上任何其他政党都不具有的强大优势。继续把中华民族伟大复兴的事情办好，把弘扬中华文明的事情办好，把中国特色社会主义的事情办好，最根本的是要把中国共产党的事情办好。始终围绕党和国家中心工作、重大部署推进党的组织工作，不断厚植组织优势，党和国家事业高质量发展就能不断获得强劲动力。

（《人民日报》2024 年 1 月 31 日第 5 版）

以锻造坚强组织、建设过硬队伍为重要着力点

——准确把握推进自我革命“九个以”的实践要求

刘海飞

在二十届中央纪委三次全会上，习近平总书记明确提出推进党的自我革命“九个以”的实践要求，其中之一就是“以锻造坚强组织、建设过硬队伍为重要着力点”。新时代新征程，深入推进全面从严治党，要牢牢把握这一实践要求，让党的组织更坚强，让党员干部队伍更过硬。

组织建设是党的建设的重要基础。党的十八大以来，以习近平同志为核心的党中央针对党的建设中存在的突出问题，坚定不移全面从严治党，提出和贯彻新时代党的组织路线，在加强党的全面领导、健全党的组织体系、完善选人用人标准和工作机制、健全党内政治生活和组织生活制度等方面采取了一系列重大举措，不断健全组织体系，以提升组织力为重点，增强党组织政治功能和组织功能，树立大抓基层的鲜明导向，推动党的组织和党的工作全覆盖。党的组织优势、组织力量在大战大考中得到充分体现。

牢牢把握以锻造坚强组织、建设过硬队伍为重要着力点这一实践要求，要不断增强党组织的政治功能和组织功能。我们党是依靠革命

理想和铁的纪律组织起来的马克思主义政党。增强党组织政治功能和组织功能，把党员组织起来、把人才凝聚起来、把群众动员起来，对于我们党推进伟大自我革命具有十分重要的意义。要不断健全组织体系，让党的各级组织都健全、都过硬，上下贯通、执行有力，使整个组织体系的经脉气血都畅通起来，保证党的领导“如身使臂，如臂使指”。要始终坚持大抓基层的鲜明导向，有效实现党的组织和党的工作全覆盖，让基层党组织在贯彻落实党中央决策部署中发挥好领导作用，成为宣传党的主张、贯彻党的决定、领导基层治理、团结动员群众、推动改革发展的坚强战斗堡垒，为把每条战线、每个环节的自我革命抓具体、抓深入提供坚强保障。

治国之要，首在用人。党的十八大以来，以习近平同志为核心的党中央明确信念坚定、为民服务、勤政务实、敢于担当、清正廉洁的新时代好干部标准，着力建设忠诚干净担当的高素质干部队伍。完善干部培养选拔机制，注重在基层一线和困难艰苦环境中培养锻炼干部、在重大任务和重大斗争一线发现使用干部，放眼各条战线、各个领域、各个行业选拔优秀干部。同时，建立管思想、管工作、管作风、管纪律的从严管理体系，建立崇尚实干、带动担当、加油鼓劲的正向激励体系，不断增强组织工作、队伍建设的整体效能。

政治路线确定之后，干部就是决定的因素。习近平总书记指出：“全面建设社会主义现代化国家，必须有一支政治过硬、适应新时代要求、具备领导现代化建设能力的干部队伍。”牢牢把握以锻造坚强组织、建设过硬队伍为重要着力点这一实践要求，要着力锻造忠诚干净担当的高素质干部队伍，坚持把政治标准放在首位，把严把紧政治关这个首要之关，确保选出的干部政治上站得稳、靠得住、能放心。打开视野、不拘一格，把方方面面优秀人才聚集到党和人民事业中来，把干部队伍和各方面人才作用充分发挥出来。坚持严管与厚爱相结合，加强对干部全方位管理和经常性监督，坚持从严教育、从严管理、从严监督。坚持激励和约束并重，以支持实干者、保护改革者、鼓励探索者、宽容失误者的实际行动，激发干部干事创业活力。此外，要坚持正确选人用人导向，以用人环境涵养政治环境，形成见贤思齐、心齐气顺的良好氛围，让广大干部在严肃党内政治生活中砥砺淬炼、百炼成钢。

（《人民日报》2024年2月8日第9版）

把党锻造成一块攻无不克、战无不胜的坚硬钢铁

欧阳淞

在学习贯彻习近平新时代中国特色社会主义思想主题教育工作会议上，习近平总书记明确要求："这次主题教育，要在推动学习贯彻新时代中国特色社会主义思想走深走实上下功夫，教育引导党员、干部从思想上正本清源、固本培元，不断提高政治判断力、政治领悟力、政治执行力，增强'四个意识'、坚定'四个自信'、做到'两个维护'，始终在思想上政治上行动上同党中央保持高度一致，做到心往一处想、劲往一处使，共同把党锻造成一块攻无不克、战无不胜的坚硬钢铁。"习近平总书记的重要讲话，深刻阐明党的建设的重要要求，是对新时代党的建设目标的丰富和发展，具有重大而深远的意义。我们要坚持以习近平新时代中国特色社会主义思想为指导，深入学习贯彻习近平总书记关于党的建设的重要思想，认真贯彻落实习近平总书记对党的建设和组织工作的重要指示，把党锻造成一块攻无不克、战无不胜的坚硬钢铁。

团结奋斗是中国共产党和中国人民最显著的精神标识，团结统一、坚强有力是“坚硬钢铁”的要义所在

中国是一个幅员辽阔、历史悠久的国家，中华民族是一个有着伟大奋斗精神、伟大团结精神的民族。团结奋斗的价值理念、历史意识，早就深深融入并深刻影响着一代又一代中国人的精神世界和日常行为。在漫长的历史长河中，中国人民正是依靠团结奋斗，才建立了统一的多民族国家，开发了辽阔壮美的大好河山，战胜了数不胜数的自然灾害，取得了“四大发明”等世界领先的文明成果。进入近代以后，中国饱受列强欺凌，同时封建专制制度日益腐朽。在那国家蒙辱、人民蒙难、文明蒙尘的苦难岁月里，为了探求救亡图存的正确道路，中国的先进分子和中国人民在苦难和挫折中求索，在风雨飘摇中前进，表现出了百折不挠的英雄气概。中国人民依靠团结奋斗同内外敌人进行殊死斗争，捍卫了民族独立和尊严，改变了“一盘散沙，人人得以欺之”的局面，书写了革新图强、共御外侮的壮丽史诗。

中国共产党继承中华民族团结奋斗的优良传统，始终信守“党的团结是党的生命”，始终坚持把团结奋斗鲜明地写在自己的旗帜上。越是在形势环境、主要任务发生大的变化时，党越是强调团结奋斗，越是坚持团结奋斗，越是砥柱中流、坚强如钢。新民主主义革命时期，我们党先后提出了“唤起工农千百万，同心干”的口号和团结全党同志“如同一个和睦的家庭一样，如同一块坚固的钢铁一样”的要求；社会主义革命和建设时期，我们党专门出台关于增强党的团结的文件，号召团结全国人民，为了建设一个伟大的社会主义国家而奋斗；改革开放和社会主义现代化建设新时期，党提出解放思想、实事求是、团结一致向前看，号召全党全国各族人民为把我国建成现代化的社会主

义强国而奋勇前进；中国特色社会主义进入新时代，以习近平同志为核心的党中央用奋斗目标、远大理想团结全党，用坚强领导核心、创新理论凝聚全党，用初心使命、光荣历史激励全党，用一系列抓铁有痕、驰而不息的管党治党行动深刻回答了“建设什么样的长期执政的马克思主义政党、怎样建设长期执政的马克思主义政党”这一重大时代课题，全党思想上更加统一、政治上更加团结、行动上更加一致。历史充分表明，“团结奋斗”已经成为以伟大建党精神为源头的中国共产党人精神谱系的核心内容，成为无数革命先辈革命生涯的光辉写照，成为党的光荣传统、独特优势和鲜明品格的宝贵结晶。党的百年历史，就是一部党领导人民以钢铁般的坚强意志坚持团结奋斗的不懈奋斗史，而团结统一、坚强有力就是“坚硬钢铁”的要义所在。

团结奋斗是以中国式现代化全面推进中华民族伟大复兴的本质要求，是党战胜惊涛骇浪、永远立于不败之地的根本保证

党的团结统一是马克思主义建党学说的重要内容，党的坚强有力是马克思主义政党党建实践的不懈追求。在总结第一国际经验时，马克思指出：“国际的一个基本原则——团结。如果我们能够在一切国家的一切工人中间牢牢地巩固这个富有生气的原则，我们就一定会达到我们所向往的伟大目标。”

今天的中国，正以时不我待、只争朝夕的精神状态，朝着全面建成社会主义现代化强国的目标奋勇前进，努力以中国式现代化全面推进中华民族伟大复兴。这是一个前所未有的伟大目标，这是一个气势恢宏的非凡擘画。伟大目标需要伟大奋斗去实现，非凡擘画需要伟大团结来保证。中国式现代化是人口规模巨大的现代化，是全体人民共同富裕的现代化，是物质文明和精神文明相协调的现代化，是人与自

然和谐共生的现代化，是走和平发展道路的现代化，归根结底是中国共产党领导的社会主义现代化。党的性质宗旨、初心使命、信仰信念、政策主张决定了中国式现代化是社会主义现代化，而不是别的什么现代化。只有毫不动摇坚持党的全面领导，全面建设社会主义现代化国家的事业才能接力推进，实现中华民族伟大复兴的奋斗目标才能在一以贯之的奋斗中实现；改革开放是决定当代中国命运的关键一招，也是决定中国式现代化成败的关键一招，只有毫不动摇坚持党的全面领导，才能破除各方面体制机制弊端，为中国式现代化注入不竭动力源泉；人民是中国式现代化的主体，是全面建成社会主义现代化强国的决定性力量，只有坚持党的全面领导，才能更好推动中国式现代化成果更多更公平惠及全体人民，让全体人民以主人翁精神满怀热忱地投入到现代化建设中来，凝聚起全面建设社会主义现代化国家的磅礴伟力。对于中国式现代化来说，党的全面领导具有多方面的决定性意义，“直接关系中国式现代化的根本方向、前途命运、最终成败”，而党的领导要坚强有力，党就必须像“一块坚硬的钢铁”一样高度团结统一。

历史充分证明，中国式现代化走得通、行得稳，是强国建设、民族复兴的唯一正确道路。同时也应看到，中国式现代化是人类历史上规模最大的现代化，也是难度最大的现代化。当前，我国发展进入战略机遇和风险挑战并存、不确定难预料因素增多的时期。这些风险挑战，有的来自国内，有的来自国际，有的来自经济社会领域，有的来自自然界。如果防范不及、应对不力，就会传导、叠加、演变、升级，致使小的矛盾风险挑战发展成大的矛盾风险挑战，局部的矛盾风险挑战发展成系统的矛盾风险挑战，国际上的矛盾风险挑战演变成国内的矛盾风险挑战，经济、社会、文化、生态领域的矛盾风险挑战转化为政治领域的矛盾风险挑战，就可能迟滞甚至中断中华民族伟大复兴进程。我们要准确识变、科学应变、主动求变，敢于斗争、善于斗争，在危机中育先机，于变局中开新局，使我们党永远立于不败之地，必须切实加强党的领导。党的领导要坚强有力，党就必须像“一块坚硬的钢铁”一样高度团结统一。

时刻保持解决大党独有难题的清醒和坚定，持之以恒健全全面从严治党体系，使党始终成为团结统一、坚强有力的领导核心

习近平总书记不仅提出了把党锻造成一块攻无不克、战无不胜的坚硬钢铁的时代要求，而且为党怎样才能在新时代继续“百炼成钢”、始终保持高度的团结统一和强大的战斗力指明了前进方向。这就是：以解决大党独有难题、健全全面从严治党体系为重大任务。

习近平总书记在党的二十大报告中深刻指出：“我们党作为世界上最大的马克思主义执政党，要始终赢得人民拥护、巩固长期执政地位，必须时刻保持解决大党独有难题的清醒和坚定。”习近平总书记强调：“我们要落实新时代党的建设总要求，健全全面从严治党体系，全面推进党的自我净化、自我完善、自我革新、自我提高，使我们党坚守初心使命，始终成为中国特色社会主义事业的坚强领导核心。”这就进一步阐明了如何解决大党独有难题，进而把党锻造成一块“坚硬钢铁”的问题。

关于“大党独有难题”，习近平总书记在二十届中央纪委二次全会上作出高度概括，即如何始终不忘初心、牢记使命，如何始终统一思想、统一意志、统一行动，如何始终具备强大的执政能力和领导水平，如何始终保持干事创业精神状态，如何始终能够及时发现和解决自身存在的问题，如何始终保持风清气正的政治生态。这“六个如何始终”既涉及党的纯洁性问题，又涉及党的先进性问题，归根结底涉及党能否长期执政的问题。解决这些大党独有难题的途径既包括党的

自我革命，又包括党的建设，二者统一于党的二十大报告提出的“全面从严治党体系”之中。

关于“全面从严治党体系”，习近平总书记指出：“全面从严治党体系应是一个内涵丰富、功能完备、科学规范、运行高效的动态系统。健全这个体系，需要我们坚持制度治党、依规治党，更加突出党的各方面建设有机衔接、联动集成、协同协调，更加突出体制机制的健全完善和法规制度的科学有效，更加突出运用治理的理念、系统的观念、辩证的思维管党治党建设党。”习近平总书记还要求：“要坚持内容上全涵盖、对象上全覆盖、责任上全链条、制度上全贯通，进一步健全全面从严治党体系，使全面从严治党各项工作更好体现时代性、把握规律性、富于创造性。”习近平总书记提出“健全全面从严治党体系”，这是推动管党治党全面系统布局、协同高效推进的重大举措，为推动新时代党的建设新的伟大工程向纵深发展，为解决大党独有难题，把党锻造成一块攻无不克、战无不胜的坚硬钢铁提供了根本遵循。

深入贯彻落实习近平总书记关于“解决大党独有难题”和“健全全面从严治党体系”的重要思想、重要要求，就要全面贯彻党的二十大报告关于全面从严治党的战略部署，把全的要求、严的基调、治的理念落实到全面从严治党体系的构建之中，做到领域过程对象全覆盖、教育制度监督齐发力、标准质量效果共提升，同时要突出重点、抓好落实。

深刻领悟“两个确立”的决定性意义，坚决做到“两个维护”。坚决维护习近平总书记党中央的核心、全党的核心地位，坚决维护党中央权威和集中统一领导，是党的十八大以来我们党的重大政治成果和宝贵经验；“两个确立”是推动党和国家事业取得历史性成就、发生历史性变革的决定性因素，是战胜一切艰难险阻，应对一切不确定性的最大确定性、最大底气、最大保证。全党有核心，党中央才有权威；

全党拥护核心，党才有力量。我们要深刻领悟“两个确立”的决定性意义，增强“四个意识”、坚定“四个自信”、做到“两个维护”，坚持党的全面领导不动摇，确保全党全军全国各族人民团结一致向前进。

把党的政治建设摆在首位，以党的政治建设统领党的建设各项工作。马克思主义政党具有崇高政治理想、高尚政治追求、纯洁政治品质、严明政治纪律。要从坚守正确政治方向、坚定正确政治立场、营造良好政治生态和提高领导干部政治能力等方面切实加强党的政治建设。党的政治建设决定党的建设方向和效果，要坚持不懈以党的政治建设统领党的思想建设、组织建设、作风建设、纪律建设、制度建设和反腐败斗争，实现全党团结一心、行动一致。

坚决打赢反腐败斗争攻坚战、持久战，依靠党的自我革命跳出历史周期率。腐败是危害党的生命力和战斗力的最大毒瘤，反腐败是最彻底的自我革命。一体推进不敢腐、不能腐、不想腐，是反腐败斗争的基本方针，也是新时代全面从严治党的重要方略。在不敢腐上要持续加压，始终保持零容忍震慑不变、高压惩治力量常在；在不能腐上要深化拓展，前移反腐关口，深化源头治理，推进反腐败国家立法，加强重点领域监督机制改革和制度建设，健全防治腐败滋生蔓延的体制机制；在不想腐上要巩固提升，更加注重正本清源、固本培元，加强新时代廉洁文化建设，涵养求真务实、团结奋斗的时代新风。要把不敢腐、不能腐、不想腐有效贯通起来，三者同时发力、同向发力、综合发力，把不敢腐的震慑力、不能腐的约束力、不想腐的感召力结合起来。通过不懈努力，换来海晏河清、朗朗乾坤。

勇于自我革命，是我们党最鲜明的品格和最大的优势，也是我们党跳出历史周期率的第二个答案。只有以彻底的自我革命精神不断加强革命性锻造，才能以铁一般的信仰、铁一般的信念、铁一般的纪律、铁一般的担当，使全党思想上更加统一、政治上更加团结、行动上更加一致，使党始终成为风雨来袭时全体人民最可靠的主心骨。全面从严治党是新时代党的自我革命的伟大实践，是党永葆生机活力、走好新的赶考之路的必由之路。没有全面从严治党的革命性锻造，就不会有今天这样一个高度团结、坚强有力的中国共产党，就不会有在困难面前万众一心、众志成城的党群关系，就不可能在国际风云变幻中赢得历史主动。坚持全面从严治党，要把严的要求贯穿管党治党全过程，以自我革命的政治勇气着力解决党内存在的突出问题，做到管党有方、治党有力、建党有效，不断提高党的“硬度”“纯度”和“刚性”“韧性”，把党锻造成一块攻无不克、战无不胜的坚硬钢铁。

（《人民日报》2023 年 6 月 30 日第 9 版）

培养造就具备领导社会主义现代化能力的高素质干部队伍

姜晓萍　田　昭

近日，中共中央印发了《干部教育培训工作条例》和《全国干部教育培训规划（2023－2027年）》，对新时代干部教育培训的总体要求、主要目标、重点任务、组织领导等作出总体布局和周密部署，强调了干部教育培训在推进中国特色社会主义伟大事业和党的建设新的伟大工程中不可替代的重要地位和作用，为高质量教育培训干部提供了根本遵循。只有坚持把深入学习贯彻习近平新时代中国特色社会主义思想作为干部教育培训的主题主线，才能凝心铸魂、强基固本，坚定干部的理想信念宗旨，激发使命与责任意识；只有坚持把政治训练、党性教育作为干部教育培训的根本任务，才能使广大干部党性更加坚强，作风更加过硬，政治判断力、政治领悟力、政治执行力不断提高；只有坚持把提升干部履职能力，全面增强执政本领作为干部教育培训的关键环节，才能不断提高干部推动高质量发展本领、服务群众本领、防范化解风险本领，培养造就政治过硬、适应新时代要求、具备领导社会主义现代化建设能力的高素质干部队伍。

深刻领悟新时代干部教育培训的时代背景和根本遵循

加强干部教育培训是我们党的优良传统，党的十八大以来，以习近平同志为核心的党中央就加强和改进干部教育培训工作提出了一系列新理念新思想新要求。习近平总书记强调，“专门教育培训干部，是我们党的一大政治优势”“没有全党大学习，没有干部大培训，就没有事业大发展”。党的二十大描绘了全面建设社会主义现代化国家、全面推进中华民族伟大复兴的宏伟蓝图，新时代干部教育培训工作面临着新的形势和任务。

坚持中国特色社会主义道路，全面建设社会主义现代化国家，迫切需要干部队伍加强理论修养，坚定理想信念。习近平总书记曾把理想信念比喻为共产党人的精神之“钙”，指出“共产党人如果没有信仰、没有理想，或信仰、理想不坚定，精神上就会‘缺钙’，就会得‘软骨病’，就必然导致政治上变质、经济上贪婪、道德上堕落、生活上腐化”。习近平总书记提出，“理论修养是领导干部综合素质的核心”“广大干部特别是年轻干部要在常学常新中加强理论修养，在真学真信中坚定理想信念，在学思践悟中牢记初心使命，在细照笃行中不断修炼自我，在知行合一中主动担当作为”。这就要求新时代干部教育培训必须旗帜鲜明讲政治，把深入学习贯彻习近平新时代中国特色社会主义思想作为主题主线，坚持不懈用党的创新理论凝心铸魂、强基固本。

以中国式现代化全面推进中华民族伟大复兴，迫切需要干部队伍提升领导社会主义现代化建设能力。习近平总书记将干部领导社会主义现代化建设的本领不够、能力不强比喻为“本领恐慌”。习近平总书记希望各级领导干部要“加快知识更新，优化知识结构，拓宽眼界和视野，着力避免陷入少知而迷、不知而盲、无知而乱的困境，着力克服本领不足、本领恐慌、本领落后的问题”，指出“要加强干部教育培训，使广大干部政治素养、理论水平、专业能力、实践本领跟上时代发展步伐”。这就要求新时代干部教育培训必须聚焦新时代新征程党的使命任务，着眼建设堪当民族复兴重任的高素质干部队伍，提高领导社会主义现代化建设能力。

准确把握新时代干部教育培训的基本原则和主要目标

干部教育培训是建设高素质干部队伍的先导性、基础性、战略性工程。要始终坚持政治统领，服务大局的原则，旗帜鲜明讲政治，把党的全面领导贯穿干部教育培训的全方位、全要素、全周期，紧紧围绕党和国家事业发展需要开展教育培训；始终坚持育德为先，注重能力的原则，对标新时代好干部标准，全面提高干部德才素质和履职能力；始终坚持分类分级，全面覆盖的原则，把教育培训的普遍性要求与不同类别、不同层级、不同岗位干部的特殊需要结合起来，突出供需衔接，增强干部教育培训的针对性和实效性；始终坚持联系实际，学以致用的原则，聚焦中心工作，坚持问题导向，做到学思用贯通、知信行统一；始终坚持与时俱进，守正创新的原则，遵循干部成长规律和干部教育培训规律，推进干部教育培训理论创新、实践创新、制度创新；始终坚持依规依法，从严管理的原则，完善干部教育培训制度体系，推进干部教育培训规范管理，从严治校、从严治教、从严治学，保持良好的教学秩序和学习风气。

新时代干部教育培训的主要目标聚焦在理论武装、政治训练、履职能力、培训体系四方面：一是推动党的创新理论武装更加系统深入。确保用习近平新时代中国特色社会主义思想凝心铸魂取得显著成效，广大干部理想信念更加坚定、思想意志更加统一、行动步调更加一致，对党的创新理论更加笃信笃行，用以指导实践、推动工作更加自觉。二是促进政治训练更加扎实有效。确保广大干部党性更加坚强，作风更加过硬，政治判断力、政治领悟力、政治执行力不断提高，政治纪律和政治规矩意识进一步增强，自觉在政治立场、政治方向、政治原则、政治道路上同以习近平同志为核心的党中央保持高度一致。三是实现履职能力培训更加精准管用。确保广大干部贯彻新发展理念、构建新发展格局、推动高质量发展能力进一步提高，统筹发展和安全的能力不断提升，专业知识和人文综合素养更加完备。四是促使干部教育培训体系更加科学健全，确保培训内容更具时代性系统性，培训方法更具针对性有效性，培训保障更加坚实有力，培训制度更加规范完备，选育管用机制更加协同高效。

加快推动新时代干部教育培训高质量发展

高质量教育培训干部，高水平服务党和国家事业发展，是新时代干部教育培训的使命和责任。必须把深入学习贯彻习近平新时代中国特色社会主义思想作为主题主线，以坚定理想信念宗旨为根本，以提高政治能力为关键，以增强推进中国式现代化建设本领为重点，深入推进干部教育培训体系改革创新，增强新时代干部教育培训的时代性、系统性、针对性、有效性，为以中国式现代化全面推进中华民族伟大复兴提供思想政治保证和能力支撑。

一是以重视理论武装凝心铸魂，加大干部教育培训的深度。理论教育是干部教育培训的内核，决定着干部教育培训的深度。要将习近平新时代中国特色社会主义思想作为干部教育培训的首要内容、中心内容和一贯内容，贯穿到学习贯彻习近平新时代中国特色社会主义思想主题教育之中、党委（党组）理论学习中心组学习之中，以及干部学习的全领域和全过程，实现凝心聚魂。坚持理论学懂、思想学通、经典学精，不断提升理论教学水平，优化理论教学方式，教育引导干部正确认识把握这一思想的精神实质，与时俱进学习习近平总书记最新重要讲话和重要论述；提升学习效果，强化述学评学，把学习贯彻习近平新时代中国特色社会主义思想情况作为考核领导班子和衡量领导干部思想政治素质的重要内容。知行合一，学以致用，推动在深化、内化、转化上下功夫，将习近平新时代中国特色社会主义思想作为坚定理想、锤炼党性和指导实践、推动工作的强大力量。

二是以加强政治训练强基固本，提升干部教育培训的高度。政治训练是干部教育培训的根本，决定着干部教育培训的高度。要把握政治训练的重点内容，把党性教育贯穿干部教育培训全过程，不断提升干部的政治素养、强化干部的正确认知和淬炼干部的道德品行。强化“关键少数”的教育培训，坚持把政治训练贯穿干部成长全周期，全面开展一把手政治训练，瞄准干部队伍中的关键群体，建构与领导职责相匹配的干部政治素养和政治能力。加强年轻干部政治训练，将政治训练作为年轻干部成长的长期教育始终坚持，推进“政治辅导员”“导师帮带”制度建设，实现年轻干部政治训练有榜样、有监督、有评价，不断锤炼年轻干部的党性修养、提高政治觉悟。

三是以提升履职能力增强本领，确保干部教育培训的效度。履职能力是干部教育培训的关键，决定着干部教育培训的效度。要以干部能履职、履好职、持续高效履职为目标，围绕党的二十大部署做好重点工作的专项培训、围绕时代发展和工作需要做好与岗位职责相匹配的通识教育培训、围绕未来发展需求开拓新知识和新技能培训，构建干部有效履职的高质量教育培训内容体系。以提升针对性为靶向，整合干部教育培训资源、联动干部教育机构、做优网络教育培训资源，充分发挥不同类型机构在理论教育、党性教育、履职能力教育和知识教育中的优势，突出底色、亮色和特色，开展干部分类分级培训。以提升干部教育培训有效性为重点，坚持实践导向、问题导向、效果导向，充分应用大数据、人工智能等技术精准把脉培训需求，加强培训设计，选优配强师资，推动干部教育培训方式变革，提升培训教育实战化水平。构建干部“学思践悟”的全周期学习体系，促进干部在学中思、思中践、践中悟、悟中优。

四是以健全培训体系提质增效，增强干部教育培训的力度。培训体系是干部教育培训的保障，决定着干部教育培训的力度。要以数字化牵引、规范化保障、区域化协作推动干部教育培训多元化协同体系、高质量管理体系、规范化评价体系和监督监测体系建设，实现对干部教育培训师资、教材、课程和机构的全方位治理，促进高质量与集约化干部教育培训融合推进；推动干部教育的数字化体系建设，推动干部教育培训的全面数字化转型，建设具有开放性、互动性、集约性的网络化干部教育平台，做大做优网络课程库，破除干部教育资源的地域、层级隔阂，让广大干部共享优质教育资源，建立纵向到底、横向到边的学习网格和学习坐标，构建数字化干部学习图谱。以孵化精品为抓手，赋权赋能培训机构建设专职干部教育高水平师资队伍、建设一批干部教育好课程、好教材、好案例，产生系列重大原创理论成果。推进干部教育理论研究与教学研究，不断推进干部成长规律与学习规律研究，创新行动学习等新的干部教育培训方式方法，不断提升干部教育活力。

（《光明日报》2023年11月6日第6版）

中国共产党在革命性锻造中更加坚强有力

江苏省习近平新时代中国特色社会主义思想研究中心

党的十八大以来，以习近平同志为核心的党中央站在坚持和发展中国特色社会主义、实现中华民族伟大复兴的战略高度，以强烈的历史自觉和主动精神深入推进全面从严治党，开辟了百年大党自我革命新境界。党的二十大报告指出，经过不懈努力，党找到了自我革命这一跳出治乱兴衰历史周期率的第二个答案，自我净化、自我完善、自我革新、自我提高能力显著增强，管党治党宽松软状况得到根本扭转，风清气正的党内政治生态不断形成和发展，走过百年奋斗历程的中国共产党在革命性锻造中更加坚强有力。

政治建设纲举目张，党内政治生态发生根本性变化

旗帜鲜明讲政治是马克思主义政党的根本要求。党的十八大以来，习近平总书记深刻洞察党内存在的所有问题本质上都是政治问题，要求全面从严治党首先从政治上看，把党的政治建设纳入新时代党的建设总体布局并作为根本性、统领性建设，把坚持党中央集中统一领导作为最高政治原则，制定新形势下党内政治生活若干准则，严明政治

纪律和政治规矩，发展积极健康的党内政治文化，全面净化党内政治生态，以精准有力政治监督确保党的理论和路线方针政策、党中央决策部署落实见效。经过锲而不舍的努力，广大党员干部深刻领悟“两个确立”的决定性意义，“四个意识”更加牢固，“四个自信”更加坚定，“两个维护”更加自觉，政治判断力、政治领悟力、政治执行力显著提升，从根本上解决了党的领导弱化、虚化、淡化问题，使全党思想上更加统一、政治上更加团结、行动上更加一致，风清气正的党内政治生态不断形成和发展。

思想建设固本培元，党的创新理论凝心铸魂工作成效显著

在推进新时代中国特色社会主义伟大实践中，以习近平同志为主要代表的中国共产党人，坚持把马克思主义基本原理同中国具体实际相结合、同中华优秀传统文化相结合，科学回答中国之问、世界之问、人民之问、时代之问，创立了习近平新时代中国特色社会主义思想。党的十八大以来，经过党的群众路线教育实践活动、“三严三实”专题教育、“两学一做”学习教育、“不忘初心、牢记使命”主题教育、党史学习教育等主题教育，习近平新时代中国特色社会主义思想深入人心，广大党员干部深刻领悟这一创新理论的核心要义、精神实质、丰富内涵和实践要求，把握习近平新时代中国特色社会主义思想的世界观和方法论，坚持和运用贯穿其中的立场观点方法，把学习成果转化为奋进新征程、建功新时代的工作举措和实际成效，推动党和国家事业取得历史性成就、发生历史性变革，全党全国各族人民道路自信、理论自信、制度自信、文化自信明显增强，精神面貌更加奋发昂扬。

新时代党的组织路线得到切实贯彻，党组织政治功能和组织功能显著增强

党的十八大以来，以习近平同志为核心的党中央在总结历史经验特别是全面从严治党成功经验的基础上，提出和坚持新时代党的组织路线，要求以组织体系建设为重点，进一步健全维护党的集中统一的组织制度，形成并完善纵向到底、横向到边的严密组织架构，实现党的组织和党的工作全覆盖，各级党组织的政治领导力、思想引领力、群众组织力、社会号召力得到显著提升，为坚持和加强党的领导、坚持和发展中国特色社会主义提供了坚强组织保证。以提升组织力为重点，突出政治功能，把全面从严治党要求落实到每个支部每名党员，畅通贯彻落实党中央决策部署的“最后一公里”，推动基层党组织全面进步、全面过硬，使基层党组织成为有效实现党的领导的坚强战斗堡垒。着力完善党管干部、选贤任能制度，鲜明提出新时代好干部标准，强化党组织领导和把关作用，树立正确用人导向，一大批忠诚干净担当的好干部走上各级领导岗位，领导班子整体功能不断增强，广大干部的党性修养和专业化能力得到显著提升，干部队伍焕发出勃勃生机。

以钉钉子精神纠治“四风”，中央八项规定深刻改变中国

全面从严治党必须从人民群众反映强烈的作风问题抓起。十年来，党中央把加强作风建设摆在更加突出的位置，以制定和落实中央八项规定为切入口和动员令，以踏石留印、抓铁有痕的劲头和驰而不息、久久为功的韧劲，持之以恒加固中央八项规定堤坝，以钉钉子精神纠

“四风”、树新风，深化整治形式主义、官僚主义顽瘴痼疾，坚决整治群众身边的不正之风和腐败问题，完善作风建设长效机制，着力消除“四风”问题的思想根源、土壤条件，做到立破并举、扶正祛邪，以优良党风政风引领社风民风持续向好，人民群众获得感、幸福感、安全感切实增强。经过十年不懈努力，我们刹住了一些长期没有刹住的歪风，纠治了一些多年未除的顽瘴痼疾，党员干部践行党的宗旨的自觉性坚定性明显增强，人民群众对党的信心信任信赖更加坚定，党的群众基础和执政根基更加稳固。

铁纪发力、禁令生威，纪律成为“带电的高压线”

全面从严治党必须把加强纪律建设作为治本之策。党的十八大以来，党中央坚持把纪律和规矩挺在前面，推动全党学习贯彻维护党章，广大党员干部尊崇党章、遵守党纪的习惯逐渐形成。各级党组织突出严明政治纪律和政治规矩，引导党员干部更加自觉地贯彻党中央决策部署，切实增强“四个意识”，坚决防止和治理“七个有之”问题，个人主义、分散主义、自由主义、本位主义、好人主义、宗派主义等现象得到有力遏制。坚持高标准和守底线相统一，颁布《中国共产党廉洁自律准则》《中国共产党纪律处分条例》，教育引导党员干部坚定理想信念，以党的纪律为尺子，强化刚性约束，广大党员干部遵守纪律的主动性、自觉性明显提高。深化运用“四种形态”，切实发挥“四种形态”惩治震慑、惩戒挽救、教育警醒功能，实现政治效果、纪法效果和社会效果相统一。十年来，纪律和规矩逐步挺起来、立起来、严起来，其严肃性、权威性、科学性明显增强，成为“带电的高压线”。

一体推进不敢腐、不能腐、不想腐，反腐败斗争取得压倒性胜利并全面巩固

党的十八大以来，以习近平同志为核心的党中央以“我将无我、不负人民”的情怀，以“刀刃向内、自剜腐肉”的坚定意志开展了反腐败斗争，以“得罪千百人、不负十四亿”的使命担当祛疴治乱，不敢腐、不能腐、不想腐一体推进，“打虎”“拍蝇”“猎狐”多管齐下，惩治震慑、制度约束、提高觉悟一体发力，反腐败斗争取得压倒性胜利并全面巩固。十年来，党中央坚持无禁区、全覆盖、零容忍，坚持重遏制、强高压、长震慑，坚持受贿行贿一起查，坚持有案必查、有腐必惩，坚定不移正风肃纪、反腐惩恶，形成一整套党自我净化、自我完善、自我革新、自我提高的制度体系，党风廉政建设和反腐败斗争走出了一条卓有成效的路子，为更加科学精准有效治理腐败、建设廉洁政治奠定了坚实基础。

用制度管权管事管人，制度治党的治本作用日益显现

党的十八大以来，以习近平同志为核心的党中央坚持思想建党和制度治党同向发力，扎牢制度笼子，强化制度执行，取得显著成效。党中央把党的制度建设贯穿在党的各方面建设之中，加大体系构建顶层设计力度，出台《中央党内法规制定工作五年规划纲要（2013—2017年）》和《中央党内法规制定工作第二个五年规划（2018—2022年）》，初步构建起系统完备、科学规范、简便易行、有效管用的党内法规制度体系。不断深化党的建设制度改革，着力解决制度不健全、不适应、不配套的问题，加大制度缺项短板补齐力度，统筹推进各位

阶、各类型、各领域党内法规制定工作。经过持续推进建章立制，特别是党的十八大以来全面深化党的建设制度改革，我们党形成了以党章为根本，以民主集中制为核心，以准则、条例等中央党内法规为主干，以部委党内法规、地方党内法规为重要组成部分，由各领域各层级党内法规组成的比较完善的党内法规制度体系，为保证全党团结统一、行动一致提供了坚强有力制度保障。强化制度执行，深入开展党内法规学习宣传教育，党内法规执行真正严起来硬起来实起来。广大党员干部尊规学规守规用规意识明显增强，党内法规制度优势较好转化为管党治党、治国理政的治理效能，全面从严治党的制度利器作用日益彰显。

（执笔：桑学成　许江　时伟）

（《学习时报》2023 年 2 月 3 日第 2 版）

第八篇

以正风肃纪反腐为重要抓手

以正风肃纪反腐为重要抓手

——牢牢把握“九个以”的实践要求深入推进党的自我革命

人民日报评论部

党的二十大以来，截至2023年11月，全国共查处“四风”问题11.2万起，批评教育和处理16.1万人，其中给予党纪政务处分11.3万人；2023年，全国纪检监察机关共立案中管干部87人、厅局级干部3456人、县处级干部2.7万人；2023年，全国纪检监察机关立案行贿人员1.7万人，移送检察机关3389人……坚持以严的基调强化正风肃纪，坚决打赢反腐败斗争攻坚战持久战，成为深入推进党的自我革命的生动写照。

我们党作为百年大党，要永葆先进性和纯洁性、永葆生机活力，必须一刻不停推进党风廉政建设和反腐败斗争。在二十届中央纪委三次全会上，习近平总书记明确提出深入推进党的自我革命“九个以”的实践要求，强调“以正风肃纪反腐为重要抓手”，并对新征程持续发力、纵深推进反腐败斗争作出战略部署。全面从严治党永远在路上，严厉惩治这一手绝不能放松。始终保持“赶考”的清醒，保持对“腐蚀”“围猎”的警觉，把严的主基调长期坚持下去，以系统施治、标本兼治的理念正风肃纪反腐，不断增强党自我净化、自我完善、自我革新、自我提高能力，才能跳出治乱兴衰的历史周期率，引领和保障中国特色社会主义巍巍巨轮行稳致远。

一个政党，一个政权，其前途和命运最终取决于人心向背。人民群众最痛恨腐败，不得罪成百上千的腐败分子，就要得罪14亿多人民。党的十八大以来，从以钉钉子精神纠治“四风”，到开展史无前例的反腐败斗争，再到完善党和国家监督体系……习近平总书记亲自谋划、亲自部署、亲自推进党风廉政建设和反腐败斗争，探索出依靠党的自我革命跳出历史周期率的有效途径。党通过前所未有的反腐倡廉斗争，赢得了保持同人民群众的血肉联系、人民衷心拥护的历史主动，赢得了全党高度团结统一、走在时代前列、带领人民实现中华民族伟大复兴的历史主动。实践深刻表明，加强党对反腐败斗争的集中统一领导，新时代新征程深入推进全面从严治党、党风廉政建设和反腐败斗争就有了根本遵循和胜利保证。

“新征程反腐败斗争，必须在铲除腐败问题产生的土壤和条件上持续发力、纵深推进。”在二十届中央纪委三次全会上，习近平总书记明确提出新征程反腐败斗争总的要求，即“坚持一体推进不敢腐、不能腐、不想腐，深化标本兼治、系统施治，不断拓展反腐败斗争深度广度，对症下药、精准施治、多措并举，让反复发作的老问题逐渐减少，让新出现的问题难以蔓延，推动防范和治理腐败问题常态化、长效化”。贯彻落实好这一总的要求，按照这次全会具体部署，各级党委要切实强化对反腐败斗争全过程领导，纪委监委要有力有效协助党委组织协调反腐败工作，各职能部门要自觉把党中央反腐败的决策部署转化为具体行动。对反腐败斗争的新情况新动向，对腐败问题产生的土壤和条件，全党必须有清醒认识，以永远在路上的坚韧和执着，精准发力、持续发力，坚决打赢反腐败斗争攻坚战持久战。

“对违规吃喝、违规收送礼品礼金、违规发放津贴补贴、违规操办婚丧喜庆、公车私用等作风顽疾露头就打”。2023 年 12 月 22 日，中央纪委印发《关于做好 2024 年元旦春节期间正风肃纪工作的通知》，围绕重要节点持续巩固深化党风廉政建设，有力彰显了作风建设永远没有休止符、反腐败斗争必须永远吹冲锋号的坚强决心。以正风肃纪反腐为重要抓手推进党的自我革命，就要贯彻落实好习近平总书记重要讲话精神和党中央决策部署，做好持续保持惩治腐败高压态势、深化改革阻断腐败滋生蔓延、进一步健全反腐败法规制度、加大对行贿行为惩治力度、持之以恒净化政治生态、加强新时代廉洁文化建设等工作，坚决同各种弱化党的先进性、损害党的纯洁性的病原体作斗争，将反腐败斗争进行到底。

为政清廉，才能取信于民。习近平总书记曾引述中央苏区时期毛泽东同志说过的“应该使一切政府工作人员明白，贪污和浪费是极大的犯罪”这句话，要求党员、干部继承和发扬党的优良传统、坚决破除“四风”顽疾。反对腐败、建设廉洁政治，是我们党一贯坚持的鲜明政治立场，是党自我革命必须长期抓好的重大政治任务。持之以恒正风肃纪，坚决清除腐败毒瘤，才能永葆党的政治本色，为以中国式现代化全面推进强国建设、民族复兴伟业提供坚强保障。

（《人民日报》2024 年 2 月 2 日第 5 版）

以正风肃纪反腐为重要抓手
——准确把握推进自我革命“九个以”的实践要求

陈姿含

坚定不移正风肃纪反腐，是深入推进党的自我革命、坚决打赢反腐败斗争攻坚战持久战的必然要求。习近平总书记在二十届中央纪委三次全会上的重要讲话，将“以正风肃纪反腐为重要抓手”作为推进自我革命“九个以”的实践要求之一。新时代，以习近平同志为核心的党中央坚持以正风肃纪反腐凝聚党心军心民心，反腐败斗争取得压倒性胜利并全面巩固。但也要清醒认识到，当前反腐败斗争形势依然严峻复杂，反腐败绝对不能回头、不能松懈、不能慈悲，必须永远吹冲锋号。我们要深入学习贯彻习近平总书记关于党的自我革命的重要思想，牢牢把握以正风肃纪反腐为重要抓手这一实践要求，以永远在路上的坚韧和执着，精准发力、持续发力，坚决打赢反腐败斗争攻坚战持久战。

不正之风与腐败现象相互交织、互为表里，严重影响党的先进性和纯洁性，侵蚀党的健康肌体，损害党群干群关系。把正风肃纪反腐紧密结合、一体推进，严格执纪执法，保持高压态势，是新时代推动全面从严治党向纵深发展、深入推进反腐败斗争的显著特点。我们坚持党要管党、全面从严治党，打好正风肃纪反腐的组合拳，营造政治上的绿水青山，并将正风肃纪反腐与深化改革、完善制度、促进治理、推动发展贯通起来，取得了显著成效。同时要清醒认识到，全面从严治党只有进行时，没有完成时。我们要始终保持高度警醒，以钉钉子精神持之以恒正风肃纪反腐，坚持系统施治、标本兼治，坚决同消极腐败现象斗争到底。

党的作风是党的形象，是观察党群干群关系、人心向背的晴雨表。党的十八大以来，习近平总书记身体力行、以上率下狠抓作风建设，从群众反映强烈、损害群众利益的具体事入手，不断健全作风建设长效机制，大力弘扬党的光荣传统和优良作风。牢牢把握以正风肃纪反腐为重要抓手这一实践要求，要坚持以人民为中心，坚持党的群众路线，树牢群众观点，深入分析群众身边的不正之风，坚持科学精准靶向整治。应当看到，作风问题具有顽固性和反复性，克服不良作风不可能一蹴而就。作风建设是攻坚战、持久战，贵在坚持，也难在坚持，必须在抓常、抓细、抓长上下功夫，锲而不舍、持之以恒。

我们党是用革命理想和铁的纪律组织起来的马克思主义政党。纪律严明是党的优良传统和政治优势，也是把党的伟大自我革命进行到底的应有之义。党的十八大以来，我们坚持以党章为根本遵循，把纪律建设纳入党的建设总体布局，建成内容科学、程序严密、配套完备、运行有效的党内法规制度体系，锲而不舍抓执行，全体党员制度意识、纪律意识、规矩意识不断增强。牢牢把握以正风肃纪反腐为重要抓手这一实践要求，就要全面加强党的纪律建设，强化政治纪律和组织纪律，带动各项纪律全面严起来，在全链条全周期全覆盖上持续用力。要加强纪律教育，强化纪律执行，以严明的纪律确保全党目标一致、团结一致、步调一致。

腐败是危害党的生命力和战斗力的最大毒瘤，反腐败是最彻底的自我革命。牢牢把握以正风肃纪反腐为重要抓手这一实践要求，要在铲除腐败问题产生的土壤和条件上持续发力、纵深推进，坚持一体推进不敢腐、不能腐、不想腐，深化标本兼治、系统施治，不断拓展反腐败斗争深度广度，对症下药、精准施治、多措并举，让反复发作的老问题逐渐减少，让新出现的问题难以蔓延，推动防范和治理腐败问题常态化、长效化，确保党永远不变质、不变色、不变味。

（《人民日报》2024 年 2 月 20 日第 9 版）

反腐败是最彻底的自我革命

樊　伟

党的二十大报告指出："腐败是危害党的生命力和战斗力的最大毒瘤，反腐败是最彻底的自我革命。"反腐败作为党自我革命的重要手段，始终贯穿于党的奋斗历程，事关党长期执政和国家长治久安，事关事业兴旺发达和人民幸福安康。新时代新起点新征程，面对新问题新挑战新要求，需要我们秉持须臾不松懈的态度，发扬彻底的自我革命精神，一刻不停推进全面从严治党，坚决打赢反腐败斗争攻坚战持久战，把党的伟大自我革命进行到底。

一

习近平总书记指出："人民群众最痛恨腐败现象，我们就必须坚定不移反对腐败。"腐败是党内各种不良因素长期积累、持续发酵的体现，是弱化党的先进性、损害党的纯洁性的病原体，是自我革命必须破除的顽瘴痼疾。一方面，腐败损害人民群众的切身利益，破坏党同人民群众的血肉联系，严重危害着党的生命力。腐败对党的执政基础破坏力最大、杀伤力也最大，如果任由腐败蔓延，最终必然亡党亡国。

坚持以人民为中心，是中国共产党始终保持旺盛生命力和前进动力的基点。只有坚守人民立场，紧扣民心这个最大的政治，将反腐败这一严肃的重大政治斗争进行到底，以高标准严要求持续推进反腐败斗争，才能凝聚党心民心，不断厚植党执政的政治基础和群众基础。另一方面，腐败破坏党的政治纪律，背离党的宗旨使命，严重削弱了党的战斗力。腐败造成党员、干部信仰危机、道德沦丧，严重影响党的凝聚力和执政能力提升。严守政治纪律，是不断增强党的战斗力的重要基石；漠视政治纪律，则往往是一切腐败现象的源头。只有始终把严守政治纪律放在首位，稳得住心神，经得住考验，做到廉洁过硬，重在取得实效，才能保持自我革命定力，践行使命不负初心。

当前，腐败这个党执政的最大风险仍然存在，且呈现出新的阶段性特征。因此，反腐败斗争一刻不能停，不能丝毫松劲歇脚，必须永远吹冲锋号。

二

习近平总书记强调："我们对腐败的顽固性和危害性绝不能低估，必须将反腐败斗争进行到底。"反腐败斗争是一场攻坚战、持久战，是实现党自我净化的重器利器。党的百年奋斗历程中，为永葆先进性纯洁性、不断防范被腐化被瓦解危险而开展的反腐倡廉工作贯穿革命建设改革各个历史时期。新民主主义革命时期，我们党清醒认识到腐败的危害，高度重视作风建设和纪律建设，提出"三大纪律八项注意"。经过延安整风和党的七大，全党形成了理论联系实际、密切联系群众和批评与自我批评三大作风，这既是中国共产党独有的精神面貌，也有力保障了党的自我革命开展与反腐倡廉工作。中央苏区的反腐肃贪风暴、延安时期的廉政文化建设等相关工作都为后来的反腐败斗争积累了宝贵经验。新中国成立后，为巩固人民政权，党继续把拒腐防变摆在重要位置。党中央依靠群众力量开展“三反”“五反”等运动，规定厉行廉洁的、朴素的、为人民服务的工作作风，有效净化了新中国成立初期的党风政风社风。改革开放以来，党中央进行了一系列探索，形成了廉洁自律、办案和纠风的反腐败“三项工作格局”，明确了“党委统一领导、党政齐抓共管、纪委组织协调、部门各负其责、依靠群众的支持和参与”的反腐败领导体制和工作机制，表明了党反腐败的鲜明态度和坚强决心。进入新时代，以习近平同志为核心的党中央始终坚持以严的基调、严的措施、严的氛围推进全面从严治党和反腐败斗争，坚持内容上全涵盖、对象上全覆盖、责任上全链条、制度上全贯通，进一步健全了全面从严治党体系，反腐败斗争取得压倒性胜利并全面巩固。

一百多年来，我们党始终坚持发扬自我革命精神，对腐败问题坚决查处，不断增强全面从严治党永远在路上的政治自觉。新时代新征程上，我们必须认识到，越是长期执政，越不能丢掉马克思主义政党的本色，永远保持赶考的清醒和谨慎，始终把反腐败斗争贯穿中国特色社会主义建设事业的全方位全过程。

三

如何跳出治乱兴衰历史周期率，是关系党的千秋伟业、关系我国社会主义事业兴衰成败的重大理论和实践问题。习近平总书记指出：“经过不懈努力，党找到了自我革命这一跳出治乱兴衰历史周期率的第二个答案，确保党永远不变质、不变色、不变味。”自我革命就是不断清除侵蚀党的健康肌体的病毒，不断提高自身免疫力，在党的百年探索奋斗中得出的防止人亡政息的历史答案，也是我们党区别于其他政党的显著标志。党的十八大以来，全面从严治党取得了历史性、开创性成就，刹住了一些多年未刹住的歪风邪气，解决了许多长期没有解决的顽瘴痼疾，清除了党、国家、军队内部存在的严重隐患，管党治党宽松软状况得到根本扭转，反腐败斗争取得压倒性胜利并全面巩固。十年来，党所领导的反腐败斗争，无论是斗争过程的激烈程度，还是斗争成效的影响深度，都充分体现出反腐败是最彻底的自我革命。

加强反腐败斗争，推进自我革命，两者紧密联系、相辅相成。坚持正风反腐不动摇是自我革命的关键举措，勇于和善于自我革命是新时代反腐败斗争不断向前推进的逻辑主线。一方面，反腐败必须以自我革命为旨归。反腐败不是游离于自我革命之外的另行约束，而是党的自我革命的题中本义，是彰显党的先进性、纯洁性的鲜明标识，是党深入推进自我革命的内在要求。另一方面，自我革命必须抓好惩治腐败这一重大政治任务。推进自我革命，必须紧紧抓住反腐败斗争不放松，始终保持对各种腐败现象的高压态势，彻底清除损害党的健康肌体的各种杂质和毒素。反腐败与自我革命之间紧密联系，体现了新时代新征程我们党管党治党的战略自信、战略清醒、战略自觉。只有将反腐败作为衡量党的自我革命是否彻底的试金石，才能巩固党长期执政地位，赢得带领人民实现中华民族伟大复兴的历史主动。

四

习近平总书记强调，“我们要以反腐败永远在路上的坚韧和执着，深化标本兼治，坚决清除一切腐败分子，保证干部清正、政府清廉、政治清明，为继续推进改革开放营造海晏河清的政治生态”。反腐败是一场攻坚战持久战，不能毕其功于一役。面对取得的成绩，我们必须时刻保持解决大党独有难题的清醒和坚定。一要构建起党全面领导的反腐败工作格局，持续加压“不敢腐”。坚持和加强党对反腐败工作集中统一领导，健全总揽全局、协调各方的党的领导制度体系，必须从组织形式、职能定位、决策程序上将党对反腐败工作的集中统一领导具体化，发挥党的政治优势、组织优势、制度优势，压实各级党委（党组）全面从严治党主体责任。始终保持零容忍震慑不变、高压惩治力量常在。二要扎紧防治腐败的制度笼子，深化拓展“不能腐”。进一步完善党内法规体系和反腐败法律体系，形成前后衔接、左右联动、上下配套、系统集成的反腐倡廉法规体制机制。坚持防微杜渐，设立监督防线，建立健全腐败预警机制，防治腐败滋生蔓延。前移反腐关口，深化源头治理，加强重点领域监督机制改革和制度建设。增强制度刚性，确保制度落实，让防治腐败有章可循、有法可依。三要筑牢拒腐防变的思想堤坝，巩固提升“不想腐”。要时刻保持马克思主义政党的清醒和坚定，用党的创新理论武装全党。加强正面教育，注重正本清源、固本培元，引导广大党员、干部把不忘初心、牢记使命作为终身课题。注重反面警示，优化治理，深化以案促改促治，进一步铲除腐败滋生土壤。加强新时代廉洁文化建设，用廉洁文化滋养身心，增强党员、干部拒腐防变能力，勇于进行自我革命，形成“不想腐”的政治自觉。

全面从严治党永远在路上，党的自我革命永远在路上。正是因为我们党没有任何自己特殊的利益，才能永葆正视问题的自觉和刀刃向内的勇气。在迈上全面建设社会主义现代化国家新征程、向第二个百年奋斗目标进军的关键时刻，反腐败只能进、不能退，要坚持不敢腐、不能腐、不想腐一体推进，三者同时发力、同向发力、综合发力，坚决打赢这场攻坚战持久战。

（《光明日报》2023 年 5 月 12 日第 6 版）

坚持持之以恒正风肃纪

孙　林

正风肃纪是百年来党的建设的重要内容和长期课题。党的二十大报告强调要“坚持以严的基调强化正风肃纪”，从保持党同人民群众血肉联系、保证党和国家长治久安的高度，对进一步加强党的作风建设、纪律建设作出战略部署。党的十八大以来，以习近平同志为核心的党中央把持之以恒正风肃纪作为新时代全面从严治党“开局破题”的行动起点和贯穿“永远在路上”的工作重点，将其纳入习近平总书记关于党的建设的重要思想之中，并强调驰而不息、久久为功地推进，为新征程上党的作风建设和纪律建设提供了思想指引和实践遵循。

坚持持之以恒正风肃纪继承了党的建设的优良传统

中国共产党是靠革命理想和铁的纪律组织起来的马克思主义政党，作风优良、纪律严明是党的光荣传统和独特优势。在革命、建设、改革的伟大历史进程中，我们党始终重视加强作风建设和纪律建设，开展了一系列整党整风工作、始终坚持严格执纪和持续进行纪律教育，取得了一系列重大理论成果和实践成效。坚持持之以恒正风肃纪既有深厚的历史传承，也有鲜明的时代特征。

坚持严的基调。党的作风就是党的形象，关系人心向背，关系党的生死存亡。纪律是党的生命线，关乎党的纯洁性和战斗力。从严抓作风建设、纪律建设是百年来管党治党的鲜明特征。从新民主主义革命时期的“三大纪律八项注意”“三大作风”“两个务必”到社会主义革命和建设时期的“三反”“五反”运动，再到改革开放和社会主义现代化建设新时期的“三讲”教育、“保持共产党员先进性教育活动”等，严的基调贯穿党的建设的始终。党的十八大以来，以习近平同志为核心的党中央坚持真管真严、敢管敢严、长管长严，以严的基调持之以恒正风肃纪，敢于动真碰硬，勇于匡正风气、严肃党纪，刹住了一些长期没有刹住的歪风，纠治了一些多年未除的顽瘴痼疾，把作风建设、纪律建设推进到新的历史高度。

坚持人民标准。我们党来自人民，根基和血脉都在人民，人民群众拥护不拥护、满意不满意、高兴不高兴、答应不答应是衡量作风建设、纪律建设成效的根本标准。百年来，我们党以人民之心为心，做到人民群众反对什么、痛恨什么，就坚决防范和纠正什么；人民群众拥护什么、支持什么，就坚决提倡和发扬什么，始终以人民为中心开展正风肃纪。进入新时代，以习近平同志为核心的党中央从保持党同人民群众血肉联系、保证党和国家长治久安的战略高度，从制定和落实中央八项规定开局破题，在持续正风中肃纪，在不断肃纪中正风，使党风政风、社风民风焕然一新，党员干部遵规守纪更加自觉，重塑了党在人民心中的形象，厚植了党长期执政的阶级基础和社会基础。

坚持围绕中心、服务大局。回顾百年党史，正风肃纪是一项独立但不孤立的党建工作，与党的政治、思想、组织等方面的建设相互联系、相互促进，是党的建设的重要组成部分，在各个历史时期都是保障、推动、促进党的中心工作的有力抓手。党的十八大以来，以习近平同志为核心的党中央坚持持之以恒正风肃纪，与党内存在的不正之风和消极腐败现象作坚决斗争，党的自我净化、自我完善、自我革新、自我提高能力显著增强，管党治党宽松软状况得到根本扭转，引领保障党和国家事业取得历史性成就、发生历史性变革，中华民族伟大复兴进入了不可逆转的历史进程。

坚持持之以恒正风肃纪把准了党的建设的时代脉搏

问题是时代的声音，最能反映时代发展规律。正风肃纪所针对的问题在不同历史时期有不同的特征和表现形式。党的二十大报告集中概括了新时代正风肃纪所针对问题的主要表现，即“有些党员、干部政治信仰发生动摇，一些地方和部门形式主义、官僚主义、享乐主义和奢靡之风屡禁不止，特权思想和特权现象较为严重，一些贪腐问题触目惊心”。习近平总书记指出：“从已经查处的大量顶风违纪案件中可以看出，一些党员、干部对纪律规定还置若罔闻，搞‘四风’毫无顾忌，搞腐败心存侥幸。”坚持持之以恒正风肃纪，把准了作风和纪律问题的时代特征和关键要害，使正风肃纪更加能够体现时代性、把握规律性、富于创新性。

坚持持之以恒正风肃纪把准了“四风”的特性。首先，把准了“四风”的危害性。“四风”是党内各种作风问题的集中体现，具有极其严重的后果和危害。习近平总书记指出：“这‘四风’是违背我们党的性质和宗旨的，是当前群众深恶痛绝、反映最强烈的问题，也是损害党群干群关系的重要根源。党内存在的其他问题都与这‘四风’有关，或者说是这‘四风’衍生出来的。”只有坚持持之以恒正风肃纪，以严的基调标本兼治、综合施治，才能最终祛病除根、化风成俗。其次，把准了“四风”的顽固性。“四风”是党内各种作风问题长期累积的结果，有复杂的成因，稍不注意就会滋生蔓延。习近平总书记指出："历史经验告诉我们，作风问题最容易反弹，如果不紧紧抓住，一些已经初步压下去的问题很可能死灰复燃。"坚持持之以恒正风肃纪就是针对"四风"这种顽固特性，强调要以永远在路上的坚韧和执着加强作风建设，以钉钉子精神进行纠治。再次，把准了"四风"的可破解性。"四风"虽然危害性、顽固性极大，但只要坚决纠治，就一定能够重塑政治形态，树立新风。习近平总书记指出："实践证明，只要真管真严、敢管敢严，党风建设就没有什么解决不了的问题。"坚持持之以恒正风肃纪，就是要坚定反"四风"的志气、自信，不断在作风建设上取得新成效，永葆共产党人清正廉洁的政治本色。

坚持持之以恒正风肃纪把准了纪律建设的规律。加强纪律建设是全面从严治党的治本之策。以习近平同志为核心的党中央坚持治国必先治党，治党务必从严，从严必依法度，把纪律建设纳入党的建设总体布局。纪律的生命力在于执行，党的十八大以来，我们党坚持纪严于法、纪在法前，以前所未有的决心、力度、韧劲正风反腐，极大地增强了全党的纪律规矩意识。坚持持之以恒正风肃纪，能够使纪律规矩执行因严格而规避"破窗效应"，因持续而破除"忍一时风平浪静"的短期效应，让纪律规矩真正内化于心、外化于行，持久地塑造党员干部的一言一行。

坚持持之以恒正风肃纪明确了新时代党的建设的工作重点

党的二十大报告将"坚持以严的基调强化正风肃纪"作为"坚定不移全面从严治党，深入推进新时代党的建设新的伟大工程"七项重点任务之一。习近平总书记在二十届中央纪委二次全会上强调要"推进作风建设常态化长效化"。学习贯彻习近平新时代中国特色社会主义思想主题教育把“以学正风”作为重点任务。今年召开的全国组织工作会议将“坚持持之以恒正风肃纪”作为习近平总书记关于党的建设的重要思想的主要内容之一。这些都为新时代新征程上加强作风建设、严明纪律规矩，持续深入推动党的建设新的伟大工程取得新成效新进展明确了工作重点。

坚持推进作风建设常态化长效化。第一，要弘扬党的光荣传统和优良作风。大兴调查研究之风，促进党员干部特别是领导干部带头多采用“四不两直”方式深入调查研究，扑下身子干实事、谋实招、求实效。第二，要锲而不舍落实中央八项规定精神。把落实中央八项规定及其实施细则精神作为改进党风政风的一项经常性工作来抓，抓住“关键少数”以上率下，持续深化纠治“四风”，注重扭住不放、持之以恒、久久为功，抓出成效、化风成俗。重点纠治形式主义、官僚主义，完善权责匹配制度，完善干部考评体系，不断纠正工作过度留痕、检查考核过多过频、问责泛化简单化等问题，持续推动为基层减负等。坚决破除特权思想和特权行为，反对任何滥用职权、谋求私利的行为。第三，要把握作风建设地区性、行业性、阶段性特点，抓住普遍发生、反复出现的问题深化整治。

坚持全面加强党的纪律建设。要引导党员干部学习党章、遵守党章、维护党章、捍卫党章，把党章这个最根本的党内法规、管党治党的总规矩坚决立起来。要严明政治纪律和规矩，把坚定捍卫“两个确立”，坚决做到“两个维护”作为最重要、最根本、最关键的政治纪律和政治规矩，及时发现、着力解决“七个有之”问题，确保全党始终同以习近平同志为核心的党中央保持高度一致。要督促党员干部严于律己、严负其责、严管所辖，对违反党纪的问题，发现一起坚决查处一起。

坚持党性党风党纪一起抓。党性、党风、党纪是有机整体，党性是根本，党风是党性、党纪的外在表现，党纪是党性、党风的重要保障。抓党性就要从思想上固本培元，提高党性觉悟，增强拒腐防变能力，涵养富贵不能淫、贫贱不能移、威武不能屈的浩然正气；抓党风就要抓住保持党同人民群众血肉联系这个作风建设的根本，走好新时代党的群众路线；抓党纪就要对各种消极腐败现象及其隐形变异形态坚持露头就打，依规依纪从严查处。只有把党性教育、党风整治和党纪执行统一起来，一体推进、贯通融合，努力做到查处一案、教育一片、治理一域，使严厉惩治、规范权力、教育引导紧密结合、协调联动，才能不断取得更多制度性成果和更大治理效能。

（《中国纪检监察报》2023 年 12 月 12 日第 8 版）

在铲除腐败问题产生的土壤和条件上持续发力纵深推进

湖北省纪委监委理论学习中心组

腐败是危害党的生命力和战斗力的最大毒瘤，反腐败斗争一刻也不能停歇。党的十八大以来，以习近平同志为核心的党中央把全面从严治党纳入“四个全面”战略布局，把反腐败斗争提升到最彻底的自我革命的新高度，开展了史无前例的反腐败斗争，取得了压倒性胜利并全面巩固，赢得了“两个历史主动”，开创了百年大党自我革命新境界。在二十届中央纪委三次全会上，习近平总书记站位党和国家战略全局强调，新征程反腐败斗争，必须在铲除腐败问题产生的土壤和条件上持续发力、纵深推进。这鲜明体现了党中央对反腐败斗争形势依然严峻复杂的清醒认识。反腐败斗争进入深水区后，深入推进自我革命、坚决打赢反腐败斗争攻坚战持久战，必须一体推进“三不腐”，深化标本兼治、系统施治，不断拓展反腐败斗争深度广度，推动防范和治理腐败问题常态化、长效化。

腐败是党内各种不良因素长期积累、持续发酵的体现

腐败是人类社会的共有现象，其发生和演进有着特定的土壤和条件。新时代以来，习近平总书记以深沉的历史忧患和高度的战略清醒，多次对铲除腐败问题产生的土壤和条件作出深刻论述。从党的十八届三中全会上强调“当前腐败现象多发，滋生腐败的土壤存在”的鲜明警示，到党的二十大报告中作出“铲除腐败滋生土壤任务依然艰巨”的科学判断，到二十届中央纪委二次全会上明确健全防治腐败滋生蔓延的体制机制，再到二十届中央纪委三次全会上作出具体战略部署，论述直指要害，部署逐步深入。知其理，方能得其法；得其法，方能善其治。探索治理腐败这个世界性难题，必须按照习近平总书记的科学指引，探究清楚腐败问题产生的土壤和条件的本质属性。

深刻洞察腐败问题产生的土壤和条件的内涵本质。腐败的本质是权力滥用。借用生态学理论来分析腐败的演进规律和系统环境，腐败问题产生的土壤和条件，形容的是产生腐败的条件以及易于诱发、加剧腐败的因素总和。这是一个纷繁庞杂的体系，成因复杂、因素多元，其中包括不受监督和制约的权力，对腐败产生起着决定性作用，也包括促使腐败问题由小变大、腐败程度由微到烈、腐败态势由点到线蔓延至面的所有因素的总和，对腐败产生起着催化作用。挤压各种因素的生存空间、阻断它们之间的相互作用，对治理腐败具有重要意义。

深刻洞察腐败问题产生的土壤和条件的特点属性。腐败问题产生的土壤和条件作为一种客观社会现象，在不同历史时期、不同社会制度、不同政体、不同发展水平的国家中普遍存在，并呈现出显著特点。比如，具有消极性，催生助长腐败，损害政治生态、败坏社会风气、侵蚀党组织肌体健康；具有复杂性，往往多因一果，相互依存、深度

交织；具有长期性，是不良因素长期积累叠加的结果，彻底铲除不可能一蹴而就；具有动态性，在不同历史时期、环境和地域表现形式不尽相同，必须抓住主要矛盾对症下药。

深刻洞察腐败问题产生的土壤和条件的作用机理。腐败问题产生的土壤和条件在腐败行为发生过程中具有增强动机、创造机会、降低成本的重要作用。由后果溯源，其作用机理为：在诱发阶段，对腐败动机产生影响，侵蚀党员干部拒腐防变的思想道德防线，导致免疫力丧失，出现贪腐之念。在助推阶段，为腐败发生创造条件，尤其是制度存在缺陷，权力配置不科学、使用不规范、监督不到位，胆敢腐败者就有可乘之机。在强化阶段，由于管党治党政治责任落实不到位、违纪违法行为惩治不到位，腐败问题由小管涌发展到大塌方。在板结阶段，腐败问题产生的土壤和条件综合作用，使政治生态彻底恶化，产生“劣币驱逐良币”效应，进而发生塌方式、区域性腐败。

对反腐败斗争的新情况新动向要有清醒认识，对腐败问题产生的土壤和条件要有清醒认识

形势决定任务。随着党员队伍自身变化和外部环境变化，党内不可避免会出现各种矛盾和问题，消极腐败的危险将长期存在。在二十届中央纪委三次全会上，习近平总书记重申了反腐败斗争形势依然严峻复杂的科学判断，对反腐败斗争面临的新情况新动向作出深刻分析。这些都警醒全党，对腐败的顽固性和危害性绝不能低估，必须围绕腐败问题产生的土壤和条件，对症下药、精准施策、多措并举，让反复发作的老问题逐渐减少，让新出现的问题难以蔓延。

从政治层面看，党内政治生态尚未彻底净化。加强党的建设，必须营造一个良好从政环境，也就是要有一个好的政治生态。新时代以

来，党的领导弱化、党的观念淡漠状况得到根本扭转，但从反腐败斗争实践看，思想不纯、政治不纯、组织不纯、作风不纯等问题仍然存在，“七个有之”问题尚未禁绝，投机攀附、拉帮结派、结圈成势的问题仍有发生。全面从严治党责任落实不力，有的党委主体责任虚化，“一把手”第一责任人责任落实不到位，甚至带头搞腐败，责任制“牛鼻子”牵不牢，从严管党治党无异于一句空话。

从文化层面看，错误思想观念仍然根深蒂固。优秀的文化造就人，糟粕的文化腐蚀人。腐败文化长期侵蚀，如果得不到纠偏引导，很容易带来提高社会容忍度、降低腐败羞耻感、诱发腐败冲动、助推腐败行为等一系列恶果。“当官为了发财、发财就要当官”的错误价值观仍然存在，有的领导干部违背党的性质宗旨，妄想“权”“利”双收、两全其美。“有权不用、过期作废”的扭曲权力观仍未禁绝，有的领导干部对权力不存敬畏，把公权当私器，随意支配、不受约束，千方百计搞权钱交易。“一人得道、鸡犬升天”的不正家风仍有市场，有的领导干部信奉“封妻荫子”那一套，对家人失管失教，演变成“家族式腐败”。

从制度层面看，权力运行监督制约机制尚不完善。把权力关进制度的笼子里，首先要建好笼子。一些重点领域、重点岗位、重点环节腐败问题久治不愈、屡纠屡发，一个重要原因是监督制约机制存在漏洞，给权力留下暗箱操作、设租寻租空间。既存在制度建设不健全不管用的问题，一些新兴领域的监督制度有效供给不足，权力运行自由裁量空间大，“潜规则”就会应运而生；也存在制度执行不严格的问题，执行制度打折扣、做选择、搞变通，发现问题和纠正偏差不及时，使制度沦为“稻草人”“纸老虎”。

从社会层面看，不良风气侵蚀党内不可小觑。党风政风决定社风民风，社风民风反作用于党风政风。无须讳言，社会上攀权附贵、请客送礼、讲人情不讲法治、讲关系不讲规则等风气仍然存在，极易通过政商交往渠道渗入党风政风、腐蚀党员干部。“围猎”陷阱防不胜防，领导干部及其亲属身边不乏形形色色的利益团体和不法商人有组织、有预谋地靠近、拉拢、突破，稍不注意就会被其“捕获”。

经过新时代十年坚持不懈强力反腐，成功走出一条中国特色反腐败之路

全面从严治党是新时代党的自我革命的伟大实践，反腐败斗争是其中关键一役。党的十八大以来，党中央准确把握腐败治理规律，创造性提出并深化运用一体推进“三不腐”方针方略，坚持强力治标与深化治本相结合、思想引领与制度约束相结合、反“四风”反特权与反腐败相结合、全面覆盖与重点突破相结合、党内监督与群众监督相结合、净化政治生态与净化社会风气相结合，坚定不移走中国特色反腐败之路，积累了宝贵经验。

以加强党的政治建设正本清源。党中央深刻认识到，腐败是党长期执政的最大威胁，反腐败是一场输不起也决不能输的重大政治斗争。必须始终把党的政治建设作为根本性建设，切实增强自我革命勇气、提高自我净化能力、形成排毒杀菌政治免疫力。作出了“两个确立”这一具有决定性意义的重大政治抉择，确立了“两个维护”这一党的最高政治原则和根本政治规矩，教育引导广大党员干部锤炼对党忠诚的政治品格。严肃党内政治生活，发展积极健康的党内政治文化，加强政治监督，深化政治巡视，净化党内政治生态，推动政治上风清气正。突出政治标准，严把选人用人关口，严防吏治腐败，让干部队伍不断净化成为“一池清水”。坚持反腐败斗争首先从政治上看，聚焦“七个有之”，严明政治纪律和政治规矩，及时消除了重大政治隐患，确保了党不变质、不变色、不变味。

以重拳正风反腐强化有力震慑。党中央深刻认识到，只要存在腐败问题产生的土壤和条件，反腐败斗争就一刻不能停，必须永远吹冲锋号。只有保持零容忍震慑不变、高压惩治力量常在，才能让意欲腐败者不敢越雷池半步。坚持严的主基调不动摇，以制定和落实中央八项规定开局破题，党性党风党纪一起抓，反“四风”反腐败反特权一体推进，刹住了一些长期没有刹住的歪风邪气，纠治了一些多年未除的顽瘴痼疾，党风政风焕然一新，引领社风民风向上向好。坚持无禁区、全覆盖、零容忍，坚持重遏制、强高压、长震慑，坚持受贿行贿一起查，坚持有案必查、有腐必惩，“打虎”“拍蝇”“猎狐”多管齐下，对腐败易发多发的重点领域深化系统治理，腐败治理效能不断提升。构建党全面领导的反腐败工作格局，推进反腐败国家立法，为反腐败斗争提供了坚强组织和法治保障。

以持续深化改革扎紧制度笼子。党中央深刻认识到，只要公权力存在，就必须有制约和监督。不关进制度笼子，公权力就有被滥用的风险。必须以改革的手段压缩权力设租寻租空间，用制度刚性防止权力任性。坚持权责法定，全面深化党和国家机构改革，梳理明确各部门的法定权力，建立权力清单、负面清单、责任清单，把权力运行的规矩立起来；持续深化改革，促进政府职能转变，以权力“瘦身”为廉政“强身”。坚持权责透明，完善用权公开机制，推动权力在阳光下运行，减少和防止“暗箱操作”。坚持权责统一，紧盯权力运行各个环节，完善及时发现问题的防范机制、精准纠正偏差的矫正机制，促进秉公用权、依法用权、廉洁用权、为民用权。

以完善监督体系强化制约监督。党中央深刻认识到，我们要健全权力运行制约和监督体系，有权必有责，用权受监督，失职要问责，违法要追究，保证人民赋予的权力始终用来为人民谋利益。必须健全党统一领导、全面覆盖、权威高效的监督体系，增强监督严肃性、协同性、有效性，确保党和国家赋予的权力始终为人民谋幸福。坚持以党内监督为主导，制定并执行《中国共产党党内监督条例》，党委（党组）全面监督、纪委监委专责监督、党的工作部门职能监督、党的基层组织日常监督、党员民主监督作用协同发挥。持续深化纪检监察体制改革，组建国家和地方各级监察委员会、与同级纪委合署办公，完善纪律监督、监察监督、派驻监督、巡视监督统筹衔接的权力监督格局，实现党内监督和对公职人员监察的全覆盖。发挥各类监督主体作用，推动党内监督和人大监督、民主监督、行政监督、司法监督、审计监督、财会监督、统计监督、群众监督、舆论监督贯通协调，形成同题共答、常态长效的监督合力。

以强化常态教育筑牢思想防线。党中央深刻认识到，理想信念动摇是最危险的动摇，理想信念滑坡是最危险的滑坡。必须坚持用党的创新理论凝心铸魂，用“革命理想高于天”的信仰强基固本，以理论上的坚定保证行动上的坚定，以思想上的清醒保证用权上的清醒。把坚定理想信念作为党的思想建设的首要任务，先后开展党的群众路线教育实践活动、“三严三实”专题教育、“两学一做”学习教育、“不忘初心、牢记使命”主题教育、党史学习教育、学习贯彻习近平新时代中国特色社会主义思想主题教育，引导全党解决好世界观、人生观、价值观这个总开关问题。发挥廉洁文化启智润心作用，加强新时代廉洁文化建设，加强家庭家教家风建设，大力弘扬忠诚老实、公道正派、清正廉洁的价值观，引导党员干部锤炼党性、增强拒腐防变能力。

以永远在路上的坚韧和执着，精准发力、持续发力，坚决打赢反腐败斗争攻坚战持久战

习近平总书记在二十届中央纪委三次全会上深刻阐述了新征程反

腐败斗争的总体要求、方针方略、关键领域、重点任务。奋进强国建设、民族复兴新征程，必须以习近平总书记关于党的自我革命的重要思想为根本遵循，持续保持战略定力，把严的基调、严的措施、严的氛围长期坚持下去，推动反腐败斗争向纵深发展，为中国式现代化建设营造风清气正政治生态。

坚决维护党中央权威和集中统一领导。越是形势严峻复杂、任务越是艰巨，越要加强党中央集中统一领导，巩固发展全党动手一起抓的生动局面。充分发挥党的政治优势、组织优势、制度优势，从决策部署指挥、资源力量整合、措施手段运用上，强化党对反腐败工作的全方位、全过程领导，确保党中央牢牢把握反腐败斗争主导权，确保反腐败斗争始终保持坚定正确的政治方向。严明政治纪律和政治规矩，对“七个有之”问题紧盯不放，坚决防止搞“小圈子”“拜码头”“搭天线”，严惩政治骗子、政治掮客，督促全党坚定拥护“两个确立”、坚决做到“两个维护”，以铁的纪律捍卫党的团结统一。

持续保持惩治腐败高压态势。腐败问题的顽固性和反复性决定了反腐败斗争容不得丝毫妥协退让，必须坚定反腐不回头、高压反腐不松懈、铁面反腐不慈悲，让搞腐败的付出沉重代价、让想搞腐败的丢掉幻想。把严惩政商勾连的腐败作为攻坚战重中之重，严防利益集团和权势团体相互勾连、坐大成势，向政治领域渗透。深化整治金融、国企、能源、医药和基建工程等权力集中、资金密集、资源富集领域的腐败，全系统项目化推动，全面开展线索起底、案件查办、促改促治，以压倒性力量力求根治效果。对多次行贿、巨额行贿、向多人行贿、危害一方政治生态的从严从重处理，明确行贿不当所得的界定标准和追缴范围，加大纠正力度，完善联合惩戒机制，遏制住搞腐败“一本万利”的行为动机。

完善防治腐败产生的体制机制。反腐败斗争已经进入深水区，对于一些易发多发、纠而复发的腐败问题，必须从制度入手、向改革发力，做到防范和惩治同谋划、同部署、同落实。抓住定政策、作决策、审批监管等关键权力，制度治权、科技治权、阳光晒权多措并举，强化从源头到末梢的全流程、全要素、全方位管控，减少权力对微观经济活动的不当干预。建立健全新兴领域监管制度，堵塞漏洞，压缩权力设租寻租空间。建立腐败预警惩治联动机制，加强对腐败手段隐形变异、翻新升级等新特征的分析研究，强化对新型腐败和隐性腐败的快速处置。

进一步健全反腐败法规制度。法规制度带有根本性、全局性、稳定性、长期性。只有把法治理念和法治方式贯穿反腐败斗争全过程、各环节，才能实现防范和治理腐败常态化、长效化。围绕一体推进“三不腐”完善基础性法规制度，健全加强对“一把手”和领导班子监督配套制度。坚持党内集中性教育和经常性教育相结合，一体抓好纪律教育和纪律执行，加强重点法规制度执行情况监督检查，确保各项法规制度成为刚性约束。

加强新时代廉洁文化建设。铲除腐败问题产生的土壤和条件既要靠猛药祛疴、重典治乱，也要靠正心修身、涵养文化，增强拒腐防变的自制力。以理想信念强基固本，坚持党性党风党纪一起抓，激发共产党员崇高理想追求，把以权谋私、贪污腐败看成是极大的耻辱。把家庭家教家风建设作为全面从严治党的重要一环，督促领导干部涵养新时代共产党人的良好家风，立好家规、严格家教、管好家人。以构建清廉社会生态为抓手，积极宣传廉洁理念、廉洁典型，培育公民现代文明人格，使崇廉拒腐的时代新风在全社会不断充盈。

（《中国纪检监察》2024 年第 5 期）

第九篇

以自我监督和人民监督相结合为强大动力

以自我监督和人民监督相结合为强大动力

——牢牢把握“九个以”的实践要求深入推进党的自我革命

人民日报评论部

不久前，中央纪委国家监委通报，2023 年全国纪检监察机关共接收信访举报 345.2 万件次，处置问题线索 173.3 万件，立案 62.6 万件，处分 61 万人。这组数据，释放出作风建设永远没有休止符、反腐败必须永远吹冲锋号的强烈信号，充分展现了新时代中国共产党人把党的伟大自我革命进行到底的决心与魄力。

监督是治理的内在要素，在管党治党、治国理政中居于重要地位。在二十届中央纪委三次全会上，着眼于深入推进党的自我革命，习近平总书记明确提出“九个以”的实践要求，其中之一是“以自我监督和人民监督相结合为强大动力”。推动自我监督和人民监督相结合，既是新形势下解决党内突出问题的现实需要，也是进一步完善党和国家监督体系的关键所在。深刻理解和正确把握自我监督和人民监督的辩证关系，坚持以党内监督为主导，实现党的自我监督和人民监督有机统一、良性互动，才能不断推动党的自我革命开创新局面。

我们党全面领导、长期执政，面临的最大挑战是对权力的监督。怎样强化对权力运行的制约和监督？如何跳出历史周期率？党的十九届六中全会第二次全体会议上，习近平总书记深刻指出："毛泽东同志在延安的窑洞里给出了第一个答案，这就是'只有让人民来监督政府，政府才不敢松懈'。经过百年奋斗特别是党的十八大以来新的实践，我们党又给出了第二个答案，这就是自我革命。"自我革命和人民监督这两个答案，都是我们党在建设长期执政的马克思主义政党方面获得的规律性认识，是我们党跳出历史周期率重要法宝的一体两翼，必须整体领会、一体落实，做到内外协同、双轮驱动。

党的执政地位，决定了党内监督在党和国家各种监督形式中是最基本的、第一位的。从出台《关于新形势下党内政治生活的若干准则》《中国共产党党内监督条例》等党内法规，到对《中国共产党纪律处分条例》进行三次修订，管党治党制度笼子不断扎紧织密；从持之以恒纠治"四风"，到坚决防止和治理"七个有之"，党纪党规真正成为带电的高压线；从坚持受贿行贿一起查，到坚决整治群众身边腐败问题，反腐败斗争一刻不停、纵深推进……党的十八大以来全面从严治党的实践证明，我们党自我净化的机制是有效的，能够依靠自身力量发现问题、纠正偏差，以党的永不变质，确保红色江山永不变色。

如果说自我革命是强身健体的"内在免疫"，接受人民监督就是祛病除疴的"外在良方"。习近平总书记深刻指出："进行自我革命也要注重依靠人民，靠人民群众支持和帮助解决自身问题。"群众的眼睛是雪亮的，人民监督能够帮助我们党全方位、无死角地认识自身问题。强化人民监督，不断拓展群众监督的路径和渠道，有助于确保权力在阳光下运行，保证权力始终服务人民。

增强党自我净化能力，根本靠强化党的自我监督和人民监督。实践表明，只有构建以党内监督为主导、各类监督贯通协调的机制，形成全面覆盖、常态长效的监督合力，才能把监督制度优势更好转化为治理效能。着眼未来，强化对权力监督的全覆盖、有效性，必须切实把党内监督同国家机关监督、民主监督、司法监督、群众监督、舆论监督贯通起来，既要横向到边，推动各类监督贯通协调、统筹协同、一体推进；又要纵向到底，延伸监督触角、激活“末梢神经”，确保权力运行始终处在党组织和人民群众监督之下。

100 多年来，外靠发展人民民主、接受人民监督，内靠全面从严治党、推进自我革命，我们党勇于坚持真理、修正错误，勇于刀刃向内、刮骨疗毒，保证了党长盛不衰、不断发展壮大。新征程上，把党的自我革命的思路举措搞得更加严密，把每条战线、每个环节的自我革命抓具体、抓深入，促进各类监督力量整合、工作融合，我们一定能在新的赶考之路上交出新的更加优异的答卷。

（《人民日报》2024 年 2 月 6 日第 5 版）

以自我监督和人民监督相结合为强大动力
——准确把握推进自我革命“九个以”的实践要求

柴宝勇

在二十届中央纪委三次全会上，习近平总书记围绕推进党的自我革命提出“九个以”的实践要求，明确指出“以自我监督和人民监督相结合为强大动力”。这一实践要求为我们在新时代新征程上实现自律和他律良性互动、相得益彰，将党的自我革命进行到底明确了路径、提供了遵循。

习近平总书记指出：“对我们党来说，外部监督是必要的，但从根本上讲，还在于强化自身监督。”中国共产党没有任何自己特殊的利益，正因为无私、始终代表最广大人民的根本利益，才能不断加强自我监督，增强内在免疫力，同一切损害党的先进性和纯洁性的因素作最坚决的斗争，才能做到刮骨疗毒、去腐生肌。党的执政地位决定了党内监督在党和国家各种监督形式中是最基本的、第一位的。党的十八大以来，以习近平同志为核心的党中央把自我监督网络不断扎紧织密，积极探索党长期执政条件下强化自我监督的有效途径，不断完善党内监督制度。着力改进对领导干部特别是一把手行使权力的监督，加强领导班子内部监督。坚持以党内监督为主导，推动各类监督贯通协调，不断拓宽监督渠道。正是由于自我监督不断加强，中国特色社会主义监督制度优势不断转化为治理效能，党的自我革命不断深入推进。

接受人民监督是我们党祛病除疴的良方。对于我们党这样一个以为人民谋幸福为初心、以全心全意为人民服务为根本宗旨、以人民立场为根本政治立场、始终坚持人民至上的马克思主义政党来说，不断推进自我革命，不仅需要自我监督，也需要人民监督。人民拥护不拥护、赞成不赞成、高兴不高兴、答应不答应是中国共产党人衡量一切工作得失的根本标准，尤其是人民群众反映强烈的党内突出问题是党深入推进自我革命的具体抓手。阳光是最好的防腐剂。新时代以来，以习近平同志为核心的党中央完善各类公开办事制度，畅通人民群众建言献策和批评监督渠道，充分发挥群众监督、舆论监督作用，把权力置于严密监督之下。正是由于始终诚心接受人民监督、严肃认真对待群众反映强烈的问题，党的自我革命持续向纵深推进。

自我监督和人民监督可以实现有机统一、良性互动，成为推进党的自我革命的强大动力。当前，自我监督和人民监督已形成科学完备、运行高效的制度架构，党统一领导、全面覆盖、权威高效的监督体系建设已进入系统集成、协同高效的新阶段。新时代新征程，在监督体系中，以自我监督和人民监督相结合不断推进党的自我革命，要在党中央集中统一领导下，做实做强党委（党组）全面监督，加强对各类监督主体的领导和统筹，使监督工作在决策部署指挥、资源力量整合、措施手段运用上更加协同，推动党的领导和监督一贯到底；坚持在党内监督定向引领下，促进各类监督既依照自身职责发挥效能，又强化关联互动、系统集成，形成同题共答、常态长效的监督合力；完善自我监督和人民监督有机结合的制度，畅通人民群众建言献策和批评监督渠道。面向未来，随着自我监督和人民监督的有机结合不断深化，党的自我革命将不断开创新局面，确保百年大党始终保持蓬勃朝气，团结带领中国人民走向更光辉的未来。

（《人民日报》2024 年 2 月 22 日第 9 版）

自我革命与人民监督的辩证统一

杨云成　秦德占

100 多年来，我们党居安思危、励精图治，给出了破解治乱兴衰历史周期率的两个答案：人民监督和自我革命。“两个答案”的提出，进一步深化了对共产党长期执政规律的认识。本质上，“两个答案”是一致的，是辩证的统一，共同保障了我们党始终走在时代前列、人民衷心拥护、经得起各种风浪考验。

虽提出有先后，但实践同步

1945 年，民主人士黄炎培造访延安，曾与毛泽东同志彻夜长谈。对他提出的“一人，一家，一团体，一地方，乃至一国，不少单位都没有能跳出这周期率的支配力”的问题，毛泽东同志答道：“我们已经找到新路……只有让人民来监督政府，政府才不敢松懈；只有人人起来负责，才不会人亡政息。”这就是著名的“窑洞对”。2021 年 11 月，习近平总书记在党的十九届六中全会第二次全体会议上提到“窑洞对”：“我们党历史这么长、规模这么大、执政这么久，如何跳出治乱兴衰的历史周期率？毛泽东同志在延安的窑洞里给出了第一个答案，这就是‘只有让人民来监督政府，政府才不敢松懈’。经过百年奋斗特别是党的十八大以来新的实践，我们党又给出了第二个答案，这就是自我革命。”

“两个答案”的提出分属不同历史时期，但就各自实践而言并非泾渭分明。从毛泽东同志提出建设“一个全国范围的、广大群众性的、思想上政治上组织上完全巩固的布尔什维克化的中国共产党”，到邓小平同志提出“党应该是一个战斗的队伍，是无产阶级的先锋队，应该是统一的、有高度觉悟的、有纪律的队伍”，到江泽民同志提出“全面推进党的建设新的伟大工程”，再到胡锦涛同志提出“加强党的先进性建设，是加强和改进党的建设的长期任务和永恒课题”等，均表明我们党始终在进行自我革命的生动实践。党的十八大以来，在党以前所未有的决心和勇气推进自身革命性锻造的同时，人民监督的内容不断丰富、形式不断拓展、途径不断创新。从完善办事公开制度到强化对权力运行的制约与监督，再到扎实推进让人民监督权力、让权力在阳光下运行等，都是“第一个答案”的具体体现，全过程人民民主的提出及实践更是将中国特色社会主义民主建设推向了全新高度。习近平总书记指出：“一百年来，党外靠发展人民民主、接受人民监督，内靠全面从严治党、推进自我革命，勇于坚持真理、修正错误，勇于刀刃向内、刮骨疗毒，保证了党长盛不衰、不断发展壮大。”这一重要论述，更能说明两个答案的实践同步性。

虽场域有内外，但逻辑互补

“两个答案”发挥作用的场域有所不同，人民监督主要是从党外向党内施加影响，而自我革命主要发生在党组织内。但从逻辑上看，人民监督与自我革命是互补的，这种互补集中体现为两者间的相互促进。

一方面，自我革命能够承接人民监督的反馈。实践证明，仅靠外在监督而无内在自觉，会降低外在监督的实际效能；群众的民主素养状况、利益诉求的多样多元性等，也在一定程度上制约外在监督作用的发挥。而内在的自我革命恰能弥补外在监督的不足。“不私，而天下为公。”中国共产党人的初心和使命确保了我们党始终有正视问题的自觉和刀刃向内的勇气，对人民监督内容及时作出回应，从群众的根本利益出发时常检视自己，坚决同一切动摇党的根基、阻碍党的事业、损害党的肌体的现象作斗争。

另一方面，人民监督也能够对自我革命形成促进。无论什么时候，问题总是客观存在的，就怕对问题熟视无睹、视而不见。习近平总书记强调：“不忘初心、牢记使命，关键是要有正视问题的自觉和刀刃向内的勇气。”对于党内存在的突出问题，人民群众往往了解较多，感触也较深。充分尊重并切实保障人民监督，我们党就能够从多个角度看待问题，及时发现自身存在的不足，并对照群众期待进行调整和完善，提高自我革命的针对性，防止小问题演变大问题。邓小平同志指出，有了各方面的监督，“我们就会谨慎一些，我们的消息就会灵通一些，我们的脑子就不会僵死起来，看问题就会少一些片面性”。从这个角度看，健全完善的人民监督会让我们党始终保持清醒的认识，牢记民心这个最大的政治，忠诚履职、谨慎用权。

虽内容有侧重，但效果聚合

历经百年发展，人民监督稳步推进：将群众“对于任何国家机关和国家工作人员的违法失职行为，有向有关国家机关提出申诉、控告或者检举的权利”写进宪法，形成了以《中华人民共和国宪法》为代表的宪法保障制度，为群众行使监督权提供了根本法律保障；从重视群众的来信、来访，到出台专门的信访条例，信访制度趋渐完善，群众信访后的信息反馈机制、信访权益保障机制也逐步建立起来；在法治政府建设中，信息公开制度不断健全，权力运行的公开化、透明化程度以及群众监督的意愿、水平、效能均得到显著提升；等等。

与人民监督相较，自我革命更加强调全党始终保持永不自满、永不懈怠的品格，始终保持承认并改正错误的勇气。正如习近平总书记所强调的，“我们千万不能在一片喝彩声、赞扬声中丧失革命精神和斗志，逐渐陷入安于现状、不思进取、贪图享乐的状态”。这种自我革命集中表现为过滤杂质、清除毒素、割除毒瘤、不断纯洁党的队伍的自我净化，补短板、强弱项、固根本、堵塞制度漏洞的自我完善，坚持真理、修正错误、推进各方面创新的自我革新，自觉向书本学习、向实践学习、向人民群众学习、不断加强党性锻炼的自我提高。

由此可见，人民监督与自我革命，二者内容虽有侧重，但共同作用带来的效果却是聚合的、几何级的。第一，能够确保党始终不代表任何利益集团、任何权势团体、任何特权阶层的利益，守护了安身立命的根本；第二，既保证了人民对党和政府的监督，又确保了党在宪法和法律范围内活动，实现了党的领导、人民当家作主与依法治国的有机统一；第三，在马克思主义指导下推进民主政治建设彰显出的真理力量与自我革命精神蕴含的人格力量，更能够赢得人民群众的认可和支持。

虽主体有差异，但价值同向

人民监督，依靠对象或主体为人民群众，以人民代表大会制度、中国共产党领导的多党合作和政治协商制度、基层民主自治制度等为主要依托，强调保障人民知情权、参与权、表达权、监督权；自我革命，依靠或作用对象为广大党员特别是党员领导干部，要求党永远不能骄傲自满、始终艰苦奋斗，时刻防范糖衣炮弹、永葆政治本色。人民监督和自我革命的主体及其实践要求有较大差异，但在价值上二者又是同向的。

都坚持人民至上原则。发扬人民民主，满足群众政治诉求，本身就是一切为了人民、一切依靠人民的体现；而党的自我革命，不仅目的在于更好实现好、维护好、发展好最广大人民的根本利益，而且只有“除了国家、民族、人民的利益，没有任何自己的特殊利益”的政党才能始终保持自我革命的勇气。此外，在破解历史周期率中，“两个答案”都以人民拥护不拥护、赞成不赞成、高兴不高兴、答应不答应作为成效大小的判断标准。

都坚持党对一切工作的领导。推进人民民主政治建设，必须以完善和发展中国特色社会主义制度为根本，在坚持党的领导这个重大原则问题上，不能有任何含糊和动摇。推进党的自我革命也是如此。一方面，确保我们党始终成为马克思主义执政党是敢于刀刃向内、敢于壮士断腕、敢于刮骨疗毒的根本意义所在；另一方面，在推进自我革命中要正确处理坚持党的领导与解决突出问题之间的关系，既敢于正视自身存在的问题，也“不能因为党内存在问题就削弱甚至否认党的领导，走到自断股肱、自毁长城的歪路上去”。

（《光明日报》2022 年 3 月 28 日第 6 版）

健全党统一领导、全面覆盖、权威高效的监督体系

许玉镇

习近平总书记在二十届中央纪委二次全会上指出:“健全党统一领导、全面覆盖、权威高效的监督体系,是实现国家治理体系和治理能力现代化的重要标志。”党的二十大报告提出,“完善党的自我革命制度规范体系”,明确要求“健全党统一领导、全面覆盖、权威高效的监督体系,完善权力监督制约机制,以党内监督为主导,促进各类监督贯通协调,让权力在阳光下运行”。党和国家监督体系是国家治理体系的重要组成部分,也是党在长期执政条件下实现自我净化、自我完善、自我革新、自我提高的重要制度保障。

健全监督体系是推进中国式现代化和完善党的自我革命制度规范体系的重要内容

健全监督体系是推进中国式现代化的重要内容。中国式现代化既有各国现代化的共同特征,更有基于自身国情的中国特色。权力监督制约问题是各个国家在现代化进程中面临的共同难题,历史环境、时

代条件、社会制度以及权力运行体制机制的不同都会导致权力监督制约的本质、要求、方式等有所不同。不同于西方国家在三权分立和政党竞争框架下的权力制衡，我国的权力监督遵循全过程人民民主和民主集中制原则，以党统一领导、全面覆盖和权威高效为根本遵循。监督是治理的内在要素，监督体系是国家治理体系的重要内容，在管党治党、治国理政中居于重要地位。只有健全监督体系，形成决策科学、执行坚决、监督有力的权力运行机制，才能把中国特色社会主义制度优势更好转化为治理效能。

健全监督体系是完善党的自我革命制度规范体系的重要内容。自我革命是中国共产党的历史传统，也是中国共产党区别于其他政党的显著特征。党的十八大以来，以习近平同志为核心的党中央不断推进自我革命，积极探索长期执政条件下实现自我监督的有效途径，构建起一套行之有效的权力监督制度和执纪执法体系。作为党百年奋斗实践和七十多年执政兴国的经验凝练与理论创新，党统一领导、全面覆盖、权威高效的监督体系是我们党面对大党独有难题，保持清醒坚定，不断以自我革命精神纠正自身存在的问题，强化自我监督、永葆先进性和纯洁性的重要保障，是完善党的自我革命制度规范体系的重要内容。

始终坚持党统一领导

党的二十大报告提出，“党的领导是全面的、系统的、整体的，必须全面、系统、整体加以落实”。党和国家监督体系包含党内监督体系、国家监督体系、社会监督体系等各类子系统，涵盖党内监督、人大监督、民主监督、司法监督、审计监督、舆论监督等方面的监督要素。但从统领指挥和协调监督体系的核心主体来看，我国监督体系的最大特色就是党集中统一领导下所具有的整合性、系统性，进而有效确保监督全面覆盖、权威高效。这是我国监督体系最鲜明的结构特征，也是我国监督体系区别于西方分散性权力监督体系的最大优势。

坚持党的统一领导，必须强化政治监督，推进政治监督具体化、精准化、常态化。各级党委（党组）要切实肩负起对监督工作的全面领导责任，不断促进党员领导干部深刻领悟“两个确立”的决定性意义，增强“四个意识”、坚定“四个自信”、做到“两个维护”。纪检监察机关作为党内监督和国家监察专责机关，也是党的政治机关，应将政治监督融入管党治党全局，切实履行好政治监督职责，完善党对监督工作集中统一领导体制机制。

坚持党的统一领导，要以党内监督为主导，推动各类监督贯通协调。党内监督有力有效，才能增强监督的严肃性、协同性、有效性，推动各类监督形成合力。党的十八大以来，党中央把党内监督作为党的建设重要基础性工程，构建党委（党组）全面监督、纪律检查机关专责监督、党的工作部门职能监督、党的基层组织日常监督、党员民主监督的党内监督体系，推进纪律监督、监察监督、派驻监督、巡视监督四项监督统筹衔接，使党内监督的制度优势充分释放。

切实做到全面覆盖

监督体系全面覆盖，强调构建全方位监督格局，将党和国家监督体系延伸到权力行使的各主体、各方面、各环节、各领域，覆盖到每一个党员、领导干部和公职人员，覆盖到党和国家机关所有机构履行职责全过程。党和国家监督体系的全面覆盖，一方面要完善党内监督体系，做到党内监督没有禁区、没有例外；另一方面要推动各类监督有机贯通、相互协调，构建起严密的监督网络。

切实做到监督全面覆盖，要深化纪检监察体制改革，用好监督执纪和监督执法两把“尺子”。党内监督与国家监察是权力监督的一体两面。纪律检查是全面从严治党的利器，国家监察是对公权力最直接的监督，合署办公机制保障了纪律检查和国家监察相统一，实现了对公权力监督和反腐败的全覆盖、无死角。切实做到全面覆盖，就要充分发挥纪委监委合署办公的优势，健全组织机制，推动“纪法贯通”，加强党内执纪和监察执法相互协调。

切实做到监督全面覆盖，要坚持系统思维，实现抓“关键少数”与管“绝大多数”有机统一。党员领导干部是党的事业发展的骨干力量，“一把手”是党的事业发展的领头雁。只有抓住对党员领导干部这一关键对象的监督，才能抓住监督工作的“牛鼻子”，使其更好发挥“头雁效应”，带头落实全面从严治党政治责任，自觉提升政治判断力、政治领悟力、政治执行力，在廉洁自律的同时认真贯彻党中央各项决策部署。

确保监督权威高效

监督体系的权威高效首先来源于党的执政地位、党中央的领导核心作用和集中统一领导权威，这决定了党内监督处于党和国家监督体系根本性位置，发挥决定性作用、解决最主要问题。在党中央统一领导下，各级党委（党组）领导班子成员应强化责任担当，狠抓责任落实，增强落实全面从严治党主体责任的自觉和能力。同时，不断增强各级纪委监督权的相对独立性和权威性，推进党的纪律检查工作双重领导体制具体化、程序化、制度化。

确保监督权威高效，还要完善各项监督制度。其一，问责是权力监督的关键环节，也是推动监督有效的重要方式。要压实全面从严治党政治责任，用好问责利器，既防止问责乏力，也防止问责泛化。其二，完善反腐败体制机制，坚持不敢腐、不能腐、不想腐一体推进。明确党委纪委等主体反腐败具体职责，加强协作配合，完善线索移送、措施配合、纪法衔接等机制，充分发挥各主体的职能优势和专业优势。其三，完善巡视巡察制度，发挥政治巡视利剑作用，完善监督长效机制，确保监督权威高效。

（《光明日报》2023 年 1 月 13 日第 11 版）

构建具有鲜明中国特色的党和国家监督体系

蔡文成

建立健全党和国家监督体系，是坚持和完善中国特色社会主义制度、推进国家治理体系和治理能力现代化的重要内容。党的十八大以来，以习近平同志为核心的党中央以党内监督推动健全党和国家监督体系，实现了一系列具有里程碑意义的理论创新与实践创新，为坚持党的自我革命、全面依法治国、强化对权力运行的制约和监督等，提供了坚实支撑和坚强保障。

党和国家监督体系具有鲜明中国特色

党的二十大报告强调，“健全党统一领导、全面覆盖、权威高效的监督体系”。这深刻阐明了党和国家监督体系的鲜明特色，为深刻理解党和国家监督体系的中国特色提供了根本遵循。

党的领导是党和国家监督体系之“纲”。党的领导决定党和国家监督体系的根本性质。只有毫不动摇坚持党的领导，党和国家监督体系才能在决策部署指挥、资源力量整合、措施手段运用上更加协同，否则就会力量分散、衔接不畅，甚至监督失效。首先，党的领导确保党和国家监督体系运行有序。党的二十大报告提出，“党的领导是全面的、系统的、整体的，必须全面、系统、整体加以落实”。党和国家监督体系涵盖党内监督、人大监督、民主监督、司法监督、审计监督、舆论监督等，具有多主体、多层次、多环节的结构性特征，需要领导性主体对多元监督资源与机构进行科学配置与统一规划，从而为充分发挥党和国家监督体系的效能提供前置性保障与规划。党作为最高政治领导力量，有着统领指挥和协调监督体系的绝对优势，有着整合、优化党和国家监督体系的合法性、合理性与适当性，能够总揽全局、协调各方，保证各项监督沿着正确政治方向和科学运作模式开展。其次，党的领导确保党和国家监督体系科学合理。我国监督体系并非一成不变，需要顺应形势任务的变化而不断调整。曾经一度，我国存在监督力量多元化、监督职能交叉化、监督规范差异化、监督协同不力化等现象和问题，影响了监督体系的治理效能，因而迫切需要党这一最高政治领导力量统领、指挥和协调监督体系，从而更好发挥治理效能。

全面覆盖是党和国家监督体系之“基”。坚持全面覆盖是指要坚持有形覆盖和有效覆盖相统一。从现实意义来看，唯有做到有形覆盖和有效覆盖都“全面”，党和国家监督体系才能更好确保党和人民赋予的权力得以规范有效运行。可以说，全面覆盖是监督体系结构完善与效能高低的重要衡量指标，是更好发挥党和国家监督体系发现问题、纠正偏差、促进治理功能的基础性前提。就监督范围而言，只有在党和国家监督体系“四梁八柱”逐步完善，中国特色社会主义监督制度不断健全的前提下，只有在党和国家监督体系关涉到党和国家各权力主体，覆盖到党员、干部和所有行使公权力的国家公职人员的前提下，管党治党、治国理政各项工作的开展以及党和国家各项政治性力量的发挥，才能被置于严密的监督网络之下，使这种权力用于为人民造福。

如果监督流于表面化、形式化，即使面上实现了全覆盖，但监督效能难以真正发挥，滥权行为无法得以全面约束，腐败现象很难被真正遏制。因此，唯有以党内监督为主，促进各类监督真正依照自身职责发挥效能，并强化关联互动、系统集成，形成同题共答、常态长效的监督合力，才能真正确保党和国家监督体系有力有效。

权威高效是党和国家监督体系之“要”。权威高效就是要牢牢把握监督的政治属性，加强顶层设计、突出监督重点、提升整体效能。这一特征是坚持和完善党和国家监督体系的制度目标，也是健全党和国家监督体系、发挥监督制度优势的实践要求。一方面，监督是治理的内在要素，监督体系是国家治理体系的重要内容。党和国家监督体系存在的意义就在于完善权力运行机制，确保权力运行在监督下更加决策科学、执行坚决，即将监督贯穿于治国理政之中，将制度优势转化为治理效能。在这一意义上，“高效”是党和国家监督体系的运行要义。另一方面，体系是塑造意识、培育观念的制度性前提，党和国家监督体系的构建有着鲜明的政治属性，是一个旨在促成知行合一的过程，即以督促监督对象履行职责使命为着力点，推动各级党组织和领导干部不断提高政治判断力、政治领悟力、政治执行力，自觉同党中央保持高度一致，不折不扣贯彻落实党中央的决策部署。

党和国家监督体系具有显著制度优势

党和国家监督体系是中国共产党领导的、具有社会主义属性的监督体系，其本质在于确保社会主义国家权力始终坚持人民当家作主，确保国家一切权力属于人民、立足人民、服务人民，从根本上区别于西方国家服务少数利益集团的“三权分立”监督体系。党和国家监督体系在方向、立场、原则、动力等诸多方面，超越了西式监督体系建立与发展的资本逻辑导向，其制度优势具体地体现为：党的领导的政治属性鲜明，人民至上的价值立场坚定，依法治国规范体系健全，制度体系实践效能强大。

坚持党内监督为主，彰显监督的政治属性。习近平总书记强调，“对我们党来说，外部监督是必要的，但从根本上讲，还在于强化自身监督。”中国共产党作为最高政治领导力量，其执政地位决定了党内监督在党和国家各种监督形式中是最基本的、第一位的。党内监督包括党组织的监督和党员相互监督，在党章党规党纪和国家法律法规框架下进行，目的在于提升党的执政能力与执政水平，永葆党的先进性纯洁性。党内监督是党和国家制度体系建立健全的基础。一方面，党内监督通过宪法法律、党规党纪、工作条例等，及时发现和解决党内存在的突出矛盾与问题，确保党不变质、不变色、不变味。另一方面，党内监督坚持党中央权威和集中统一领导，通过旗帜鲜明讲政治，确保广大党员在政治立场、政治方向、政治原则、政治道路上始终同党中央同心同德。

坚持人民至上为导向，体现监督的价值立场。习近平总书记指出，“我们的权力是党和人民赋予的，是用来为党和人民做事的，只能用来为党分忧、为国干事、为民谋利。”党和国家监督体系践行全心全意为人民服务的根本宗旨，始终将人民至上作为出发点和落脚点。我国宪法规定，中华人民共和国的一切权力属于人民，人民依照法律规定，通过各种途径和形式，管理国家事务，管理经济和文化事业，管理社会事务。党和国家监督体系对于权力的约束和规范，本质上就是维护国家权力的人民性，确保党和人民赋予的权力在阳光下运行，真正做到权力来自人民、服务人民、保障人民。人民既是权力的主体，也是监督的主体。人民代表大会制度作为我国根本政治制度，为人民行使权利、监督权力提供根本保证。我国一切国家机关都要自觉接受人民监督，坚持公正用权、依法用权、为民用权、廉洁用权。

坚持依法治国为原则，形成监督的规范体系。习近平总书记指出，“全面依法治国是国家治理的一场深刻革命，关系党执政兴国，关系人民幸福安康，关系党和国家长治久安。”依法治国与党和国家监督体系之间互动互构。一方面，依法治国内在地要求建立健全党和国家监督体系，为实现法治国家、法治政府、法治社会一体化建设搭建制度体系。另一方面，党和国家监督体系是推动全面依法治国的重要内容，在制度体系、方式方法、动力机制等方面推动依法治国实践。依法治国将宪法法律而不是权力置于国家治理的第一层级，党和国家监督体系要求对权力进行制约与监督，二者在本质要求上高度契合。因此，坚持依法治国原则意味着必须不断推进党和国家监督工作形成规范制度体系，确保权力始终在宪法法律范围内合理运行。

坚持制度创新为动力，强化监督的实践效能。习近平总书记指出，“我们要坚持以实践基础上的理论创新推动制度创新，坚持和完善现有制度，从实际出发，及时制定一些新的制度”。制度创新是实践创新的动力，党和国家监督体系以制度建设为基础、以制度创新为动力。党和国家监督工作是我国监督制度的具体展开，随着党的建设与国家治理实际情况的不断变化，监督工作所依托的制度本身要不断实现自我更新。构建系统完备、科学规范、运行有效的制度体系，必须坚持时代导向、问题导向和创新导向。在制度安排上，党和国家监督体系被纳入新时代党的建设新的伟大工程和全面从严治党战略布局，形成有权必有责、用权必担责、滥权必追责的权力运行与制约机制，建立健全有权必有责、用权受监督、滥权必追责的责任追究机制，为新时代新征程实现党的自我净化、自我完善、自我革新、自我提高提供了坚强的制度保障。

党和国家监督体系彰显坚定制度自信

建立健全党和国家监督体系，充分彰显了党和人民对中国特色社会主义制度先进性和优越性的坚定自信，我们有决心、有底气、有定力走出一条具有中国特色的监督之路，确保党和人民赋予的权力始终用来为人民谋幸福。

制度自信源于正确的方向引领。党和国家监督体系是在党的领导下建立完善的，集中体现了我们党“立党为公、执政为民”的执政理念，是党的意志与人民意志的具体化实践化。在我们党强有力领导下，党和国家监督体系始终在社会主义制度范畴内运行，党的领导力不断强化并始终保持无产阶级政党先进性。基于党的领导效力与社会主义制度效力，党和国家监督体系对党的自我革命产生积极推动力，为党的长期执政提供强大的内生动力。

制度自信源于人民民主理念。权力运用能否得到有效制约和监督，是评价一个国家政治制度是不是民主、有效的标准之一。人民民主是全过程民主。党和国家监督体系既是对国家权力的约束与监督，也是对人民民主的维护。就监督的民主性而言，人民通过党和国家监督体系的运转对公权力进行全过程监督，严密完整的规则程序确保人民民主行之有效。就民主的法治性而言，全过程人民民主有法可依、有据可循，民主选举、民主协商、民主决策、民主管理、民主监督等环节构成全链条、体系化的监督机制，为人民当家作主保驾护航，使广大人民群众合法有序参与监督。

制度自信源于强大治理效能。党和国家监督体系是国家治理体系的重要组成部分，是推进国家治理体系和治理能力现代化的重要内容。党和国家监督体系推动国家治理效能提升，主要通过“实践—制度—

实践”的路径完成。从国家治理的实际出发，通过总结治国理政经验与成就，形成科学规范权力制度体系，为推进国家治理现代化提供科学指导。党和国家监督体系作为制度形态指导国家治理实践，作为中间环节推动监督制度优势转化为治理优势，作为实践形态确保党和国家的路线方针政策和各项决策部署贯彻落实。

制度自信源于规范的权力运行。习近平总书记指出，“要加强对权力运行的制约和监督，把权力关进制度的笼子里，形成不敢腐的惩戒机制、不能腐的防范机制、不易腐的保障机制。”社会主义国家的一切权力属于人民，权力的规范运行有利于推动国家治理现代化，促进经济发展和社会稳定。规范权力运行必须建立形成决策科学、执行坚决、监督有力的权力运行机制，形成科学有效的权力制约和协调机制。党和国家监督体系对于权力的治理，最主要的是处理权力、职责、利益之间的关系，使监督更全面、更规范、更精准、更有效，从而形成权责清晰、运行有效的监督格局。

（《中国纪检监察》2023 年第 16 期）